ビーアド『ルーズベルトの責任』を読む

開米潤＝編

藤原書店

はしがき

開米潤

チャールズ・A・ビーアドの『ルーズベルトの責任――日米戦争はなぜ始まったか』（上・下、藤原書店、二〇一一―一二年。以後、『責任』）はアメリカ社会で常に論争の渦中にあった。それは彼らが真珠湾での惨劇を決して忘れようとしないからであり、また、その責任の所在についての議論が彼らの間で未だに決着をみていないからなのである。だから『責任』は――たとえ一部の人々の間に不快感や不満を惹起したとしても――読み続けられ、その結果として、版を重ねている。そうした意味においてアメリカ社会は決して『責任』を無視することはなかったという事実を忘れてはならない。そして時間の経過とともに、あの異様なまでの拒否反応も次第に消え失せ、あらためてその意義を問い直す動きも出ている。

一方、戦争のもう一方の当事国、日本はどうか。『責任』がちょうどアメリカで発刊されたとき、日本は米軍の占領下にあった。連合国軍最高司令官総司令部（GHQ）がすべての権限を保有していたため、書籍出版もGHQの許可を必要とした。だから、仮に誰かが出版を願い出たとしても、内容が内容だけに許されはしなかっただろう。だが、日本が独立を果たした後も、この本をめぐる状況は変わらなかった。そしていつの間にか、本そのものが忘れ去られ、結果的に日本社会はずっと『責任』を無視し続けた。アメリカで出版された日本に関連するベストセラーが日本で一顧だにされなかったのは実に不思議である。

彼我の差はいったい何を語っているのだろうか。――

ベトナム戦争、ウォーターゲート事件を経験して

戦後、世界は米ソの冷戦という新たな危機に直面した。米ソ対立は戦時中にすでにその兆しがあらわれて、戦後、決定的となった。米ソ両陣営の世界的覇権をめぐる対立が熱戦、つまり実際の戦争につながった朝鮮戦争とベトナム戦争は米ソの代理戦争の様相を呈した。キューバ危機では核戦争の危機が目前に迫った。あのとき、米ソのどちらか一方の首脳が少しでも判断を間違えれば、冷戦があっという間に熱戦と化し、第二次世界大戦と比較できないほどの惨事を招く可能性もあった。「核兵器」は、すでにアメリカの独占体制下にはなく、共産圏も保有するようになっていたからだ。

アメリカが正義を標榜し、自国から遠く離れたところで、軍事介入をすればするほど、アメリカ国民の負担と国家債務は膨らんだ。それに反比例するかのように、アメリカへの信頼は大きく損なわれ、多くのアメリカ人将兵の命が奪われていった。そして、一九六〇年代半ばにはベトナムでの泥沼の戦争を継続することについての賛否がアメリカ社会ばかりでなく世界的な規模で噴出した。すると「多くの（それ以前は大統領にはアメリカ外交を遂行するにあたって、相当に自由な裁量権があるという原則を支持していた）アメリカ人が（大統領の持つ）行政権限の執行について、ビーアドが示したことと同じ不満をもつようになり、大統領が国民的議論や連邦議会の承認なしに外交政策上の、特に軍事的性格を帯びた対外的約束をすることを制限する措置を求めるようになった」（トーマス・C・ケネディ『チャールズ・A・ビーアドとアメリカの外交政策』フロリダ大学出版局、一九七五年）という。

それが結果的に一九七三年の「戦争権限法」へとつながり、大統領の戦争権限に一定の歯止めが課されるようになった。戦争権限法とは連邦議会の両院合同決議のことで、①戦争が起こる前の連邦議会への説明の努力、②戦争を始めた後、四八時間以内に連邦議会へ報告する義務、そして③六〇日以内に連邦議会からの承認を得る必要——

などを定めている。当時、ニクソン大統領は拒否権を発動したが、連邦議会はそれを覆して（両院の三分の二以上の賛成による）再可決によって成立した経緯がある。

これはルーズベルト大統領以降、戦後になっても肥大化する一方だった大統領の権限を制限し、憲法が規定しているように連邦議会に戦争権限を取り戻すための第一歩であった。ビーアドが『責任』の結論部で、大統領権限の逸脱と肥大化について口が酸っぱくなるほど警告したことに、アメリカ国民もようやく気づき、わずかながら改善されたのである。

しかし、だからといって、ビーアドが『責任』で指摘したもう一方の論点「ルーズベルト大統領は日本を挑発してアメリカを攻撃させた」を、多くのアメリカの歴史家や国民が全面的に認めたわけではない。ただ、ケネディの著書を批評したノースカロライナ大学のリチャード・N・カレントが述べているように、ルーズベルト流の政策に関するビーアドの研究の永続的な価値は「『（日本に戦争を始めさせようとしたという）誘導』論の正当性だけが問題となるわけではない」。むしろ、アメリカ社会が戦後、ベトナム戦争、ウォーターゲート事件の混乱という大逆境を順次、経験したことで自らを省みる貴重な機会を得たことにくわえ、自分たちの中にもビーアドのような一筋の光が存在したことを思い起こしたことにあった。だから「彼は、彼を批判し、中傷した人々よりも思慮深く、予言的であった」（いずれも『パシフィック・ヒストリカル・レビュー』一九七六年）と、ビーアドを再評価する声が再び、聴かれるようになったのだった。

自己欺瞞と自己抑制

一方、ビーアドと『責任』は日本社会では戦後、ずっと無視され続けた。それはいったいどうしてなのか。

それに触れる前に私事で恐縮だが『責任』の翻訳作業を行っていたころのささやかな経験を紹介したい。筆者はその間、何人かの〝知米家〟を含む知識人と会った。たまたま『責任』について話が及ぶと、たいていの人たちは「そんな本があるのか」と驚きを示した。

だが、その一方で〝知米家〟といわれる人たちのなかに「あんなインチキ……」という声を聞いたときにはいささか、面食らった。「なぜ、そう思うのか」と質した。何度かそんなことを繰り返しているうちにはっとした。そうした人たちは『責任』（英語版）を読まずにそんな感想を述べていることに気づいたからだ。確かにもう七〇年前の本である。読んでいなくてもそれは仕方がない。ただ、アメリカ社会ではかなり有名な本であるため、〝知米家〟と呼ばれる人たちもその存在は知っていた。問題はここからである。そうした一部の人たちが英語版を読んでいないのにもかかわらず、アメリカ社会で流布された批判をそのまま受け入れ、「あんなインチキ……」と語っていると分かったときに違和感を覚えたのだ。そこには、アメリカ社会ではいい加減な本だという決着がすでについているから自らは読まなくていい。専門家の私たちがそう言っているのだから間違いない——こういわんばかりの態度があった。

もちろん、きちんと読んだうえで批判する人もいるだろう。そうした人たちの批評なら多種多様であっていい。だが、私のささやかな経験ではそうでなかった。頭からアメリカ社会で流布された言説の一部だけを鵜呑みにし、他は切り捨てる——そんな思考停止の態度を見せつけられて、アメリカをよく知るといわれる知識人層のあり方に危うさを覚えた。翻訳作業に従事し、実際に刊行するまでの間、そのことがずっと頭から離れなかった。そうした人々は知識人であっても、ビーアドにある真摯さはまったく感じられないのである。

さて、日米戦争に関して、戦後、今日に至るまで、正統とされている仮説がいくつかある。小倉和夫氏が指摘するように、①日米戦争は、日本の侵略的意図と行為によって引き起こされた、②米国は、自由と民主の精神を守るために参戦し、日本に勝利することによってその精神を日本に定着させた、③日米戦争は、米国にとっては正義の戦争であり、原爆投下や大量の市民の殺害といった行為も、正義の貫徹という戦争目的のために合理化される――というものだ（本書八九頁）。

いずれも東京裁判の判決に依拠した歴史観に基づいている。つまり、米英側、勝者の歴史認識に近く、この観点に立つと、戦前の日本は悪そのものとなる。

もちろん、日本が中国や朝鮮半島、アジアでかつて行った行為に弁明の余地はない。侵略戦争であったことは事実である。また、侵略戦争＝植民地経営が野蛮であるとするならば、その通りだ。だが、あの時代、米英も同じ穴のムジナであり、むしろ彼らこそが全世界的な規模でそれを行っていた。彼らがカッコいいことを言えるのは戦争に勝ったからである。それを蒸し返し、声高に叫んでも、負け犬の遠吠えに過ぎない。が、だからといって、先ほどの三つの説を、そのまま受け入れ、自分たち自身で何も考えないでいいというわけではない。戦後、そうした態度をとり続けてきたから、今、日米が戦争をしたことを知らない大学生がいるという珍現象が起きるのだ。

米国では今でも「真珠湾でなぜ、あれだけの被害を被ったのか」という議論が生きている。戦勝国であるアメリカが二度とあの惨劇を生まないために真珠湾の悲劇にこだわっているのに対して、敗戦国である日本は素知らぬ顔を決め込んでいる。ビーアドがルーズベルトにも戦争責任があったと言っても、「あれはインチキですから」と切り捨てる一部の知識人の姿勢。戦後の日本は経済にしろ、安全保障にしろ、アメリカを抜きにしては何も始まらなかった。おそらく、知米家であればあるほどそうした意識が強く、アメリカに対する〝遠慮〟となるのだろう。『責任』が長い間、日本社会で無視されてきた背景には、こうした自己欺瞞とアメリカに対する自己抑制の論理がある。それが思考停止の大きな要因なのである。

やらなくていい戦争がなぜ、始まり、そして、どうして敗けたのか。単に軍部が悪かったからというだけでは軍部に責任を押し付けているに過ぎない。ルーズベルト大統領が日本を誘導して、最初の一発を撃たせて、戦争が始まったとしても、その罠にはまったのは日本であり、日本の指導者がお粗末だったからなのだ。

将来、同じ過ちを繰り返さないためには、平和国家論を唱えているだけでは何の保証にもならない。自らの非は非と認め、再発防止の策を考える、同時にアメリカの責任は責任としてこれを追及する――歴史に対する公正な姿勢こそがいま、求められているのであって、停止したままの思考を再開するにはそこから始まるのだ。

＊　＊　＊

本書は『責任』の理解を深めるために特別に編集された作品であり、全体は三部構成となっている。

Iはビーアドゆかりの知識人、蠟山政道、高木八尺、鶴見祐輔、松本重治、前田多門の五氏がビーアド没後一〇年の一九五八年に、座談会で「その人と学風と業績」を論じたものを収録した（本書「〈座談会〉人／学風／業績」〔一九頁～〕）。日本を代表する知米派知識人がビーアドの多大な影響を受け、彼らの間でビーアド理解がいかに深かったかを知ることができる貴重な証言であり、第一級資料でもある。

座談会の二年後には安保闘争があり、戦後の日米関係が大きく揺さぶられた。以後、日本社会の精神史の根底には、親米追随と対米不信という、相反する感情が混ざり合い、ある時には親米意識が、また、別の時には反米感情がそれぞれどっと噴き出して、世論を形成し今日に至っている。また、その後、アメリカはベトナム戦争の泥沼にはまり込んで行った。ビーアドが提示した数々の論点はこのころから現実味を帯びてくるのだが、日本社会では相変わらず顧みられることはなかった。だが、それればかりではない。この時期を境にビーアド研究もアカデミズムの第一線から徐々に消えてしまったのだ。五氏の座談会にある知的熱気がなぜ、わずか数年の間にこんなに変容したのか。戦後思想史を考えるうえでも重要な問題を提起している。

Ⅱは『責任』を、今、なぜ、読まなければならないかを論じた。特に、一二人の識者がそれぞれの立場から縦横無尽に論じた書評は圧巻であり、Ⅱがこの作品の核をなす。また、ビーアドとほぼ同時代を生きた海外の歴史家らのビーアド評と合わせて味読すれば、『責任』とビーアド理解が一段と深まるのは確実である。

識者のひとり、詩人の川満信一氏は「この本は、沖縄でこそ読まれて欲しい」（本書九二、九八頁）としている。自国利益を侵害する場合にだけ戦争をするとか、戦争に勝っても外国領土を占有しないとか宣言しておきながら、半世紀余にわたって沖縄を占領している実態は「自らの顔に泥を塗りたく」るものであり（本書九三頁）、これこそアメリカの素顔を知る絶好の機会になるからだという。また、現在進行形である普天間基地問題などへの向かい方を今後、誤らないためにもこの本は「沖縄でこそ読まれて欲しい」と重ねて強調している。

また、歴史学者の岡田英弘氏は「アメリカの日本占領政策がまったくこのルーズベルトの欺瞞に基づいており、日本では今でもこの欺瞞が通用しているという事実」に驚きを示しながら、「それにも増してあきれるのが、この欺瞞に基づく対日政策に、当の日本の知識人や政治家たちが、唯々諾々として従ってきたことであり、歴史家ビーアドの容赦ない暴露にもかかわらず、その日本人の弟子たちが、これまで誰ひとりとして声を上げようとしてこなかった事実である」（本書八八頁）と述べ、日本の政治家や知識人のあり方にも問題を提起している。

さらに経済学者の松島泰勝氏も「一般住民を大量に殺害する原爆投下を正当化する国民が過半数もいる国と、日本が同盟・友好関係にあること自体が欺瞞である」としたうえで、「ルーズベルトの責任とともに日本の責任を、日本人、日本政府が自らの問題として真剣に引き受けない限り、名実ともに日本は独立したとはいえない」（本書一〇三頁）とし、『責任』を読むことはそうした戦後日本のあり方を再考するきっかけとなるとの考えを示している。

Ⅲはビーアドの外交論を主として論じた。晩年、ビーアドが「大陸主義」という独特の外交論を主張するに至った背景には実はビーアドと日本との出会いがあったことはあまり知られていない。

ビーアドは関東大震災を挟んで二度来日している。滞在中、後藤新平の薦めで、東京近郊だけでなく日本各地を訪れ、固有の文化や風俗に触れる機会を得た。各地で行われた講演会はつねに満員で、雨が降り、土の道がぬかる む中を黙々と講演会場に足を運ぶ多くの日本人を見て、ビーアドは感動したという。一回目の来日の帰途、かつて後藤新平が活躍した台湾や満州を見聞したほか中国、朝鮮半島もまわり、極東の現実をつぶさに目撃した。

交通手段が発達していないあの時代、未知の大地・民族・文化・風俗との接触を積み重ねたことは、それまで単に西洋史学者・政治学者にすぎなかったビーアドを、世界史大の歴史家へと飛躍させる契機となった。そして、東洋での経験に裏打ちされたその後の思想形成は一段とダイナミズムを帯び、ビーアド外交論の代名詞である「大陸主義」へとつながっていった。結局、それは極東を旅したことで、アメリカの「門戸開放」政策が、実は帝国主義を覆い隠す〝詭弁〟に過ぎないことを理解したことから始まったのだった。

本書Ⅲに抄訳を載せた『アメリカのための外交政策』(*A Foreign Policy for America*, Alfred A Knopf, 1940)の中で、ビーアドは、アメリカ大陸以外には決して干渉しないのが「大陸主義」であり、それを、アメリカ政府が終始一貫して遂行すれば、世界の他の諸国に平和をもたらすことに有利に働きこそすれ、決して妨げるものではないと明確に述べている。すでにルーズベルト大統領の国際干渉主義に対する不信をあらわにしており、ビーアドとルーズベルトとの戦いは始まっていた。この作品は、その後の『アメリカ外交政策の決定過程、一九三二—一九四〇年』(*American Foreign Policy in the Making, 1932-1940*, Yale University Press, 1946)と、『責任』で示されたルーズベルト外交批判の原型となった。

ビーアド『ルーズベルトの責任』を読む　目次

ビーアド『ルーズベルトの責任』を読む

I

チャールズ・ビーアド——人／学風／業績

チャールズ・オースティン・ビーアド Charles Austin Beard

1874年米国インディアナ州生まれ。オックスフォード大学留学，コロンビア大学などで歴史学，政治学を修め，1915年に同大学教授に就任。米国の第一次世界大戦への参戦で，大学総長の偏狭な米国主義に対し，思想信条にそぐわない三人の教授が解雇されたのを機に，昂然と大学を去る。1917年，ニューヨーク市政調査会理事に就任。22年9月，当時の東京市長，後藤新平の招請で初来日。半年間に亘る調査・研究成果の集大成が『東京市政論』で，日本の市政研究の先駆けともなった。翌23年関東大震災直後に後藤の緊急要請で再来日。東京の復興に関する意見書を提出するなど「帝都復興の恩人」として活躍。後に，焦土と化した戦後の日本の都市計画にも示唆を与えた。米国政治学会会長，米国歴史協会会長を歴任。1948年9月，コネチカット州で死去。享年74。

邦訳された著書に，*An Economic Interpretation of the Constitution of the United States*, 1913（池本幸三訳『チャールズ・A・ビアード』研究社出版，1974年），*Contemporary American History, 1877-1913*, 1914（恒松安夫訳『米国近世政治経済史』磯部甲陽堂，1925年），*The Economic Basis of Politics*, 1922（清水幾太郎訳『政治の経済的基礎』白日書院，1949年），*The Administration and Politics of Tokyo: A Survey and Opinions*, 1923（『東京の政治と行政〈東京市政論〉』東京市政調査会，1923年），*The American Party Battle*, 1928（斎藤真・有賀貞訳編『アメリカ政党史』東京大学出版会，1968年），*A Foreign Policy for America*, 1940（早坂二郎訳『アメリカの外交政策』岡倉書房，1941年），*The Republic*, 1943（松本重治訳『アメリカ共和国』社会思想研究会，1949-50年。新版，みすず書房，1988年），*President Roosevelt and the Coming of the War, 1941*, 1948（『ルーズベルトの責任』藤原書店，2011-12年），ビーアド夫人との共著 *The American Spirit*, 1942（高木八尺・松本重治訳『アメリカ精神の歴史』岩波書店，1954年），*A Basic History of the United States*, 1944（松本重治・岸村金次郎・本間長世訳『新版 アメリカ合衆国史』岩波書店，1964年），ほかに『ビーアド博士講演集』（東京市政調査会，1923年），『チャールズ・A・ビーアド』（東京市政調査会，1958年）などがある。

序　チャールズ・ビーアドという巨人

粕谷一希

昭和天皇まで、Ch・ビーアドの『東京市政論』を生涯もっとも影響を受けた書物として挙げられたという。後藤新平が関東大震災の直後、ビーアド博士を招いたことは有名だが、女婿鶴見祐輔の示唆によるものだろう。日本にやってきたビーアドは、精力的な取材で、永田秀次郎、前田多門など、後藤が内務省から呼んだ秀才官僚たちの名前を立ちどころに覚えてしまった。ビーアドは東京を考える上で、エリート官僚の個別認識をしっかり頭に叩きこんでいる。道路・公園・学校など、公共空間を確保するために、東京復興の基本計画とそのための禁止条項など、矢つぎばやにテキパキとアイデアを述べた。ビーアドのアイデアと企画は、実現しなかったもの、曲げられたものもあるが、その大筋は活かされ、東京市政の歴史の中に生きていった。

昭和二十三（一九四八）年に亡くなったビーアドは死ぬ四カ月前に本書『ルーズベルトの責任』を公刊した。本書は、ルーズベルトの政策に批判的であり、第二次世界大戦そのものに批判的であった。それは東京裁判のように、〝文明が野蛮を裁く〟のではなく、文明と文明の衝突であり、連合国の側にも問題があることを指摘したものであった。当時の雰囲気ではとても公認できず、アメリカ政府は黙殺した。

本書の飜訳は、戦争と戦後の世界史を修正するものであろう。

日本側でも、太平洋調査会に参加した若い知識人――松本重治、蠟山政道、宮沢喜一など――の路線は、当時の日本政府とは大きく対立するものだった。太平洋調査会の路線を歩み日米の対話が継続していれば、太平洋戦争も食いとめられたかもしれない。

その松本さんの直話であるが、「そりゃ我々には戦争責任はあるわね」と、つぶやいたことをはっきり覚えている。同盟通信の上海支局長として西安事件の世界的スクープに成功し、編集局長として近衛に近かった松本重治は、最大限の和平への努力をした人だったが、戦後追放にあい、彼は最初弁護士になったが、やがて国際文化会館の構想を徐々に具体化していったが、その一方でアメリカをもう一度勉強し直そうと考えて、高木八尺と組んで『原典アメリカ史』を編み、またCh・ビーアドの『共和国』を翻訳した。どちらも息のながい仕事である。

こうした松本さんの遺志を継いで、現代史を書きかえる作業が後世代によって実現されなければならない。

＊　　＊　　＊

ところで、Ch・ビーアドはどうしてこうした自由闊達な活動が可能だったのだろうか。彼はコロンビア大学の教授だったが、それ以上に著作家としての歴史家であった。彼は著作活動で十分生活できる収入を得ていたのだろう。大学当局と意見が合わず、コロンビア大学を辞めると、ニューヨークの行政研究所に入り、ニューヨーク市政を研究した。だから、ニューヨークとの比較において東京市政は恰好のテーマだったのだろう。

ビーアドは各地で講演を引き受けたが、謝礼を一切受けとらなかったという。しかし、日本でも津田左右吉や内藤湖南、また和辻哲郎や九鬼周造、三木清や林達夫などは、いずれも大学を越えた自由な著作家であった。こうしたことはもう一度、思想と学問のためにも考え直してみる必要があろう。日本の社会のためにも大切なことである。

大学も学問も、官僚化の危険をもっている。東京でも、京都でも、欧米の在り方を参考にしながら、自らの在り方を新しく論議すべき季節のように思う。

〈座談会〉

人／学風／業績

――ビーアド博士をしのびて（一九五八年）

蠟山政道＋高木八尺＋鶴見祐輔＋松本重治

（司会）前田多門

プロフィール

蠟山政道（ろうやま・まさみち／一八九五―一九八〇）
政治学者。民主社会主義提唱者であり行政学研究の先駆的存在。群馬県出身。東京帝大卒。在学中、吉野作造のすすめで東大新人会に参加、また、雑誌『社会思想』同人であった経済学者、河合栄治郎の影響を受けイギリス社会主義の研究を始めた。二八年東大法学部教授。三九年四月の平賀粛学で河合栄治郎が休職処分とされたことに反発、抗議の辞任をした。二・二六事件に際して軍部批判の論説を『帝国大学新聞』に掲載、軍部に批判的な姿勢を見せたが、その一方で、社会大衆党などの右派無産政党や近衛文麿と近くなり、近衛のブレーン組織である昭和研究会にも参加した。四二年四月の翼賛選挙で推薦候補として群馬二区から立候補、衆議院議員に初当選。終戦直後に議員を辞任。四七年公職追放、翌年に解除。五〇年、自らが主導して日本行政学会を設立、初代理事長になった。五〇年一月から五九年十二月までお茶の水女子大学学長を務めた。

高木八尺（たかぎ・やさか／一八八九―一九八四）
政治学者、アメリカ研究者。幕臣で英学者の神田乃武（コンサイス英和辞典の初代編集者）の子として東京に生まれた。東京帝大卒。新渡戸稲造、内村鑑三の影響を受け、自らもキリスト者に。母校の東大で米国憲法、歴史、外交講座の初代担当者となり、一九三八年、教授。太平洋問題調査会の常任理事も務めた。木戸幸一と学習院で同級生となり、その縁で、日米開戦前には戦争回避のため、近衛文麿とフランクリン・ルーズベルトの会談実現に努め、ジョセフ・グルー駐日大使に自制を求める手紙を出した。四六年貴族院議員。戦後、弟子の松本重治とともにアメリカ学会を創設、財団法人国際文化会館の設立にも深く関与した。

鶴見祐輔（つるみ・ゆうすけ／一八八五―一九七三）
官僚、政治家、著述家。群馬県生まれ。後藤新平の女婿。東京帝大卒後、内閣拓殖局、鉄道省運輸局総務課長を経て一九二四年に退官。その間、アメリカに留学、歴史家チャールズ・ビーアドの薫陶を受けた。後藤新平の要請でビーアドの東京市政調査会顧問就任にも尽力した。二八年、衆議院議員総選挙に旧岡山一区から無所属で立候補、初当選。三〇年の総選挙で落選したが、三六年に選挙区を旧岩手二区に移して立憲民政党公認で立候補して当選、

政界に返り咲いた。米内光政内閣で内務政務次官、翼賛政治会顧問としても活動した。一九二〇年代後半から一九三〇年代半ばころまで太平洋問題調査会日本支部の中心メンバーとして日米間の民間外交に貢献、また、三八年に設立された国策機関太平洋協会でも運営の中心を担った。戦後、日本進歩党幹事長に就任したが公職追放。解除後、民政旧友会の結成に参加した。五三年の参議院議員選挙に全国区から改進党公認で立候補して当選、一期務めた。その後日本民主党の結成に参加し、第一次鳩山一郎内閣では厚生大臣に就任した。主な著書に『プルターク英雄伝』（改造社、一九三四年）、『母』（大日本雄弁会講談社、一九三九年）など。

松本重治（まつもと・しげはる／一八九九―一九八九）

ジャーナリスト。財団法人国際文化会館理事長。アメリカ学会会長。大阪府出身。東京帝大法学部卒。大学院在学中の大正末期から昭和初期にかけて欧米に留学。イェール大学在学中、ビーアドの教えを受け、国際ジャーナリストになることを決意した。帰国後、高木八尺の下でアメリカ研究に従事、太平洋問題調査会の活動にも参画した。その後、同盟通信に入社、上海支局長、編集局長を経て編集担当常務理事を歴任。上海支局時代には張学良が蔣介石の身柄を拘束した「西安事件」をスクープするなど大活躍した。また、近衛文麿と近く、ブレーンとなった。一九四五年に同盟を退社、政論紙『民報』を設立、社長兼主筆に就任した。四七年に公職追放、アメリカ学会を設立。解除後、ロックフェラー三世の協力を得て国際文化会館設立に奔走、専務理事を経て六五年に理事長となった。著書に『上海時代』（中央公論社、一九七四）、『近衛時代』（同、一九八七）など。

前田多門（まえだ・たもん／一八八四―一九六二）

政治家、実業家、文筆家。大阪府出身。東京帝大卒。在学中、新渡戸稲造に師事し学外では内村鑑三の聖書研究会に入門、両者から多大な影響を受けた。晩年には新渡戸と同じクエーカー教徒に。大学卒業後に内務省に入省。一九一六年、後藤新平内相の秘書官に起用された。二〇年、大臣官房都市計画課長。後藤新平が東京市長に就任すると、第三助役に起用された。退官後、二八年に『朝日新聞』論説委員。三八年に退社後、ニューヨークの日本文化会館館長、四三年、新潟県知事などを歴任した。四五年に貴族院議員となり、東久邇宮稔彦内閣の文相に就任、教育改革を推進した。幣原喜重郎内閣でも文相に留任したが、公職追放された。四六年、東京通信工業（後のソニー）に出資し、名誉職だったが初代社長に就任した。実際の事業運営は、井深大が技術担当の専務、盛田昭夫が営業担当の常務となって行った。

あいさつ——座談会の趣旨

前田　それではこれから開会さしていただきます。そうして、私、司会者の役をさしていただきます。

ビーアド先生がなくなられたのは、一九四八年の九月一日と記憶いたしておりますが、今年で一〇年に当るわけです。また、私ども東京市政に関係のある者、また、ビーアド先生にも大きな関係のあります九月一日という、関東大震災の日に、偶然にもこの学界の巨星が落ちたということは、何か不思議な連想が起るわけでございます。個人的のことを申しますと、ちょうどなくなられる四日前に、奥さんから手紙をいただいた。その当時、ニュー・ヘヴンの病院でだいぶ重態であって、要するにさまざまの周囲の悲しみが彼の心の上に大きな重圧となって、こういうような重態になっておるのだろうという、非常に悲しいお手紙をいただいたのでありますが、まだそのときには、ビーアドさんがなくなられるというような気持は、筆者の筆にも現われていなかったわけであります。卒然とビーアド先生がなくなられたわけでありますが、ちょうどその一〇年目に当たりますこの九月本会では『都市問題』の特集号を出しまして、ビーアドさんに関する皆さんの論文をいただき、またいろいろの資料をそろえたいと存じております。

本日はその一つとして、ビーアド先生と縁故が深いのみならず、ビーアド研究の点におきましても深い造詣を持っておられる皆さん方に座談会を願いました。お忙しいところにかかわらず、おいでをいただきまして、感謝のいたりにたえない次第でございます。

ビーアド先生が、ただアメリカばかりでなく、社会科学の方面における世界的な学者として、少なくとも二十世紀の初半期において、ごく少数のすぐれた学者の一人として、いわば歴史学におきましても、政治学の上におきましても、大きな波紋を投ぜられた方であるということは、ビーアドさんの説に対して反対者があったといたしましても、今日においては、もうすべて賛否両方からビーアドに尊敬を捧げておるように考えるのでありますが、さような学界の巨人が日本に二度も、東京市政の一番大事なときにこられて、後藤市長を助けて、市政の基礎を作られましたということは、これは日本の歴史の上におきまして大きなできごとであって、実はそれに対しての評価が、まだ十分日本としてできていないような気がするわけであります。これに関しましては、この巨人を日本に結びつけ、市長に結びつけ、そうしてニューヨークにおけるニューヨーク市政調査会に範を仰ぎました東京市政調査会が作られるようにいたりましたその基を作られた、ここにおいでになる鶴見君に対しまして、今さらながら私ども非常に深い感謝の念を持つわけであります。

あの当時、ビーアド先生がこられたときには、社会は、まだ一市政学者が後藤さんを助けるためにきたぐらいにしか考えていなかったようでございました。私も［当時の助役］はずかしいながら、無学のいたすところで、最初はあれほどえらいお方だとは思っていなかったのでありまして、ビーアド先生に知を得ましてから後に、お書きになりましたものを、たとえば、『アメリカ憲法の経済的解釈』*An Economic Interpretation of Constitution of the United States.* 1918. あるいは『アメリカ文明の興起』*The Rise of American Civilization.* 1930. その他を拝見して、その偉大さをさとったわけであります。今さら考えてみますと、せっかくああいう方が日本の東京にこられたのに、もう少し東京として、あるいは日本として、彼よりもっと吸収することに努めることができなかったものだろうかということが、惜しまれてならないのでございます。しかしながら、その後にビーアドさんを祖述する方が、日本にもだんだん現れてまいりまして、長い三十何年の後も、今もってやはり、ビーアドおよびその学風というものが、日本に大きな貢献と刺激を与えておるということは、これは疑うことができないわけであります。これにつきましては、ここにおいでになります蠟山さん、また、ビーアドさんの代表的な著述を訳していただいて、日本の読書界に紹介をしていただきました高木さん、松本さんに非常に負うところが多いと思うわけであります。はなはだおそまきでありますけれども、もう少しビーアドの学風というものを、この日本の思想界、学界に、もっと何かとりいれて、そうしてこれからまなびとるということをなすべきであろうと考えるわけであります。今度の市政調査会の特集号の計画も、そういうようなところにも、めどがあるわけであります。

それでビーアド先生のご関係およびお考えになっております事柄が、幅は実に広いわけでありますが、まず第一に、ビーアド学風と申しますか、ビーアド学風の特徴、またその学風の基礎をなしております、私の足りない観察からいたしますというと、実にばく大なもの、そうして熱烈なヒューマニズムに基づいたあの人柄、学風というようなものにつきまして、最初に皆さんからお話をいただいて、それからだんだんと具体的な市政問題とか、あるいは日本においでになっておるときのことなどのお話を伺ったらどうかと存じます。

1 博士の来日

東京招待の事情——当時のアメリカにおける博士の立場

蠟山 私は、最初に、なぜビーアドさんをおよびになったか、そのビーアドさんを最初に知った方、鶴見さんもその一人だろうと思いますが、それを一つ教えていただきたいと思います。

鶴見 あれは一九二一年の暮でしたと思うんです。ちょうど東京の市長になったばかりの後藤新平から電報がきたんです。おそらくそれは前田さんなんか相談にあずかっておられたことと思いますが、東京の市政の腐敗をなおすために、アメリカの市政が腐敗から立ちなおった事情、その他を研究してよこしてくれというのです。ちょうど私、前の年の秋でした、ニュー・リパブリックの New School for Social Research の講義にでておりましたが、そのときの講演でビーアドさんにお目にかかった。それでビーアドさんが一番いいだろうという考えを持ちましてね、お伺いしたときには、ちょうど家族を連れて、ヨーロッパにたつほんのちょっと前だったんです。マディソン・スクェアの横のホテルにおられた。アメリカの市政は、簡単な政治のやり方でなおしたのではない、非常に科学的な方法でなおした。それは今ニューヨークにある市政調査会にいってお調べなさい。日本におられた宣教師のギューリックさんの息子さんのルーサー・ギューリック Lnther Gulick さんが今会長になっておると紹介してくれた。ギューリックさんは、非常に興味をもちまして話してくれました。いろいろニューヨークの市政を研究して、市政を科学的な基礎におきかえなければならんというので、市政調査会という有志の会を作って、その仕事をどういうふうにやったかという話をして下さった。また市政調査会の材料もあげましょうけれども、実際に仕事をやった人に会わしてあげましょう、といろいろな人に引きあわしてくれた。ニューヨーク州の市政研究家で、名前を忘れたんですが、半分政治家で、半分学者の人に引きあわされた。非常にこまかく話してくれて、材料はニューヨークの市政調査会の分といっしょに、たくさんこの人からもらいまして、東京に送ったんです。すぐ東京から折り返し電報がきて、日本でもやりたいから、もっと材料をくれということで、お送りいたしました。それで前田さんも助役をしておられて、東京市政調査会をお作りになったのだろうと思います。それでいよいよ市政調査会がその年から発足して、そのときにビーアドさんにきてもらおう、それじゃヨーロッパから帰っておるだろうからというので電報をうった。すぐ返事がきました。九月十四日に一家全部連れて東京に着く、こういう返事なんです。それで東京にやってこられた。それから先は皆さんご承知のことだろうと思います。

それからつけ加えて申し上げますと、ビーアドさんが非常に喜ばれたわけがあるんです。それは今前田さんがお話しになったような、『アメリカ憲法の経済的解釈』という本を一九一三年に出した。あれからビーアドさんに対して起った迫害というものは、非常なものであった。それでどこにも顔を出せないほど迫害された。当時の資本主義の根本をついたものでありますから。バイブルのように思っておった憲法が、実は資本家擁護のものであったということを、はっきりうちだしたものであります。一番痛いところを、だれもほかの学者がいえないことを、ビーアドさんがはっきり学問的に証明した。それで大変な迫害がはじまったわけであります。それでビーアドさんは戦争中〔第一次大戦〕はドイツびいきだという、ありもしないことで、大へんな迫害で、ビーアドさんもいわれておりましたけれども、息子のウィリアム・ビーアド William Beard まだ九つか十にもなっていないウィリアムが未成年であるにもかかわらず、女をかどわかしたなどとまでいわれた。全然なりたたないんです。九つですから……。それくらい虚構の事実を並べて迫害した。それは大変な迫害だった。そのときに日本から招待状が、しかも後藤市長の名前できた。日本へきてみると、総理大臣の加藤友三郎さんや外務大臣も出てきて、工業倶楽部で歓迎の宴会をしてくれたので、非常に感激された。アメリカでこんなに迫害されて非常にひどいときに、日本でこんなに温かく迎えてくれた。その当時ビーアドさんの約九年間の逆境時代を知らなければ、あのビーアドさんの受けた感動というものは、分らなかっただろうと思います。あとで僕も分ったんですが、一家一同非常に感動したんです。日本にきてはじめて愉快な思いをされたわけでしょう。そんなことで非常な感情家ですから、日本というものが人一倍好きになったんでしょう。

松本　コロンビア大学からの辞職事件のことは、高木さんが一番知っておられると思う。だいぶ事実を誤り伝えられていることがあるようですが……。

前田　バトラー総長との事件……。

高木　これは蠟山さんのほうがおくわしいと思いますし、また鶴見さんも直接に話をご存じと思いますけれども、私はビーアド博士の友人などから伝え聞いているところを申し上げます。今のお話の有名な『アメリカ憲法の経済的解釈』の出版後に、ビーアド先生はコロンビア大学の正教授に進まれ、政治学および憲法史を講じ、同大学の政治学科をして重きをなさしめ、その主任教授のような地位を占めておられたうちに、アメリカの第一次大戦参加となった。そうして戦争と関連して教授の思想の自由、学園の自由ということが問題になっていました。ビーアドみずからもすでに一九一六年春、トラスティの集りによびだされ、彼の革新主義の思想と授業に関して訊問され、警告されたことがありました。一九一七年秋には、一―二の教授の免職が起りました。そして最後に若い政治学の同僚の一人が、平和論のため参戦批判の演説をした思想の傾向のために、バトラー総長によって、教授たちにはかることなく、独断で免職されるという事件が起った。それに対して、もともとビーアドさんは、その人の思想には決して賛同していなかったにもかかわらず、否、むしろ意見の違う人の思想の自由という主義にたち、ことに、教授はその同僚の判断を聴取することなく、総長によって免職さるべきでないとの主張のために、ビーアド博士は、バトラー総長への抗議の公開状を提出して辞職したのでした。それは一七年の十月でしたかね。

鶴見 戦争がはじまってからかね。

高木 一九一六年から一七年へかけてのできごとです。

前田 ドイツ系のプロフェッサーの人が追いだされたんですね。平和主義の……。

鶴見 一人でしょう。

前田 フレーザー Leon Fraser そのほか三人おったんじゃないかね。

鶴見 一人だったですよ。

前田 それはドイツへ味方したというわけですか。

鶴見 その人はドイツ人ではない。

前田 平和主義というわけですか。

蠟山 私ははっきり知りませんけれども、当時のウィルソン大統領の参戦論に対する批判でなかったんですか。ビーアドさんの意見は、しかし何もその人と同じということでない。バトラーは大学の自由を弾圧した、また思想のために教授を追った、それに対するプロテストだった。

前田 私がちょうどニューヨークに住んでおるときは、一九三九年でした。新聞にでたんですが、その追いだしたバトラーが、ビーアドをよんで、そうして仲なおりしよう、わびる、あの当時は非常にやはり間違った予断をもってああいうことをやった、それで君の怒りを買ったが悪かった。一つ、仲なおりをしてくれといって、ビーアドさんをよんで、それから名誉講師か何かにしたという記事がでておりましたよ。

鶴見 それより前に仲なおりをしておりました。私がいったのは一九二四年の講演のときで、僕の講演の世話を、ビーアドさんとバトラーと直接やってくれました。

2 博士の思想と学問

行政とくに市政の研究――歴史家としての博士――多元的な歴史観

蠟山 そうすると、日本に迎えたときには、直接は市政問題であって、たまたまビーアドさんがニューヨーク市政調査会のなかで、研修所長をしておられた、その関係でギューリックさんからの紹介で一応市政研究家であるということでお招きしたのであって、ビーアドさんという人が、歴史家であり、政治学者であって、その市政とか行政とかいうものが、いったいビーアドさんの全思想のなかで、どんな地位を占めておるか、知っておったわけではなかったのですね。今日からみると、ビーアドさんの全体の思想傾向として、市政・行政面というものが、どういうふうにでてくるのか、私にはかならずしもよくまだ理解できないのです。

それで、そういう意味で、偶然にビーアドさんがコロンビア大学をやめて、その前にアメリカの世論、とくに保守系の連中から迫害を受け、とくに大学をやめてから、たまたま市政調査会に関係しておられたので、ビーアドさんが大学教授であるならば、おそらくヒストリアン、あるいはポリティカル・サイエンティストとなっておったので、市政論は、ビーアドさんの全体思想のなかでは、そう重要な地位を占めていなかったのではないかと思います。

鶴見 蠟山さんがあのときに、僕にお話になったことが、非常に意味深いんですよ。あなたは忘れておるが……。

アメリカで僕が聞いた講義のなかで、ビーアドさんが市政問題を話したのです。New School for Social Research での……。アメリカでも、やはり政治学の対象は中央政治で、市政の研究はなかったのです。ビーアドさんがはじめて中央政治と同じように、市政の研究をとりあげた。ニューヨーク市政調査会のような市政調査機関が、ニューヨークだけでなく、アメリカ全国にできて、それから市政研究が盛んになった。それはビーアドさんがらんしょうを作ったのだということで、それをビーアドさんから New School for Social Research で聞いて連絡したんだが。ビーアドさ

んがきたときに、あなたは若い助教授として……。（笑）

蠟山　まだ助手でしたろう。（笑）

鶴見　助手ならなおよい。ビーアドさんが日本にくることは、日本の都市行政に新しい変革をもたらすもので、これが黎明期だといっておった。そのときには僕は分らなかったが、それは非常な卓見でそのとおりになった。そのころからビーアドさんは、新しい都市の政治に対する研究家として、だいぶん知られておりました。

蠟山　ですが、今、ビーアドさんの一生を考えて、ちょうど東京によんだときは、ビーアドさんが、たまたま行政というものをとりあつかっておったときなので、全体として、ビーアドさんとしては、ほかのところに本領があったのではないか。そのビーアドさんの本領と、たまたま市政研究者、市政改革運動者としてやっておったこととの関連というものが、非常に重要だと思うのですが、何かまだはっきりとしないのです。日本に関するかぎりは、ビーアドさんの来日が契機となって、いろいろ行政の研究、おもに市政に新生面を開いてくれたことは事実ですけれども、ビーアドさん全体としてどうなんだろうかという疑問を、一生通じてみますと、著作においても、その他の活動においても、当時五年間です、一九一七年から日本の滞在も入れて。二〇年までやっておられたのではないか、あの地位におられたのは……。

鶴見　ヨーロッパにゆくとき、一九二一年にはやめておりました。

蠟山　そうすると、わずか四―五年間、たまたまそのときに集中して行政に関する問題が非常に多かったんですけれども、全体としては非常に少ないので、われわれ行政学をやっておる者からいうと、ビーアドさんにもっとその方を展開してもらいたかったくらいです。今たとえば、ギューリックさんの論文集のなかに書いておりますものも［本号掲載のギューリック氏の論文「ビーアドと市政改革」］、東京の市政に関する調査研究を非常に特筆しておるということは、その背景にニューヨークの市政調査会に関係されていたこともありますけれども、ビーアドさんの仕事として、あれが特筆大書されたということは、ビーアドさんの全体における行政の研究というものが、小さい部門でなかったか、そういう気がするので、ビーアドさんの本領というか、全体の思想体系ということを考えると、行政の問題は、どういう位置を占めておるのだろう、こういうことをまだ疑問にしておるわけです。

前田 私も、今蠟山さんがおっしゃったのと同じような感じをやはり持っておるのですが、たとえばビーアドさんのほかの金字塔的ともいうべき大著述をみてから、さらにあの『東京市政論』*The Administration and Politics of Tokyo*. 1923. をみると、何かビーアドさんがお気の毒なような気がする。大きな正宗の刀を持っておる人が、何か小さな魚の料理をさせられた、またなさったような気がするのです。けれども、ひるがえって、『東京市政論』をもう一度よく読んで考えると、いま蠟山さんのおっしゃった別の大きな本領と、やはり関係をもって東京市政が論ぜられてある。その本領との関係があまり薄いのではないかという疑問だけれども、やはりビーアドの大きな本領があるから、あの議論ができてくるというような気がするので、ことに市政論に科学的研究方法というものを非常に重んじておることが分る。

何よりの証拠は、『東京市政論』において具体的な問題に入る前に、一番最初のチャプターで「市政学の基準と組織」(The Criteria and Scheme of Municipal Science) を論じておる。それから後に具体的問題に入っておる。若い時分にあれを読んだときには、それをあまり感じなかったのですが、近ごろ読みなおしてみて、やはりここがビーアドのビーアドたるところだ、そこでやはりあの方の学的功績は広きにわたっているが、しかしあの方の学問のなかには、市政とか地方行政とかいうものは、相当大きな部分を占めておるのではないでしょうか。たとえば相当前に、一九一〇年ごろからアメリカの政治について書かれた本がある (*American Government and Politics*, 1910. 10th ed, 1949)。あれは広く教科書にも使われたと聞いておるが、この問題については、ビーアドとしては非常に力を入れておる。ビーアドという学者および思想家の全貌というものが、やはりあれにつながっておるのではないか、そういう感じが近ごろしておるんですがね。しかし、あの当時は、少なくともわれわれ、おそらく日本全体の人が、ごく少数のビーアドさんを知っておる識者のほかは、要するにこれは一市政学者がやってきたのだ、はなはだしいのにいたっては、技術者がやってきて後藤さんを助けたぐらいにしか考えていなかったことは事実です。それから後藤さんも、後に鶴見君から知識を得られただろうけれども、最初はあれだけ大きな学問上の背景を持っている人だということは、ご存じなかったのではないでしょうか。

松本　いまの蠟山さんがおっしゃったことですけれども、市政学ないし行政学が、ビーアドさんの全体の学問体系にどれだけ重要性があるかという問題については、僕もだいたい同意見です。けれども、四年ほど前にミセス・ビーアドを訪問したとき、お嬢さんのメリアムとその夫君たるファクツ博士も同席されていましたが、そのとき、ビーアド博士が筆をとられた著作ないし報告書類については、いろいろリストがでておるけれども、ほんとうに網羅的なリストなんというものは、はたしてありうるか、という疑問を私が提出しました。それに答えてミセス・ビーアドは、チャールズ［ビーアド博士］の名前で発行されておる著述は、彼がおよそ筆をとった仕事の半分ぐらいに過ぎないのではないか、他の半分はほとんど委員会報告とか、グループ報告書のなかにかくれているように思われる。ニューヨークの市政調査会の仕事だけについても、いろいろのコミッティのリポートやファインディングをまとめる仕事について、どれだけチャールズがやったかわからない、そういうコミッティのコレクティヴ・ファインディングスの幹事役かリーダー格の仕事を、チャールズがどれほどやったかは、ちょっと測定できないけれど、わたくしは一生涯のミット・アルバイターの一人として、そういうかくれた仕事の部分が、非常に大きな比重を占めていたにちがいない、ということをいっておられました。

前田　ギューリックさんもいっておりましたが、市政研究家としてのビーアド、そのなかに東京市政の分とそれからスミス A. E. Smith ニューヨーク州知事の時にできた、ニューヨーク州政に関する大きな改革論、あれはコミッションでやったけれども、やはりおもな部分はビーアドがやったと書いてあった。

蠟山　みなイントロダクションや結論はビーアドさんが書いた。だから全体としてビーアドさんの業績が大きかったんですけれども、どうも市政学という問題は『東京市政論』をシステマティックに書いておりますけれども、

1923年2月、東京市吏員講習所における講義最終日の記念撮影

むしろ今日からみると、学問的の著述としては、むしろいま、ここに持ってきていただいたんですけれども、後藤さんが作った東京市吏員講習所で六回のレクチュアをした、このレクチュアと、それから東大の講演である「大社会とテクノロジー」Great Society and Technology とは、これは非常に学問的なレクチュアで、これが出版されておれば、先生の行政学は、文明史の研究、経済史の研究、憲法の研究につながる。それがつながらないのが残念だという気がするのです。私は二つともこの講義は聞いたんです。これらの講義のメモは今でもとってあります。吏員講習所の講義の原稿があれば、それは著作になっただろうと思います。これは市政というよりは、都市あるいは都市生活の問題からはじめておりますから、非常に先生の全体系とのつながりがよく分るのではないか、こういうものが出版されていない。他の一つは、東京大学で講義された「大社会とテクノロジー」ですが、これもよいところがあります。これも先生の *American Government and Politics*. 1928. 第五版や *The Economic Basis of Politics*. 1924. の最初のチャプターは、それの基礎になるように思うので、その先

生の歴史家として政治学者としての問題と非常につながる問題である。それがまだでていない、なぜであろうか、これを一つ疑問に思っておるのです。東京でやったものが一つも出ていないということが残念なんだ。これは奥さんに聞いていないんですが……。おそらく、それは先生に不満があったので、出版されなかったんだろうと思うんですよ。ただ、記念になるし、先生の全体の思想との関連もある二つの講演なんです。だからそれを今度の機会に、何とか日本語で紹介したらよかったのではないかと思います。

前田 それは大野木さんのほうで考えているんでしょう。

大野木〔克彦。東京市政調査会〕「大社会とテクノロジー」はとにかくテキストがありますから載せますが、吏員講習所のレクチュアのほうは、どうしてもテキストがみつかりませんので、項目だけ載せます。

前田 そこで、ビーアド先生の全貌といいますか、学風というようなことについて、さらに掘りさげていただきたいと思うんですが。

蠟山さん、あなたはラスキー H. J. Laski について、親しくご研究になったと思いますが、ラスキー教授もビーアドさんと学的に密接なつながりがあるかとも思いますが、その学風というような点について……。

蠟山 私もビーアドの全体の研究をしておりませんし、また、その問題は、いろいろの人の論文を読んでみても、なかなか分らない。いくつかの疑問をもっておる。それにもかかわらず、感じておることを申しますと、結局先生は歴史家だと思う。歴史ということを一番重要視されたのではないか。そこで、歴史家の何といいますか、欠陥というか、社会科学者からみると、歴史家に物足らない点は、システムがない、また、システムを作らないほうが歴史家としてはよいと思うけれども、その意味において、結局歴史家ではなかったろうか。ただし、その歴史というものについても、従来のアメリカの歴史はもちろんですが、世界的にみて非常に特色のある点では、マルキシズムをどれほど勉強されたのかしらないけれども、マルクシストがいう階級的利益、また財産所有関係ということを非常に重要視されたということですね。しかし、この、経済的説明といってよいかもしれないが、歴史の発展の動因としての経済関係というものを重要視されたという点ですが、これがいったいマルキシズムとどこが違うか、また、それがビーアドさんの社会科学者としての立場に、どれだけの重要性を持っておるのかという点も、私にはまだ研究が足りないので、よく分らないんですが、つまりこの点が憲法の研究にもなり、さっき前田さんのいわれた『アメリカ憲法の経済的解釈』になる。とくに「フェデラリスト」The Federalist の研究も、そのほうが研究の中心になる。そのことも私どもが政治学者として疑問を感ずる点です。

そういうエコノミック・インテレストを重要視する思想は、国家観としてどうなるのだろうか、その利益の調整、あるいは統一ということはどこでなされるのだろうか。マルキシズムの場合は、マルクスの解釈、つまり階級闘争があるからよいのですけれども、ビーアドさんの場合、国家として何が調整の原理になるのだろうか。また、調整の方法は何によるのだろうかということが問題になると思う。一つは先生の憲法思想のなかに、チェック・アンド・バランス——マジソン J. Madison 以来の思想、それをずっと憲法史の研究として、成立以後の歴史を証明しようとしておるのですが、モンテスキュー以来の近代国家の理論の重要な原則の一つ、そういうものを、相当とりあげておるのではなかろうかということが、一つの問題なんです。それが十分でないことは、ビーアドさん自身も知っておるわけです。そこで持ちだしてきた理論として考えられたのが、ナショナル・インテレストという考え方だろうと思います。国家的利益、これがビーアドさんのその後の、むしろ東京から帰られてから後の活動になるのでありまして、*The Idea of National Interest.* 1934. とか、*The Open Door at Home.* 1934.、ああいうような著作となり、また。その後のルーズベルト大統領に対する、ニュー・ディールに対する批判としてナショナル・インテレストというものを持ってきたことです。それといま一つは、いわゆるプランニングというアイデアを持ってきて、これで解決できるものと考えておったらしい。この国家論、つまり階級対立を包蔵しておる国家の問題は、伝統的な憲法思想やデモクラシーの理論では解決できない。もし、そのために新しく持ちだした概念あるいは目標というものが、ビーアドさんのナショナル・インテレスト、プランニングというアイデアとテクニックであるとするならば、これで十分だろうか。

それともう一つ私がその点について考えられる疑問は、先生が一番最初にイギリスにいったときに、イギリスの産業革命を研究したり、中世以来の近代国家の形成について、マノリアル・システム（荘園制）やフューダリズム（封建制）の研究をされた。そうしてイギリスにおられた当時、十九世紀末葉の労働運動に対して、イギリスのレーバー・パーティの最初のころ、そのころのビーアドさんの熱情というものは大したものであった。私はそれについて不思議に思うんですが、米国人でありながら、そうして若い留学生の身でありながら、とくにイギリスの錚々たるレーバー・パーティの先駆者、それらの人に伍して、イギリス労働党の結成に寄与したその熱情、ラスキン・カレッジ Ruskin College を作り、ソシアリズムというものに対する相当な理論的な情熱を示されたということです。先生がアメリカに帰ってから、ほとんどソシアリズムに対して、どういう考えを持っておったのか、全然出てこない。ラスキンのいっておるデモクラティック・ソシアリズムでもない。社会主義というものに対しては、ほとんど何も持ち出していないという点が、一つの疑問なんです。ナショナル・インテレスト、エコノミック・プランニング、その背後にあるテクノロジーというもので、近代国家および近代国家の相互関係、国際政治というものが解決できるのだろうか。そこに、先生の思想が日本の知識階級にアトラクトしなかった一つの理由があるのではないかというような気がしておるのですが。先生の思想体系のなかに、社会主義という考え方を、どんなふうにみておったのだろうかという、消極的な解釈、しかも、内容的にみると、非常に理論的な社会主義の理論と同じようなことを、いっておられる。そういうようなことを、全体のビーアドさんの思想について、いつも疑問に思う。それは先生が、結局システマティックに考えなかった。多くの問題をとりあつかったけれども、先生自身のシステムというものがなかった。しかし、それが結局偉大な歴史家たるゆえんで、その歴史的著作によって、その後において多くの人に影響を与えておるのだろうから、一つのシステムがなくとも、それでよいというようなことで、説明は一応はするんですけれども。

結局先生全体としては、非常に鋭い現実の洞察と、いろいろの歴史の動向に対するモーチベーション（動機づけ）に対する鋭利な観察があったという意味で、ヒストリアンとしての素質を持っておられたのではないか。それと表現は流麗であり、ことばの選択については偉大なものであったという意味で、結局歴史家ではなかったのだろうかという結論になる。要するに歴史家として、歴史家というものは、何であるかという説明はいたしませんけれども、まあ、偉大な歴史家である。そこにシステムというものを欠いていたとしても、それをわれわれの後進のものが先生に求めるのは無理でないかという気がするのですが……。

前田　非常に重要な点を摘出していただいたのですが、それに関連して、高木さんか、松本さんから一つ……。

松本　高木先生は、三年ほど前にビーアド博士について論文を書かれたのですから……。

高木　蠟山先生のお話は、大事な点をつくされておられて、私もだいたい同じような感じを持ちますし、さらにつけ加えるようなことも思いつかないんですが、私もだいたいはビーアドさんは、第一にはヒストリアンとして、偉大なのだと思います。また、幸か不幸かコロンビア大学を追われたということが一つの契機になって、あまり世のなかのことに煩わされずに、もっぱら歴史に入ってゆくという機運が開けたのではないかと思います。しかし、歴史を書かれますうえにも、やはりビーアド先生の社会科学者、ことに政治学者としての非常な造詣が、余人の企ておよばぬ視野をそなえさせたことは疑えぬと思います。（私事にわたりますが、私は鶴見さんから、The Republic in the Machine Age という傍題の附けられた *American Leviathan.* 1930. の本を、出版そうそうアメリカから送っていただきまして、あの本には非常に世話になっています。またビーアド先生には、私はいろいろの機会に、たとえばニュー・ディールの理解のために親しく教えを受け、先生の政治学には大変お世話になっております。）その政治学者としての先生の、力・権力の関係の探求を重視する政治の分析と申しますか、ポリティックスの現実をダイナミズムの観点から研究するということが、背後の強い力をなし、政治学と歴史学が渾然と結合され、書かれます歴史が、普通の歴史家よりも、いっそう深みのあるものとなったのではないだろうか、ということを感じます。次に先ほど来の、*An Economic Interpretation of the Constitution of the United*

States それからそれの一般的の裏づけともいえようと思いますけれども、*The Economic Basis of Politics* というような著述などに現われますように、ビーアドの経済的な解釈というものは、歴史をとおして相当強く出ますけれども、しかし、かならずしもそれに終ったのではない。むしろ、ホフスタッタ R. Hofstadter 、ビール H. K. Beale 等がいっておりましたように、一九三五年の『アメリカ憲法の経済的解釈』の改版の序文に、著者みずから書いておるとおり、むしろ多元的な解釈による歴史の見方に移っておられるのではないか。すでにそのことは、『アメリカ文明の興起』すなわち二七年以後の大著のなかにも、経済的解釈より総合的史観への変遷となって現われておると思います。それから最後に、経済的解釈の問題といくらか関連するかと思いますけれども、先ほどの話にもありましたソシアリズムに対するビーアドの態度、ラスキーがいっておる、「ビーアドは暴力による革命に代るべき、社会の改革をもたらしうる政治の針路を不断に探求した人」という評定が、革新的民主政の前進に、解決を見出そうとする彼の立場を指摘していると思います。先ほどのお話にあったとおり、ラスキーは、ビーアドはマルクシストではなかった、ソシアリストでもなかったといっております。

前田　コレクティヴィストであるが、ソシアリストでない……。

高木　ビーアドの主張は、そのとおりだと思います。ビーアドの説く民主政の理念を付度いたしますと、その出発点は、ソシアル・デモクラットの立場というようにも説明できるのではないかと思います。彼の政治思想は本質的には、アメリカ独特のプログレッシヴ（progressivism）の考え方で、革新主義的な民主政の前進こそ、アメリカの政治の進路であるとの主張であったと思います。ビーアドさんのいわゆる「コレクティヴィスト・デモクラシー」というのは、まさにそういう民主政の理念ではないかと想像いたします。

最後に、外交方面における先生の貢献につき、一言いたしたく存じます。先ほど来のお話にありましたように、ビーアドさんは歴史家として、また、社会学者として独自の立場にたたれ、強い信念を持たれた。それに基づく警世、世のなかに対する警告の言葉が、著書となって、あまりに力のある強いものであったために、晩年には多くの敵をつくられるし、むしろ、さびしい生涯を送られたと思います。そのなかでも、一番問題となったのは、ビーアドの『ルーズベルトの責任』*President Roosevelt and Coming of the War, 1941.* の一書でした。（かって『アメリカ研究』という雑誌を出しておりますころに、前田さんが、ビーアドの『ルーズベルトの責任』を、一九四八年出版後まもなく、こまかく評論なさった原稿をいただいたことがありました。今日、改めておわびを申し上げますが、惜しんでもあまりあるその原稿は不慮の災難のため紛失いたし、印刷することができず、わずかにはなはだ不完全な形で私が前田さんの論旨の大約を、幸いに貴い原稿の摘要をノートしてあったものに基づき、一文を綴り、雑誌に載せたことがございました。）あの本、その他晩年の内政と外交双方に関する三―四の著書や論文に現われますように、世のなかに対する警告の態度は非常に強かった。社会の木鐸として、学者がただ一人自分に示された真理は、これを述べねばならぬという態度が強かったように思います。

3　人間としての博士

高木　終りに、ただ一つ、申し上げたいと思いますことは、一九四九年ビーアドさんがなくなってから、まだ一年たちませんころに、ニュー・ミルフォードにまいりまして、幸いに未亡人と親しくお目にかかって、たしか一晩、あの後藤伯の掛軸のある二階の客間でおくらせていただいてお話を伺ったことがあります。そのときいろいろ質問をもっておりましたけれども、もう先生のおられない書斎の前のベランダで、ずっと広々としたコネティカットの流域をみわたしてお話をしましたあいだに、どうしてビーアドさんがあんなに人間としての強さを持っておられたのだろうか、ということをおたずねしました。メアリー夫人がそれに対する答えは、おそらく先祖のなかにあるクエーカーの血ではないかといわれたのに、深い感銘を受けました。

前田　ビーアドさん自身もそういうことをちょっといわれたことがありますね。「自分は宗教を信じない、キリスト教を信じないが、おれの血にはクエーカーの血がある」と。

高木 クエーカーの影響があったと思うと、夫人の私の質問に対する答えはそういうことでありました。一九三三年にビーアドさんが、アメリカの歴史学会の会長としての演説に、「ヒストリアンとして、歴史を書くことは一つの信念の行為である」―Written Histry as an Act of Faith―との主張をしました。歴史を書く以上は、社会的諸力を自己の価値観によって評量し、一つの決意をもって歴史の事実の選択と記述をしなければならない、というような趣意でありました。いろいろのことを考え合せまして、そのビーアド邸の一夕のことは、非常に印象深く頭に残っております。

それからもう一つその訪問の折りの印象ですが、ちょうどそのときに、お孫さんに当たるファクツ博士のお子さんのデットレフ Detlef さんは、その当時、ハーバード大学の Law School の一年を非常な優秀な成績で終ったところでした。今は卒業してりっぱにやっておられますけれども、そのころ夏休みを祖母と暮し、故博士の机で勉強していました。私が感心したのは、夕食を三人でともにし、食後の老人たちの談話にも、実に若い学生の身で熱心にき入り、また参加する彼の態度でした。彼は「あしたの朝は会えない、ちょっと早くでかけるから」とその晩に別れたのですが、それは毎朝早く七時には、ずっと離れた村まで勤労にでかけるためでした。どうも法律の大学生の夏休みの暮し方としては、みずから律することきびしいような感じを、私は受けました。このようなことも全家にみなぎる故博士の精神をうかがわしめ、私には尊い想い出になりました。

前田 思い出しますのは、後藤伯がビーアドさんについて、あの人はちょっと古武士の風格があるということをいった。古武士という言葉がすっかりあたっておるかどうかわからんが、そういう素朴ないいあらわしのなかに含まれて、ビーアドのパーソナリティの面目躍如たるものがある。それで学者としてのりっぱな方であるとともに、偉大な評論家であるという点はみのがせないが、講演のときに、そういう熱意の表現がものごしのなかに躍如としておると思いますが、そういう点について鶴見さん……。

鶴見 今お話を伺って、実にビーアドさんについて知らなかったことをきいたんですが。私はニュー・ミルフォー

（第三種郵便物認可）　大正十二年十月七日　（市内版）　（日曜日）

東京朝日新聞

編輯兼發行人 藤本倘明
印刷人 沼田實次郎
發行所 東京市京橋區瀧山町 二、三、四、五番地 東京朝日新聞發行所 臨時電話三三〇番
定價 一箇月 八十錢 一部朝夕にて四錢
廣告料 五號十五字詰一行 金一圓十錢

娯樂機關の復活

東京市では寄席の開始を第一として、活動寫眞の復活之に次ぎ、而して劇場も亦遠からず復活す可く傳へられて居る。吾人は之に對して賛成を表するに吝かならないものである。

世上の論者は或は言ふ、今回震災以前の東京市民は、滔然として奢侈贅澤の風に流れ、一夜に百金を投じ、千金を要して得々たる有様であつた、其志操も浮華輕佻、識者をして慨嘆せしめねばやまなかつた。然るに震災以後は必要の爲めでもあるが、一般に質僕の風が出、質實の態度が現はれて來た。所謂發展と緊張とは、復興事業の實とも見る可きものであり、從つて此際此氣分を緩める娯樂機關の再生は極めて好ましからざる所であると、此議論の前半には吾人は大いに同意を表する所であるが、尚其進んで娯樂機關を緊張振りに有害だとする議論に至つては、遺憾乍ら同意を表することが出來ない。

此等論者の爲に、一大參考となるものは、蓋し明治三十九年米國西海岸震災のそれではあるまい乎。四月十八日大震災があつたが、六月には活動寫眞が先づ復活し、次いで劇場が開演したのである、尤も夜間は開演しなかつたが、晝間は短時間、マチニーとして開演して居た。斯く急いで開始したのは、當業者の事業的活動をも意味するには違ひないけれども、社會學者間などに、娯樂機關の復活の要を叫ばれたのも、その一因であつた。娯樂機關復活論の根據と言ふのは、二つの點であつた。その一は震災後、市民は種々の點に於いて、物質的慰安を奪はれたので、せめて精神的慰安の方法に依つてその缺陷を補はんとするものであつた。是れ恰かもレニン執政が物資缺乏に悩んで居る民衆の不平の一端を音樂會、劇場等の愉快に依つて慰めたのと幾分共通な所もあると言はねばならない。その二は社會の不安を圖るには、成る可く早く社會平安の姿に復歸せしむるに在ると言ふ見地から出たものであり、娯樂機關の復活も其一端と目せられたのである。日本敢て外國の例を追はねばならぬ譯は無いが、理議の在る所、利害の存する所は一考を値するものがあると思ふ。

要するに娯樂機關の復活は、目下秋風肅殺的氣分が多く粗樸となりかけて居る社會に一點の温味を加ふる點から見ても、市内掃除及復興諸事業に從ふ勞働者の疲勞を醫する機關としても適當であらう。而して之に依つて從前の奢侈的生活をも誘致すると言ふ憂慮の如きは、其機會分數少なる可きのみならず、自ら之を防止する方策あることを疑はないのである。

動くは可

仲小路、目賀田兩氏、貴族院議員辭職の意漸く動くとの説がある、動くは可、唯その早からざりしを惜しまねばならない。

打明けて言ふと、現在の樞密院をして貴族院議員を兼ね得るやうな曖昧院たらしむる事は、即ち樞密院顧問官をして英國流のものたらしめ、それが特殊な政治的地位を取り去ることは、我國政治の進歩上必要なことである。兩氏にして此見地から兼任論を説くならば格別だ、然も現行制度の下に於ける法律的解釋論では、公孫龍の亞流として識者の嘲笑を招くに過ぎない。

ビ博士來る

ビアード博士來る。彼が齎す所の材料、我が復興に要するもの多きは疑ひを容れ無い。唯恐る、我復興院の面々、果して能く之を咀嚼し、更に之を實際に照して、有効に使用する頭腦を有するであらう乎。

新東京の爲に盡す可く

……事業、警視廳その他市に關係ある建築物をことごとく集中させ東京……

……出來ないのは遺憾である

【記者】今度の震火災害による損償乃至外債の募集によつて得たる金を新東京の商工兩地域に割り當てることとするならばその割合は何を標準として決定されるものか

【博士】是は非常に困難な問題で、今茲に答へることが出來ない、現に桑港の場合に於てもこの問題が非常に面倒なむづかしい問題とされ、結局何等の割當額が決定されなかつたのである。從つて是は場合場合に應じて事實を十分に研究し調査した上で適當に決定すべきものであると云ふより外はない

【記者】破壞によつてなされたる荒んだ民心を一日も速く和らげることが大切と考へられるが、其最上方法は如何

【博士】それは最も大切なる問題であるが、音樂、活動寫眞乃至演劇其他の娯樂を提供することも一方法であらうが、それよりも一番大切で緊急なことは民衆を率ゐる偉大な力強い精力のあるリーダー即ち指導者を見つけ出すことである、偉大な根氣の恐ろしく強いリーダーさへあつて彼がウンと働き、どん／＼元氣に溢れた見事な働き振り勤勉努力振りの範を示しさへすれば荒んだ心を有つたものも、氣を失つたものも旱天に雨を得た草木の如く非常に勵まされ元氣づけられてそのリーダーに從ふであらう而して荒んだ民心も自ら元氣に滿ちた樂天的に溢れたムード……

後藤總裁と帝國ホテルで會見

帝都復興院總裁後藤内相はビ博士を六日午後三時帝國ホテルに訪ひ、約一時間にして辭去したが此會見の内容に就て後藤内相は語る

「ビアード博士はこちらからの招電に接したので當時着手の校正等に寸暇のない身であつたが震災後の帝都復興に就て力を盡したいとの精神から直に來朝せられた譯である、博士は顧問として僅かに東京市の實状を觀察し十分なる基礎の上に立つて居られるので『震災後の東京市の爲め微力ではあるが盡し得る丈け全力を傾注して意見を立てて見たい』と實に懇切なる挨拶があつた、併し桑港の震災害後に就ても大部な參考書も持參して來られたので之をも何れ調査し參考にして見たいと思つて今日迄を費つて來たところである、今日（六日）は別に都市計畫の根本策等に關して意見を聞いた譯でなく遠來の人に挨拶を爲したに過ぎない」云々 尚ビ博士は後藤子と會見を終りたる後市役所を訪問し五時帝國ホテルに歸つた

臨時議會 召集通知

期日の十二三日前……

関東大震災後、ビーアドの再来日を報じる紙面（『東京朝日新聞』大正十二年十月七日）

對したよりも大きいと

夫人は震災後の社會事業に盡す積り

新東京建設のために其の蘊蓄を注ぐべく東京市政調査會長後藤子の招聘に接した米國紐育市政調査會の權威ビアード博士は夫人と共に帝都復興に資する參考書類を一ぱい詰めた大きなトランクを携へ六日朝八時横濱入港の米船プレシデント・ヂェファスン號で來朝した、船が港内所定の位置に繫留すると黒い外套に鳥打を冠つた博士は厚い鼠色のマントに身を包んだ夫人と一緒に折柄そぼ降る冷たい秋雨にうたれながら上部甲板に佇み淋し氣に今は廢墟の横濱市街を眺めてる、調査會の鶴見祐輔氏田邊參事、高橋早大教授等が逸早くランチを漕ぎつけ出迎へに來た、迎へらるゝ人の面持にも互に悲痛の色が漲る、感を籠つて固く手を握り交された『私の東京のお友達の安否は』と夫人が先づ心配に耐へぬもの丶如く蠟山教授に尋ねて居る、博士は又鶴見氏等を顧み『電報を受取つた當時の私の驚きは恐らく東京に居て彼の災害に會ふより以上の驚愕を感じた、後から來る電報その位待ち遠しかつたらう』と語つて『今や全米國を擧げて

白熱的

の同情は日本のために捧げられて居る、全く開闢以來の事で大戰中日米戰後に對したより更に大きいものがある』と自分はモウ東京ッ兒になつた積りで博士の盛顔は崩れた、夫人は又道に對て米國婦人參政權運動の陣頭に立つた丈けに『夫が東京の復興と云ふ重大な仕事をする間私は女の力の及ぶ限り震災後の社會事業のために盡したいと考へて居ります』と極めて眞劔である、斯くて博士夫妻は午前十時半鶴見氏等に導かれて上陸後用意の自動車で直に入京帝國ホテルに投じた

市民の樂天氣分

最も必要なものは

記者との會見談

ビアード博士を船中に訪問せるに曾て帝國ホテルで會見した記者が面會した事を記憶してゐて第一にわが東京朝日新聞が地震には副へ得たが火災は何うであつたか新聞紙は既に以前の通りに發行されてゐるか東京横濱はもう落ちついたかなどと質問し『すべては事實を摑んで後藤子はじめ其他の人達と面談した後でなければ』と再び博士が考へてゐる新東京復興建設根本原則に就て語ることを避けたが記者との會見談は左の通りであつた

【記者】往年桑港が震火災に罹はれた際に桑港市當局者が取つた應急の處置及び救濟法等は今度の東京、横濱兩市の場合に於ても大いに參考となると想像されるが、當時桑港市當局者のとつた復興に關する方法其他を簡單に説明されたい

【博士】然り、往年の桑港震災火は今回の如き場合に於ける都市建設に非常に參考になる幾多の重要なる材料を提供したが故に若くも桑港震火災に關するもの及びそれが與へた影響に基く都市建設に關する書籍と云ふ書籍は集められ得るだけ集めて持參したから相當有效な參考になるであらうと信じてゐる、また桑港震火災の際に同市の市長は一時間經たぬ内に委員命を指導して大略次のやうなことを決定し發示した

一、市を七つの區域に分け其七つの區域毎に救濟所なるものを急設して糧食、家屋、病傷者老衰者不具者の保護、上水道の復活、衛生、永久的復興(パーマネント・リハビリテーション)の事に鋭意當らしめ、次に右の永久的復興を(イ)交通機關の復舊(ロ)罹災職工、たとへば鍛冶職、大工等に道具器具等を與へて直ちに仕事に從事し得るやうにする事(ハ)罹災者のすべて——土地所有者を除く——に五百弗(約一千圓)より多からざる金を與へる事(ニ)罹災者中土地を所有せざる者に限り必要に應じて金を低利で貸與すること(ホ)罹災者全部の職業別明細表を作製しそれに依りて小區域毎次第調査の上相當な金を貸與し生活の安定をはかる事、また商人の場合には其營業の種類從前の經驗其他を參酌して適當な資金を低利に融通する事等を實行したのである

【記者】博士の考へられる帝都復興案中に東京市の何處かにシヴィック・センター(市政の中心點)とも云ふべきものを設け市廳市會議

考へられない

【記者】博士は日本の都市計畫なるものは何等の執行權を有せぬ委員會の審議だけでは到底實績を收めることが出來ぬと云ふ意見を有たるゝやうだが、今度はそれを力說される御考へなりや

【博士】其點は後藤子と相談しまた實地について事實を摑んで見た上でないと何も申し上げることが出來ない

【博士】桑港の震火災の際に震火災による損害總額は約十億圓であつて當時火災保險業者の被保險者に支拂つた金額は四億圓であつたと記憶するが現在の東京横濱の火災保險業者の主張する處を未だ知らぬからそれに就て何も語ることが出來ない

燒跡のビアード博士夫妻

あるから四十日の期間を要せざるを以て多分名案の十二三日前に其の手續きを爲すであらう

復興院理事會

復興院理事會は六日午前十一時より永田町村井邸に於て開會宮尾、松木の兩副總裁並に各局長出席一、東京市燒跡の整土整理の件を附議し燒跡一千百餘坪の内約土六十萬坪(本所、深川は埋立の

ドの山荘で二夏お世話になって、合せて三カ月ぐらいビーアドさんのご一家と一緒におったんですが、片言隻句のあいだに、人間ビーアドというものを知る機会を得たんです。私の感ずることは、あの人は、今お話のなかにはでなかったけれども、本来詩人肌の人なんです。それで、メースフィールドのバビロンの詩のよいところなど朗々と誦してくれたことなどがありました。大学生のときには、バイロンの詩が好きで、枕の下において寝たそうです。私がそれから五年たちましてからバイロンの詩に夢中になったころ、ビーアドさんがいわれたことを思いだしました。若いときにチャイルド・ハロルドの詩などに感動したのは、本来が情熱の人だったからだと分りました。これはイギリスだったら政治に入ってしまったのではないか。実際家なんですね。

東京にきて後藤新平とケンカしたときに、なぜ議会を解散して政友会と戦わないか、帝都復興の理想をもっと高く標置して、そうしてこれで東京をやらないと、絶好の機会を永久に失する。子爵よ、今日に向って建設するなかれ、明日に向って建設せよ、と名文の手紙を後藤に寄せた。それが聞かれなかったら、翌る日に荷物をまとめて日本を去った。実際家なんですよ。それから、大学を卒業して、教授になろうと思って、ヨーロッパにゆくとき、イギリスにゆくといったら、みんなにとめられた。あの時分のアメリカの学風はドイツの学風であったから、英国にいったら、アメリカのどこの大学も教授にしない、といって友人がとめた。するとビーアドさんは、自分はそうは思わない。ドイツの学風は観念論でいけない、といってイギリスにいった。パッショネートなヒューマニストなんだ。したがって断片的に矛盾しておるところもあったように思う。『アメリカ文明の興起』がでたあと、ハーバード大学の歴史学の主任教授のシュレジンガー・シニア Arthur Schlesinger, Sr. が、一九三三年ごろ日本にくる船のなかであったとき、いろいろとビーアドさんのことを話していた。それは、ビーアドさんは晩年になって昔と違って宗教的になった。昔の客観的なところが変ってきた、といっていた。そして米国の歴史学会のプレジデントになったのは惜しいことだといっていた。この人はビーアドさんの正しい理解者ですが。それは分るのですが、バイロンの詩に感動したり、ラスキン・カレッジを英国で作ったり、英国の進歩派の人々と一緒になって社会運動をやったりした情熱というものは、これはあの人の言動を調べると、矛盾があると思うが、それはパッショネートな実際家ですから、世のなかの罪悪というものをだまって見ておられなかったのでしょうね。ですから、ドイツ風の一環した概念的な本を書く人でなくて、イギリスのベジョット W. Bagehot の書いた *The English Constitution* のような政治学の本を書くんであったと思います。アメリカのある学者が指摘していたように思いますが、ビーアドさんは人間として偉大な人であったという感じがするのです。

たとえばビーアドさんの人柄を、おゆるしを得て思い出話をしますが、後藤が、あれだけ東京のために働いてくれたから、何かお礼をしたいが、お礼は受けとらんといって困っていた。それで仕方がないから、一つの策をたてました。それは陛下にお別れの謁見をしていただいて帰そうということでした。それで後藤が牧野内大臣に話をしまして、内大臣がよろしいということになって、私からビーアドさんにお話したら、よろしいと承諾した。ところが、あくる日電話がかかってきた。朝早くいったら、「きのう陛下にお目にかかることをお引受けしたけれども、あとで考えてみたら、ただおめにかかるのではなくして、何か出やしないだろうか」と私に聞くのです。これには困った、私は出ることを知っておりました。勲章が出るということを知っておったのです。ぐずぐずしておると「そうだろう、お前はよういえないだろう、勲章がでるならば、私はいかない。なぜかというと、自分は日本という国は、誤解された国で、遺憾だと思う。自分はアメリカに帰って、徹底的に日本のことを説明して、排日の連中と戦うつもりだ。そのときに日本から勲章をもらって帰ったのでは、自分の言葉に権威がなくなる。だからビーアドを日本のために働かしてくれ。だから勲章がでるならばいかない。」困っちゃった。厄介な人で、金をやろうといっても金は受けとらない、勲章も受けない、陛下にもお目にかからない、ああいう人は扱いに困ると後藤は嘆息しました。宮中だけ見せるが承諾しないかときいたら、それではでますということになって、奥さんといっしょに、賢所《かしこどころ》以外は、宮中のなかを全部参観さした。そこから出てからいっておることがおもしろい。自分は非常に感動した。明治天皇の御座所を拝見して感動した。自分は世界中どこの宮中も全部見て歩いたが、世界にこんなシンプルな宮中はない。われわれは外からみて、長く続いた皇室だから、どんなぜいたくをしておるか、どんな金ピカ生活をしておるかと思ったら、何もない、なるほど日本の皇室が続いたのは、ここにある、日本はえらいといっておりました。非常に実際家なんです。学問的にも矛盾があるでしょう。ある概念的な固定観念に執着していくんでなく、移り変る時世を鋭く批判して同時に、自分自身が非常に変っていかれた人だと思うんです。

4 博士の社会的活動

社会主義について――庶民のための教師――国際問題に対する態度

松本 わたくしは鶴見さんに連れられて、ビーアドさんのニューヨークのお宅にはじめてあがったのです、一九二四年のクリスマスのころでした。それ以来、私の生涯と学問のうえに、いちばん大きな影響を与えた人がビーアドさんだったと思うのです。それで先生の学恩に報いる意味で、拙いながら翻訳をやったわけです。さっき、蠟山さんから、ソシアリズムに対して、ビーアドさんはどういう態度をとっていたかというご質問がありました。それに対して、先生が系統的な説明を与えられたことはなかったと思います。彼がはじめ社会問題ととっくむ決心したのは、デポー大学（DePauw University）の三年生と四年生の間の夏休みにシカゴにいって、新興工業都市のシカゴの、当時の苛烈な社会情況や労働条件の悪さ、市政の腐敗などに直面して、非常な憤激を感じたときでした。同時に彼はまたハル・ハウス Hull House をたずねてハル・ハウスの人道的な社会事業に感激を受けました。このことは、未亡人のメアリーさんの口から、うかがったことでありました。卒業後、彼は、鶴見さんがいわれたように、イギリスに二回留学したわけでしたが、さっきケア・ハーディ Keir Hardy［イギリス労働党の創設者］という名前も出ましたけれど、彼が英国への留学中に、影響を受けたのは、シドニー・ウエッブ夫妻であったと思います。やはりイギリスのソシアリズムの洗礼を受けたのでした。ところが、アメリカに帰ってからアメリカの問題というものを考えつづけたあげく、それは、ソシアリズム一枚看板では解決できないということ、いろいろの歴史と伝統と階級構成の事実その他から判断して、イギリスのためには、イギリス社会主義的な方向というものが、一つの方向となりうるが、アメリカでは、それは無理ではなかろうかということに、次第に考えつくようになった。それで、アメリカの歴史と現実とを、研究するにつれ、ソシアリズムのよいところはできるだけとり入れるという気持ではあったが、体系としても、実践方策としても、ソシアリズムに対し、ますます批判的になっていったようです。

彼はアメリカ的環境におけるいろいろな具体的問題ごとにとっくんでいったわけでしたが、彼がまず疑問に思ったことは、ソシアリズムというものは、権力という問題を十分に考えてはいないのではないかという点でした。ことに、権力を押える機構というものをソシアリズムは持っていないおそれがあるという批判でした。それで、蠟山さんのいわれたように、むしろ彼は、アメリカのマジソン以来のチェック・アンド・バランスの理論と機構との再確認の方向に向ったようです。権力に対し警戒的な態度をとろうとする根本的な個人自由の主張に基礎をおく、アメリカの伝統的な政治のやり方を、大づかみに肯定しようとする考えになったようです。彼の考え方によれば、アメリカ政治には、局部的には市政の問題とか、それから地方政治において、州政において、また、連邦政治の問題とか、少なからぬ問題はあったけれども、アメリカ憲法そのもの、アメリカ政治のあり方を、ソシアリズムの規準によって、改変しようという考え方を否定しようとしたものと思われます。それから、ビーアドさんがソシアリズムについて疑問を持っておった点は、ソシアリズムの考え方がフォーリン・ポリシー（対外政策）の問題について、あまり甘すぎるということでした。アメリカの外交については、アメリカ外交の諸条件を検討して、アメリカ大陸の防衛を中核と考えるやや孤立主義的な現実的な外交が必要とされる。もちろん帝国主義に走ることはいましむべきではあるが、社会主義諸国家間の外交関係も簡単にはいかないものであるという現実を認めざるをえず、社会主義だけでは、世界平和がもたらされることも期待できない。そういう疑問が、私には、少なくとも彼のそういう考えが、彼の著作の行間から出るように思われます。

批判の第三点としては、産業主義に対してソシアリズムがそれを修正しようという態度に対して彼は、蠟山さんのいわれたような経済計画化という対策を提案する。それは、あとで申しあげたいことだが、国内開発に重点をおく経済計画化が考えられた。そのプランニングの前提条件として、思考（thinking）というもの、アメリカの伝統的な、個人主義的な考え方を、修正せんとする新しい考え方を強調した。また、理念として、また価値観としてのソシアル・プリンシプルズ（社会協同原理）ということばをも、彼はしょっちゅう使っておった。そういう新しい考え方から、政治上には革新主義となり、経済では、計画化の強調となり、ビーアドさんは常に、そういう新しい政治や新しい経済のあり方を示唆してきたのであった。要するに、彼の社会思想の根本には、歴史主義ともいうべきものがあり、その政治思想には、権力を警戒する民主主義と自由主義に特色があり、経済思想には、必要度の計画化を重視する傾向が強かったといえましょう。すべてを貫く考え方の前提としては、歴史の進歩における個人の創意の大きな意味を認めていたのであった。こういうビーアド的な考え方というものは、ソシアリズムの提起したヨーロッパの諸問題を参考としながら、アメリカの具体的諸問題に真正面から、立ち向った姿勢にほかならなかった。その結果はおのずから彼の体系的な一つの考え方がでたのではないか、と私は思うのです。

もちろん、彼が、なによりも、一個偉大なヒストリアンであったということは、これは動かすことができない。彼の生涯の興味関心もそこにあった。それと非常に密接な関係はありますが、彼は、教育ということを、非常に終始重要視しておった歴史家であった。彼は埋れた過去を再建してゆくことに関心をもつヒストリアンでなく、将来のデザインを考えることを使命と感得したヒストリアンであった。したがって、庶民のための教師であらざるをえない彼であった。歴史の著述は、庶民のための教育そのものとさえ考えられた。ご承知のように、彼は一九一〇年代、二〇年代のころ、ニュー・ヒストリー運動というものを、ロビンソン J. H. Robinson なんかとやりましたね。あのときの考え方も、いままでの歴史を書きなおして、支配階級だけの歴史とか、偉人の歴史とかいうようなものでなくて、庶民の歴史に書きなおそうとした。アメリカの現実において、かくれたる無名の先覚者的な市民というものが、いろいろな有力な革新的な運動をやってきた事実を浮きぼりにして記述し、教育問題、社会問題、婦人問題、労働問題などについて、啓蒙運動ないし教育運動を非常に効果的に推し進めた事実を重視する歴史を書いたのであった。それは、また一般の青年に、アメリカの将来の希望を与えようと努めたのであった。ビーアドは歴史家であると同時に偉大な教師であった、それが私の結論なんです。

ビーアドの親友の一人で最近までコロンビアの Teachers College の社会と教育という講義をしてきたジョージ・カウント教授 **George S. Counts** を、その研究室におとずれたとき、同教授は、二つの扁額の一つ（他の一つは哲学者のジョン・デューイ John Dewey の写真でした）に眼をやりながら、「チャールズは偉大な教師《グレート・ティチャー》であった」と、なつかしげに、しかしいかにも確信をもって話してくれました。ビーアドの教育に対する情熱は、まず、滞英中に、Ruskin College というイギリスでの労働者のための教育のための最初の大学の創立に捧げられた。それからまた帰ってきてコロンビア大学に関係して、はじめは政治学の助教授から歴史の正教授になられた。それをやめてから、New School for Social Research で教鞭をとりつづけた。それからしばらくは、歴史的著述に二十数年間専念するとともに、それを通じて、広く庶民のための一教師として徹底したとも考えられます。

庶民の偉大な教師であった歴史家ビーアドは、歴史というものをどう考えていたか、つきつめた考え方は、やはり個人の創造的叡知《クリエティブ・インテリジェンス》というものが、社会を動かし、歴史を進める根源的な動因であるということです。それに対して根源的な制約が一つある。それは、各個人に与えられた環境ないし、それを育くむ伝統そのものです。環境と伝統と宿命である。宿命なしに歴史も個人も考えられない。白紙から考えられる歴史というものはありえないし、個人も宿命の重荷を、生れながらに負うものである。宿命のなかには、しかし、自由の伝統もふくまれる。したがって、自由なる創造的叡知が、さらに、新たな自由と進歩をうむ。歴史とは、所詮、宿命と創造的叡知との織りなすアヤである。と考えられるが、そのアヤの特色としては、アメリカ大陸に展開された歴史を名づけて「アメリカ文明の興起」といってもよかろうと、ビーアドは考える。

前田　松本さん、あなたは『共和国』*The Republic.* 1943. を忙しいなかに訳されたのですが、あれはそれこそ蠟山さんがおっしゃったシステマティックでないけれども、ビーアドさんの円熟した思想がでているのではないですか。

松本　『共和国』の刊行は、ナチスの与えたアメリカへの衝撃、したがってアメリカの自己防衛の必要の自覚から、そういうものが要求されたからでしょう。それは、ビーアド博士の大衆教育のための努力の例だと思います。そういう背景に応じて、『共和国』では特に全体主義政治の昂揚に対する立憲主義という主張を徹底的に強調したのでした。だから、何でもかでもに濫用されたデモクラシーという言葉を、ビーアド博士は、むしろ限定的に解釈使用する態度をとられた。アメリカの建国の根本的な政治的建前としては、立憲主義的共和制と規定しておられる。同時に、ビーアドは、政治とともに、それ以外の経済、教育、文化各般のアメリカ人の営み全体に対する一つの指導理念としては、ソシアル・デモクラシーよりもっと包括的な理念を必要と考え、ついに「アメリカの文明」という理念を提唱したのであった。『共和国』はアメリカではベスト・セラーであったが、日本では、あまりにも認識されにくいものであるが、とくに、権力というものに対する一般庶民の自由を防衛するという考え方が、一般の人には、なかなか分らないようである。余談ではありますが、スターリン主義に対するチトー主義も、日本では、同様、認識されない。

前田　分らせなければならないポイントですね。だいぶ時間も経過しましたが、国際問題とビーアド、この問題についてもふれていただきたいと思います。ルーズベルト外交政策に、力を入れて反対をしたりなんかしたので、人によれば、孤立論者だという人もあります。しかし単なる孤立論者ではないと思いますが……。

松本　同感です。この『共和国』のなかで、将来の国際関係、あるいは将来の国際組織について彼は一章を設けて、いろいろな世界連邦主義者だとか、国際社会主義者、いろいろな平和主義者だとか、いろいろの型の人物を討論のなかに登場させており、そうして討論を通じて、博士は何となく自分の意見に結論的に導くというような仕組みであります。それをみても、ビーアド博士の外交意見は、本質的には、やはりアメリカ大陸主義を枢軸として、それに、一種の善隣政策を配するということであったでしょうか。ビーアドは、まず帝国主義を批判しました。帝国主義というものは、結局収支勘定は、マイナスになるという歴史的事実を曝露して、警告しておるわけです。それから、国際連合的なものの考え方に対しては、彼は、それが、世界政治の現実をあまり甘くみすぎていると信じ、国連によっても世界政治がうまく円滑にゆくという見とおしはもっていなかった。したがって、それをあまり重視していなかったと思います。もちろん、一定の限度では、それも一つの必要と考えておりますけれども、多くを期待しなかった。要するに、彼は国際主義者ではなかった。たとえば、戦争中に書かれた『共和国』にあった点ですが、第二次大戦後にいろいろ講和条約、休戦協定というものができるだろうが、それらはまったく法三章にとどめるべきであって、広範な、詳細な条約規定を盛ったような平和条約機構というものは、将来の世界政治に、どれだけ長続きしうるかどうか分らん。しいていえば一〇年ぐらいの期限をつけて、そうして必要な場合には、それをまた更新するというようなもの、国際政治の推移に応じて暫定的な平和機構ないし平和条約が考えられなければならん、と書いています。その意味で、四七年からはじまった、コールド・ウォー(冷戦)の開始ということを、予測すらしていたものと考えられます。博士がもう二―三年生きていて、コールド・ウォーの進展や、アジア、アフリカの抬頭という歴史的事実に当面したならば、彼がほんとうのよい意味でのアメリカ外交政策の指導者になりえたのではないかと思うのです。

一〇年前の博士の長逝は非常に残念であった。アメリカ大陸主義という主張は、国際主義者たちから盛んな批判を受け、たんなる孤立主義としてけなされたのでしたが、博士自身は、その自身の主張を、孤立主義として承認したことは一度もありませんでした。ある意味では、ネールの積極的なニュートラリズム(中立主義)にかようものがあります。決してネール自身はインドの外交方針を中立主義とはいっていない。インドは独自の積極的外交政策を主張するといっています。ビーアドさんの場合も、これも一つのアメリカ自身のための積極的な外交的主張であり、それにはアメリカだけで世界政治が料理できるなどと考えることは、絶対にいけないと正しく考えていたわけですが、一般の誤解があまり多かったようです。彼が、国際干渉主義を批判した代表的なものは、高木先生のいわれた『ルーズベルトの責任』という著述です。大統領たるルーズベルトが非常に権威的なことをしているのに対して、憲法的に批判をしておる。のみならず、国際干渉主義の現実成果なるものが、なっていない、という点を衝いたものでした。最後の一〇ページをお読みになった方は、これほどはげしい非難を、一アメリカ大統領に対し、また、アメリカ政府に加えたことは、彼の著述中にはなかったくらいに感じます。アメリカの青年に徴兵の重荷を負わしめ、青年の将来に不安と暗影を与え、アメリカ自体のセキュリティをして、危殆に瀕せしめるというような事態を指摘して、国際干渉主義のゆきすぎと失敗とをたたいたものでした。

前田　今お話の、『ルーズベルトの責任』というものは、ビーアドさんのまとまった大きな著書のうち最後のものでしょうね。あれは非常にアメリカでも反対論者が多くなって、反対論をまきおこして、一つはビーアドさんの晩年で非常な圧迫を心に感ぜられたと思いますが。私は一つの運命の皮肉と感ずるのですが、最初のビーアドさんの出世作たる『アメリカ憲法の経済的解釈』が出たときは、非常な議論をまきおこして最初の敵をつくり、最後の絶筆でまた敵をつくったということは、偶然にあらずして、ビーアドのビーアドたる点を現わしておると思いますが、どうですか。

松本　同感です。

5　博士と日本

博士の方法と日本の学風――『東京市政論』と日本の実情――博士の日本観

蠟山　松本さんのいわれたことで、十分つきておると思いますが、私はいつもビーアドさんというものを、日本の知識階級との関係において考えて、あれだけの著作を出されておるのですが、日本の学者のなかで、ほんとうにこれを読む人が少ない。それがなぜであるかというと、その一つは、ソシアリズムという内容を十分にもっていながら、そういう言葉を出さなかったことが、非常に大きな原因だと思います。日本の学者たちはその内容にたちいって考える余裕がなかった。日本の学者がそれと同じく、インターナショナリズムというものに対して、戦前は積極的に主張せずに、内輪から問題を発展させた。また、戦前にアメリカ人のソシアリストの考えることと、日本人の考えたのと違いますが、つまりビーアドの考えは……。

前田　夢がないという点ですか。

蠟山　日本人のものの考え方のなかに、マルキシズムのようなそういうコンセプション（概念）が、先入主として入ってきておったわけです。それがビーアドさんの違ったものに接するときに、それを理解するだけの力がない。そういう意味で、当時は日本人は世界情勢についても、政府や、政党についても、ビーアドさんの考え方を理解する力がたりなかった。しかし、これからは、ビーアドさんの考え方を理解するだけの客観的情勢が進んできておるのではないか。また、日本の思想というものも、いろいろのものを遍歴してきて、ある程度までビーアドさんの考え方を、学びとる体質ができてきたのですが、今まではビーアドさんは理解されていなかったと思います。それを理解しえたのは、きわめて少数でした。私などは偶然に行政の関係があったので、たまたま東京にこられてから接し、その後諸先輩のいろいろの関係がありましたので、個人的に知りあいになりましたので、パーソナリティを通じて理解ができた。そういうことがない人は、ビーアドさんというものをつかめない。また、紹介もなかなか困難である、そういうことが原因ではなかったか。今日はだいたいビーアドさんが問題とされたことを理解できる素地が、客観的あるいは土台的条件ができてきたので、これからいま一度、ビーアドさんの思想なり、著作なりを、日本に紹介されるならば、だんだん理解できるようになるのではないかという気がする。

前田　特集号を出す意義がありますね。

鶴見　いまの蠟山さんのビーアドが日本であまり了解されなかったということは、私も非常に基本的な点が一つあると思います。ちょうどビーアドさんにくっついて、日本中都市問題を通訳して歩いていたとき、関西では京都にとまっておりまして、みやこホテルにとまって、ある日大阪に往復しました。往きに、いったい人生には一つの観念、抽象的な観念が要るかということを議論した。ビーアドは要らない、観念的なコンセプトはじゃまになる、人間の役にたたないという立場。私は何か基礎観念がなければならん、物をはかる尺度がなければならん、ものさしが要るということを議論をして大阪についた。大阪で朝日新聞で講演をして帰りに汽車にのった。さあこれで済んだ、さっきの戦いをもういっぺんやろう、さあこいとビーアドさんはいって、帽子をまぶかにかぶって身がまえした。人生にコンセプトがいるかいらないか、僕はいる、彼は絶対にいらないという。それでとうとう京都まで議論した。ビーアドさんには抽象的、概念的なことはあきたらないのだ。日本の学風はドイツの学風ですから、イギリス的学風が少ない。ベジョットの書いた政治学のような本はない。それをビーアドさんのいまの松本さんのお話を伺っても、あの話は日本人には分らない。ある一つの概念がないから。日本人は、ビーアドさんを孤立主義といったり、あるいは資本主義的帝国主義者だというふうに、何か一つの概念にはめこんでしまおうとする。

パリントン V. L. Parrington の本をみても、非常にビーアドさんを高く評価しておる。すなわち十九世紀末のアメリカの資本主義爛熟時代に、これを学問的に鋭く批評して、新しい自由主義の時代を開幕した理想家として、ビーアド、ヴェブレン T. B. Veblen 、ジョン・デューイの三人をあげている。そしてこれらの思想家のとなえたことを実際政治に実現した人としてウッドロウ・ウィルソン Woodrow Wilson〔第一次大戦時のアメリカ大統領〕等をあげている。あのころのビーアドさんの活動、あのときに書いた本などは、彼の一生で一番あぶらののっていた時代の仕事ではなかったかと思います。前田さんの引かれた『ルーズベルトの責任』というビーアドさんの著書なども、実に思いきった本だと思います。勇敢であったということは、ビーアドさんのきわだった性質であった。自分が正しいと思うことは、だれが何といったってやってのけるという勇気を持っていた。しかし、この本は『アメリカ憲法の経済的解釈』ほど大きな影響はおよぼさないと思う。このあいだブローガン D. W. Brogan の書いた『アメリカ政治学序説』という本のなかに、出版されたときには、あんなにビーアドさんの『アメリカ憲法の経済的解釈』が非難されたのに、今日では常識になっておる、と書いていますが、あの本はビーアドさんの学者としての一つの金字塔だと思います。ただ外交問題に対するビーアドさんの所論だけは、私は十分満足していません。国際主義に反対して、米国中心の外交を主張された点ですね。これでは世界の安定は求められないと思う。

蠟山　それも一つの解決だと思います。コールド・ウォーを数年経験したが、コールド・ウォーから世界がどうして脱却するかという問題には、やはり二つの方向がある。一つは、巨大な二つの国の話合ができる、いわゆるピースフル・コウイグジステンス（平和的共存）ということで解決をはかるゆき方。ところが、それに対して望みをもたない、やはり問題は地元の問題だ、国内が問題だ、そうして国内にいろいろの不平があり、不満があり、いろいろ対立抗争があるときに、国際的な二つの対立というものは、調和する方法はないのだという考え方が、まだここに一つあると思う。たとえば最近のジョージ・ケナン George Kennan の二つの世界の対立という問題に対する解答の一つに、ソ連にも国内問題がある。米国にも国内問題がある。たとえば米国の青年の問題、教育の問題、これはどこにだしてもはずかしくないとはいえない、いろいろの欠陥がある。こういう問題をなおさなければならんのではないか、そういうものがなくて資本主義国とソ連との協調をはかることはできないといって、まず地元の問題を解決せよ、国内問題を解決せよという一つのゆき方は、やはりビーアドさん的な考え方と同じ考え方でないか。*The Open Door at Home* の問題である、それがコンチネンタリズム、グッド・ネーバー・ポリシーでないか、一つの解答でないか、というわけです。

鶴見　ビーアドさんのだした解答は、現在の事情にはあてはまっているかもしれないが、あれだけではいけないのではないかという感じを持たれるのです。

蠟山　ビーアドさんがいま生きておったらどういうものを書くだろうか。

松本　僕は博士がもう一〇年生きていたら、ずい分書いたことと思います。アジアに対しても、中近東に対しても、アメリカは、積極的なインターナショナリズムをやっておるけれども、早晩それは後退せざるをえないとみています。「シナ白書」からはじまり、現にアジア、中近東に対するアメリカの政策については、再検討の時期がすでにはじまっている。アジアにしろ、中近東にしろ、アメリカが助けようとしても助けられないから、援助の受けられない事情がだんだんアメリカにも分ってきたようです。

鶴見 ステーツマン・シップではそれでよいが、いまの現実に対する解答としては……。それは長い将来の問題としては、あれだけでは結論がでないようになると思う。

蠟山 国際政治家の問題としての解答ではないと思う。アメリカの発展、ビーアドとしての一つの解答でしょうね。

鶴見 当面の問題として……。

前田 だんだん時間もたちますので、次にビーアドさんと行政問題、それから日本の市政問題について、ふれていただきたいと思います。だいぶんこの問題について、すでに蠟山さんもはじめおふれになった点がありますけれども、さらに一つつけ加えて……。

蠟山 私はさっきからいっておることと同じことですが、ビーアドさんの市政研究というものが、日本人に受けいれられないのです。なぜ受けいれられないか。だいたい、市政あるいは地方自治の状況や政治構造が、根本的にアメリカと違っておったのです。少なくとも当時は、先生の言論は十分理解されなかった。日本人にはそれがピンとこないのです。したがってわれわれ日本人からは、非常に技術的なものとしか映らなかった、日本人に……。

前田 本人はそうでないんですけれどもね。技術的なことでしか映らないということですね。

蠟山 そうでないんですけれども、日本人からみたら……。あとに問題が起こってくるんですが、それじゃアートとか、テクニックとしての行政というものが、そういう政治構造なり、あるいは憲法構造を打破するだけの力があれば、またそれが原動力となって、市政にたずさわる人々や、行政官《アドミニストレーター》というものの力で、そういうような制約的な上部構造を打破しえたと思います。それで結局一つの技術的な改革論におわった、とりつく島がなかったということが一つ。いま一つは、ビーアドさんが、この問題について、さっきもちょっといったんですが、市政をもっと広く、日本の文明史あるいは社会史をバックにして、たとえば、都市と農村との関係、都市人口の構造とか、そういう社会的側面を広く提起されたならば、もっと大きい反響があったと思う。アメリカについてはそれをやった。そそれを日本で調査されたならば、もっと受けたのではないか、それは不幸にして当時の東京市の要請ではなかった、そんなところまで調査することが……。そういうことがひとつ。

さらにいま一つはビーアドさんがアメリカで経験されいろいろ研究されて、市政についてのフォーミュラー（公式）をつくっておられるのですが、しかし、日本の社会がそれらを理解するまで成熟していなかった、こういう理由だと思います。ところが、今日では問題になると思う。それは、日本もだんだんとその問題に到達してきた。ですから、いまになれば、ビーアドさんの市政論というものが理解できる。戦後は、第一、憲法構造がだいぶん変ってきて、アメリカに近くなってきておる。とにかく、大局的にみると、いままでのような障害はとれておると思う。それからアドミニストレーターというものの教育も、だいぶ当時よりは進んでおる。それから日本の大都市の交通問題とか、技術文明という問題についても、とにかくそういう問題に当面しておる。ビーアドさんが、当時講義されたときに引かれた例というものは、当時いくらいってもピンとこない。いまではそういう例はいくらでもある。そういう意味で今日になれば理解されるので、まあ、これから大いにやるべきではないか。要するにビーアドさんは日本にとっては早すぎたのです。せっかくビーアドさんが日本に来て、日本を愛され、日本人をアプリシェイト（評価）しようとしても、先生の思想は早すぎた。

鶴見　日本的素質を分るようにする橋渡しを、してくれる方がなかったということもあるね。

蠟山　それもありますね。

鶴見　日本的素質、あなたのような方々が日本に結びつけて……。

蠟山　それは手前味噌になりますけれども、四〇年間やってきたが、成功しなかった。

前田　日本にはシビックス（市民性）というものがなかった。その基礎がないところに、ビーアドさんの意見は実現しにくい。

蠟山　それにテクノロジーが発達していなかった。戦後になってはじめてそういう時代がきた。ところが今日となってはビーアドを、非常に遠ざかった過去のものとしかみない。そして、今日アメリカを勉強している者はビーアドさんをみおとしている。どうしても日本人の知識階級とビーアドさんとのあいだにおいて、何かギャップがある。それを今から回復することができると思います。また、しなければなりません。

前田　ただ、蠟山さんがおっしゃることは、裏返しにいいますと、なるほど市政論のなかにあるいろいろの統計だとか、実情だとかいうものは、むろん、今と大違いに違っておって、その対象たる区域も比較にならないほど広がっている。しかし、ビーアドさんがあげられておる示唆、あるいは勧告をみますと、やはりほとんどいまの都政に適中しておるので、その勧告のなかで実現されず弊害が一向なおらない点が非常に多いということを感ずるのです。なおっておるというものは、たとえば選挙権、女が選挙権を持つようになった。これはほかの大きな力で変わったが。その他の点については、ビーアドさんのいっておることは、ちっとも実現されていない。

蠟山　最近ビーアドさんの『東京市政論』の結論を読んでみたが、今日でもまだ適用できない。第一に今の新しい地方自治下における東京都に実行しろといっても、絶対的に憲法的にできない。たとえば交通計画ならば交通計画を東京市で立てろということがあるが、そんな権限は今でもない。とにかく運輸省というものが、運輸については運輸計画について立てる、建設省は道路計画を立てる、首都圏整備委員会が東京都圏内においてできる、東京都は立てられない。そういうふうに憲法上の制約が今でもとれない。そういうときにビーアドさんの結論のリコンメンデーションはどうにもならない。そういう問題が残されておる。そこらが根本的にニューヨーク・ステートとニューヨーク・シティの関係どころの騒ぎでない。根本的にコンセプションを、まず日本について、日本的な制度にして、コンセプションを立てなければならんが、それをご存じなければしょうがない。日本的な話ができないと思いますね。ですから、やはりビーアドさんはビーアドさんなりにコンセプションを持っておるが、日本の社会とのあいだに距離がある。違っておるのです。だんだんそういうものに接近しておるけれども……。

鶴見 ただ、アメリカにこのあいだいって感じたんですが、ニューヨークの港湾行政で、ニュージャージー州とニューヨーク州はあんなふうに離れて、法的に考えれば、ハドソン河の下を掘るのは法律的にも勝手である。つまりニューヨーク州から掘っていってもいい、しかし、対岸のニュージャージー州側には頭を出してはいけないというので、つまり河の下にトンネルが掘れないことになる。そこでこれではいけないというので、港湾行政に関してはニュージャージー州とニューヨーク州と、別に一つの機関をつくった。すなわち、港湾行政を一つのコミッショナーでもってやることにしたのです。米国ではそこまでいけるが、日本ではそれができない、民主的背景がないから……。

蠟山 制度上できないから……。

鶴見 なおせばよい。

蠟山 なおすことができない。いちおうそういう制度にぶつかってしまう。

鶴見 そこまでなおせということが、アメリカでは運動が起っておる。

蠟山 アメリカではできるのです。州と州とのあいだの……。

鶴見 日本では中央政府で変えろというところまでいく運動が起らない。

前田 具体的問題、末梢問題をひろうと、たとえば、あのなかに非常に、いまお話があった各省が勝手にやって、東京市と関係なくやっておる。出先機関が幅をきかしておる、いまの状態は、あのビーアドのときよりはもっとひどい。あの本には出先機関は七つとか六つとか書いてある。今は七つ、八つどころでない。まるでけたが違う。そういう点はちっともなおっていない。そこで、いろいろの具体的の問題をひろって、こう考えてみると、だいたいビーアドさんのおっしゃることは正しいと思う。それができないのは、日本に弱みがある。欠点があるのだと思います。ただ一つ、私が疑問に思っておる点は、これは田邊さん、調査会の幹部の方に伺いたいんですが、ビーアドさんのあの議論のなかでリアル・エステート、大きな課税権を地方団体が持つのは当然だという基盤に立って、スペシャル・アセッスメント、いわゆる受益者負担の制度に非常に力をいれて、そのことだけに特別の講義をされたようなわけであった。私なんかにも、どうしてもこれを実現しなければならんということをたびたび力説されたが、そのビーアドさんの強調された受益者負担制度というものが、どうしたものか大した効果があがらない。今日はほとんどなくなってしまっているという状態ではないかと思いますが、あれはどういうように見たらいいんですかね。ビーアドさんがいっておる考えがまちがっておることになるのか、あるいは日本という特殊事情で、ああいう受益者負担というものでは、大した収入があがらない。あるいは逃げられる道があるという特殊の事情があるのですか。

田邊〔定義。東京市政調査会〕 スペシャル・アセッスメントを日本に輸入したのは、ビーアドがくる二年前に都市計画法で立法化されておる。それをビーアドさんがきてとくに強調したわけですが。あれはやはり税の性格をもっており、ご存じのとおり英国流にいえばベタメント・タックスです。つまり目的税に観念されるものなのでしょう。今日ではほとんど開店休業です、条文だけはありますが……。

前田 それはどういうわけです。

田邊 それは結局日本の貧困ということと、それから当時準則にしたがって、各市が課徴規定をきめたのですけれども、実際問題として取りにくいんです。たとえば道路を新設したり拡張したりする場合に、その道沿いの利益を得る者からとるわけなんですが、その連中は道路の新設なり拡張なりで一応つぶれ地になる土地をとられている。換地なり代償なりをもらいますけれども、多くの場合泣きの涙です。土地をとられるのです。だからその上に受益者負担を取るということに無理がでてくる。それから公園ができて付近の土地の値段が上ったといいましても、現実に上る場合は少ない、ただ近所がよくなったというだけで、日本の実情ではあまり負担させられないのです。

前田 ビーアドさんが勧めるのは、ある町のごときは、受益者負担でもってカバーして、税金は要らなかった……。

鶴見　ミシガン州のデトロイト市……。

田邊　アメリカのようなさら地があるところでは、どんどんできるでしょうけれども、日本のように密集したところでは建物を立退かせることだけでも大変なのです。これは結局貧弱ということと、不動産的関係が固定化しておるということです。アメリカのような雄大な大きな線が引けるような場所がないのです。

前田　それからもう一ついっておることで購買制度、これを力説しておられる、これもなかなか実現むずかしいですね。

田邊　むずかしいです。あれは東京市にはかって小規模なものが電気局時代に特別会計として存在しましたが、いまどうなっておるか、まあないでしょう。

蠟山　むしろ汚職の原因になる。具体的例はあげられるけれども、根本問題は、予算というシステムがうまくゆかないのは、行政的の計画ではないからです。日本でいう予算とは、金銭の出入をまちがいなくするという制度であって、物の予算であるとか、事業の計画であるとか、事業というアイデアから予算ができたのではない。アメリカでは、予算という考え方が、人間がまちがいないようにする一つの制度であるという会計規則というような意味でできたのではない。それですから、予算というものが、消費される物資の予算が立たなければ、購買、セントラル・パーチェシングなんか不可能である。かえって複雑になって不便になる。われわれの仕事の仕方としては、計画的に物をどれだけ消費するという計画がたっていない。急にアルコール一本ほしいからといえば、すぐに近所の店に電話をかけてもってこさせるほうが便利である。ちゃんとしたものをつくって予定して品を整えておくだけの計画がたたないから、かえってまにあわないということになる。それとビューロクラシーがあるから、めんどうくさい。そういう意味で、もっと社会がテクノロジカルに進んでいないために、ビーアドさんがいわれたような財務管理はできないと思うのです、ずいぶん努力しましたけれども……。そういうのは非常にめんどうですね、日本では。

前田 もう一つは、セクショナリズムが牢固として抜けないという点があるのではないですか。

蠟山 ありますね。

前田 最後の問題は、ビーアド博士の日本観でございますが、私は一九四〇年、戦争の起る前の年に、ニューヨークで、ビーアド夫妻から絶交をおおせつけられた。その理由は、日本が第二次大戦の前にとっておる処置というものは、実にけしからん、それだから君と僕とは今まで親しく交際していたが、あまり日本全体としてのやり方がけしからぬから、公私別ありとのみいうことはできない。日本人たるあなたとはこれ以上交際することはさけたい、絶交してくれということを、面と向っていわれたことがありますが、戦争がおわってから後になって、はじめてふたたび交際を復活し、手紙を往復したようなことがあります。しかしそのほかには、あまりビーアドさんから直接日本人観を聞いたことがないのです。ほめることも、けなすことも、あまりきいたことがない。日本人といいますか、日本観といいますか、一つご聞知になったことを、お話いただきたい。

鶴見 僕は戦争に近づいてからはお会いしてない。国交が悪くなってからは知らないのです。その前しか知らない。その前は非常によかった。日本にくる前は、日本人について悪い感じを持っておったが、それは悪くいわれるのはちがう。非常に日本人は形式的だというが……、きてみたら驚いた。総理大臣や枢密顧問官がきて宴会がある。背広の宴会で燕尾服でなかったということに驚いた。日本は非常にフォーマルと思っていたが、まったくそうでなかった。日本の美術というような点からいっても、日本人はそれを生活のなかで実践しておるといったような点、それから日本人の会った人の感じが非常によかったわけです。悪いと思った日本とこの反対の日本をみた。僕らからいうと、この人はなかなか感情家なのです。はじめきたときは日本が非常に気に入った。そのよいと思った日本が、今度はファッショになったから、日本人はいけないといってごきげんが悪くなった。ですからあのかたは個人としては非常に感情的です。だから日本観というものは、非常に変ってきておられたろうと思います。ひとつかみにいえないでしょうが……。

蠟山 日本だってひとくちにいえません。日本にもいろいろありますから。だから日本の当時の戦争のようなときに、日本政府の行動に対しては、自分が厳正な批判を加えなければなりませんから、そういう意味からすべて日本を憎んだわけでも、何でもないと思いますが、公正な立場をとりたいから、日本人と交際しないということも、あったのではないでしょうかね。

前田 アメリカに対してとくに弁護をやるとかなんとかやるということはしない人でしたね。

鶴見 ところが、ルーズベルトの開戦論を書くときには、日本をほめておるように見える。日本人は、ビーアドさんは日本びいきのようにいっておるが、そうなのではない。

前田 そういう意味においては、日本びいきでなかったですね。何か高木さん……。

高木 私さきほどのビーアドの『ルーズベルトの責任』は、外交政策決定権と大統領の和戦の権限に関する政治機構論としての国民への警告である点で、高く評価さるべきビーアドの一大労作、『アメリカ憲法の経済的解釈』に対比さるべきものと思います。それと彼の日本人観とは別問題ですが、前田さんから伺ったところによって大変消息がはっきりして、ありがたく存じております。先ほどのお話の絶交事件について申しますと、これは鶴見さんもお話があったように、ビーアド博士は、自分は自分で独自の考えをたてていたのだ。それには、日本人に会わないほうがよい、というのがその本旨で、それがやがて後の『ルーズベルトの責任』の著述中に現われたアメリカ自国、ことに大統領の批判というものにつながるのではないかと考えます。相当やはり筋がとおっておると思う。

前田 それはあったと思いますね。

高木 バトラー・ホールでお話になったのは、開戦前ですか。その前後のお話をもう少し伺えませんでしょうか。

前田 開戦前です。私は終戦後に仲なおりを両方でやったんです。こちらから手紙を出して、ふたたびフレンドシップを回復してくれないかといってやったら、返事がきて、喜んで仲なおりしようという。それからまたこちらから手紙を出して、もう一度日本にきて下さらないかと書いたのです。その意味は、占領軍の施政下におかれて、くだらない役人がきて、行政の監督をやるから、それを先制して防ぐには、ビーアドさんみたいなりっぱな人がきてやってくれるのがよいだろうと思う。こういう招待状を出した。ところが、その返事には、自分は非常に年をとって、この誕生日で七十四歳になる——偶然私が今年七十四歳ですが——非常にからだも疲れておるから、ゆくことができないが、お望みとあれば自分が適任者を推薦したい。だから自分の推薦したものを、暗にGHQの方へ一つ連絡をとって、ビーアドの推薦者をGHQが使うように、させたらどうだろうかという意味の手紙だった。それでそれを努めておるあいだになくなられたわけです。

だいぶ時間もたちましたので、いちおうこれでおわりたいと思います。ありがとうございました。

（昭和三十三（一九五八）年六月二十六日　於・国際文化会館／［　］は初出編集者註）

（初出『都市問題』ビーアド博士記念号、東京市政調査会、一九五八年九月／編集部付記　邦訳書等に合わせて、一部表記を改めた）

Ⅱ 『ルーズベルトの責任』を読む

序　祖父チャールズ・A・ビーアドについて

デートレフ・F・ヴァクツ

チャールズ・ビーアド著 *President Roosevelt and the Coming of the War, 1941*〔Yale University Press, 1948〕の日本語版〔『ルーズベルトの責任』〕に序文を寄せるようご依頼いただき、大変光栄です。ビーアドは私の祖父です。祖父は私にとって、ごく身近な存在であると同時に憧れの人でした。祖父母は夏になると、ニューヨークからそう遠くないコネチカット州の大きな家で過ごすのをならわしとしていました。私は祖父母のもとで過ごす時間も多く、とてもたくさんのことを学びました。大きくなってからは祖父母の歴史研究の手伝いをさせてもらったこともあります。ビーアド家にはニューヨークから避暑を兼ねてよく人が訪ねてきました。チャールズ・ビーアドは耳があまり聞こえなかったのですが、とても社交的な性格でユーモアにあふれた人でした。ですから皆さん祖父と一緒に過ごすのを楽しんでおられました。訪問客には日本人も多かったのです。チャールズ・ビーアドが一九二〇年代に東京市政調査会に助言を提供したときに、祖父母が多くの日本人と友情を結び、それを守ってきたからでした。一九三〇年代のチャールズ・ビーアドは、歴史学の世界で広く認められた第一人者として絶頂期にありました。一九一七年にコロンビア大学を辞任してから正式な教授職に就いていなかったにもかかわらず、その分野の権威とみなされていたのです。ビーアドは多くの人から助言を求められました。学者、政治家、そして一般の市民からもです。ビーアドが執筆した教科書は多くの学校で採用され、一般向けの歴史書は広く売れました。こうしてビーアドはお金の心配をすることなく生活していけたのです。ビーアドはアメリカ歴史学会の会長にも選ばれました。

一九三〇年代の終わりごろになると、状況が変わり始めました。ヨーロッパで戦争が勃発し、一九四〇年春にフランスが陥落すると、イギリスは単独でナチス・ドイツに立ち向かわなければならなくなりました。アメリカの世論は、国としてどうすべきかをめぐって真っ二つに割れました。世界を独裁主義から守るために、イギリスとともに戦うべきだと考える人たちもいました。ルーズベルト大統領もそのひとりでした。大統領はイギリスに武器や物資といった支援を送り始めました。アメリカ海軍は、イギリス海軍がナチスの潜水艦攻撃に対抗するのを助けるよう指示されました。その反面では、ルーズベルト大統領は、国民に対してはアメリカを戦争に導くことはないと約束して、人々の疑念を晴らそうとしていました。こうした人たちがいた一方で、アメリカは中立を守り、戦争という危険な問題に巻き込まれるべきではないと考える人たちもいました。その多くは、アメリカ以外の世界をほとんど知らず、その意味で「孤立主義者」でした。チャールズ・ビーアドはこちらの立場をとりました。ただし、ビーアド自身は外国を知らずに「孤立」していたわけではありません。広く旅をした経験もあり、アメリカ以外の国で書かれた文献も多々読んでいたからです。ビーアドは、ナチズムの悪弊も理解していました。ヒトラーの支配下にあったドイツから移住してきた私の父を通して知ったこともあったでしょう。それでもチャールズ・ビーアドは、アメリカは戦争に巻き込まれない方がよいという立場をとりました。そしてこの問題について雄弁な論文を書き、戦争の危険が差し迫っていることを警告しました。イギリスへの支援に関して連邦議会委員会で証言したこともあります。

一九四一年になると、日本が何年も戦闘を続けてきたアジア大陸で膨張主義的な目的を追求したことから極東にも暗雲が立ち込めました。ルーズベルト大統領はこれに懸念を覚え、日本を抑え込むために圧力をかけ始めました。大統領はアメリカ国内の日本の資産を凍結し、通商を圧迫しました。そしてしまいには自前の石油を持たない日本への石油輸出を禁じたのです。日米交渉は決裂し、日本政府は戦争を始めなければならないと決断しました。一九四一年十二月七日、日本の航空機がハワイの真珠湾でアメリカ海軍の軍艦多数を攻撃しました。アメリカ人の圧倒的多数が戦争を支持して結集しました。彼らは日本がアメリカに、なんら正当な理由もないままに戦争を仕掛けたのだと思っていました。一方で、アメリカが戦争に至った原因のひとつには、アメリカの政策もあったと考える人たちもいたのです。チャールズ・ビーアドもそのひとりでした。ルーズベルト大統領が日本の奇襲に劇的な効果を与えるために、アメリカが日本海軍の暗号を破って入手した日本の計画をハワイの軍司令官たちに知らせなかった、と考える人たちもいました。ビーアドは事実としての事態を追及し、これを書き続けました。そのためにかつて非常に高かった人気は失われ、旧友たちも離れていきました。彼のしていることは祖国に対する背信行為だと責められたことすらありました。ビーアドはこれに深く傷つき、家族に安らぎと心の支えを求めなければなりませんでした。そして孫が戦争にいかなければならなくなるのではないかと心配していました。こうした敵意や反感は、ビーアドが一九四八年に突然死去するまで続きました。もし、あと数年生きていたら、ルーズベルト大統領がアメリカを紛争に導くためにそれと分かっていながらさまざまな措置を講じた、という立場をとる学者がほかにも現れるようになって、自分の名声がおおいに回復するのを目の当たりにできたでしょう。

二〇一一年十二月　日米開戦七〇年に

1

『ルーズベルトの責任』を読む

『ルーズベルトの責任』とルーズベルトの功績

青山佾

日米戦争開始をアメリカでは誰がどう決めたのか

このほど刊行されたチャールズ・A・ビーアド『ルーズベルトの責任――日米戦争はなぜ始まったか』は、アメリカの民主主義を理解するために必読の文献だと思う。

アメリカではこの本は一九四八年に刊行されたが戦勝国アメリカの戦争責任を問う本であるだけに不買運動が起きた。訳書に「日本の読者へ」（本書「序 祖父チャールズ・A・ビーアドについて」（六五頁～））という一文を寄せたビーアドの孫デートレフ・F・ヴァクツ（ハーバード大学名誉教授・国際法）によると、「ビーアドは事実としての事態を追及し、これを書き続けました。そのためにかつて非常に高かった人気は失われ、旧友たちも離れていきました。彼のしていることは祖国に対する背信行為だと責められたことすらありました。ビーアドはこれに深く傷つき、家族に安らぎと心の支えを求めなければなりませんでした。」という。

アメリカの歴史学、政治学の学者であるビーアドの本は日本語に翻訳されたものはほかにも多くあるが、この本は戦勝国アメリカの大統領の責任を問う本であるだけに、第二次大戦に負けて占領下にある日本でタブー視されたためか翻訳されることもなく今日に至り、今回ようやく訳書が出版された。

まずは学校の世界史でも教わるハルノートの項を読んでみよう（上巻三二四頁以下）。アメリカのハル国務長官がルーズベルト大統領の承認を得て、一九四一年十一月二十六日に日本に渡した文書である。この文書は、日本が日露戦争以降に東アジアで築いた権益と領土、軍事同盟の全てを直ちに放棄することを求めている。

この文書は、ビーアドによると、一〇年前に、当時のスティムソン国務長官の、これより穏やかな文書を同じく当時のハーバート・フーバー大統領は拒否している。拒否した理由は、「われわれは戦争に賛同することはしないし、経済的であろうと、軍事的であろうと、いかなる制裁にも参加しない。なぜなら、それは戦争に至る道だからである。」ということであった。

ちなみにフーバーは、一九二九年の世界大恐慌後の大統領選挙においてフランクリン・ルーズベルトに大敗したが、ルーズベルトの対独参戦にも反対だった。真珠湾攻撃後の対日参戦には賛成だったが。

だからビーアドは、ハルノートを「一九四一年十一月二十六日の覚書はルーズベルト大統領が共和党の帝国主義者も尻込みした行為を実践したということを明白に示していた。」と批判的に評価している。

私たち日本人は学校でハルノートと共にＡＢＣＤ包囲網を教わる。アメリカ、イギリス、オランダ、中国が一九四〇年ころから日本に対する資源輸出を制限し、日本が資源不足のなか、窮地に追い込まれていく過程である。ハルノートとＡＢＣＤ包囲網という歴史的事実は、ルーズベルトが実は十二月七日（アメリカ時間）の真珠湾攻撃を知って黙っていたかどうかの論争を超えて、日米戦争に至る道が誰によって準備されたかを雄弁に物語っている。

大統領の戦争開始と議会のチェック機能

ビーアドはさらに、公式・非公式に公表された文書をもとに、ルーズベルトが議会の同意なしにヨーロッパ戦線を含め第二次大戦に突き進んでいく過程を分析する。

終戦直後の一九四五年九月、アメリカ連邦議会は真珠湾攻撃をルーズベルト大統領が知っていて黙っていたかどうかを検証する。この検証がスタートするに際して、『ニューヨーク・タイムズ』に掲載されたアーサー・クロックのコラムは、「日本が危機的に重大な局面を迎えていることを十分に知らされていたワシントンの高官たち」の一方で、真珠湾のアメリカ軍は「基地の備えが全般に整っていなかった責任、艦隊が湾内に結集していた責任、飛行機が整備中で弾薬がカギをかけて保管されていた責任」など解明されるべき問題点を具体的に列挙している。

以下、ビーアドはこれらの論点を含め、日米戦争開始がルーズベルトの意図的なさまざまな工作によるものであったかどうかという論点から発展して、大統領が仮に戦争を始めようと決意した場合、それに対して民主的なチェックが入る政治システムが機能しているかどうかを検証する。ここが本書『ルーズベルトの責任』の核心である。権力の分立と公開討論は民主主義の大原則である。これなくしては民主主義は成り立たない。戦争という、国民の権利義務、幸不幸に最も重大に関わる行為が大統領の専権で開始され、議会はそれを追認するほかないのだったら、その国、あるいはそういう状態にある国は、民主主義が危機に瀕しているといわざるをえないだろう。

「憲法が起草されて以来、アメリカの一流の政治家は軍国主義と外交に関する大統領の専制的な権力の行使は共和政体の宿敵であることを自明の理だとしてきた。」として、この原理をビーアドは守ろうとする。なぜなら一部の政治評論家が「大統領の戦闘を命じる権力に制限を設けてはならない」と主張するからである。

さらにビーアドは、ジョージ・ワシントンと共に働いたアレグザンダー・ハミルトンの「商業が国家のもっとも有力なシステムとなって以来、商業的動機に基づく戦争の数は、かつて領土や主権に対する強欲が引き起こしたそれと同じ数に上るのではないか」という指摘を引用して、経済権益のための戦争の危険性を指摘する。

結論として本書下巻七〇六頁以下の事実の羅列は、ルーズベルトが戦争開始を想定しながら議会にそれを伝えなかったことを雄弁に物語っている。

ビーアドは戦争中の一九四三年にアメリカで出版した『アメリカ共和国』（松本重治訳、みすず書房、一九八八年）で、出馬すれば必ず勝ったのに三選出馬しなかったジョージ・ワシントンを例に引いて大統領に三選したルーズベルトを暗に批判していた。リンカーンも南北戦争中であったにもかかわらずきちんと大統領選挙をやったと強調している。戦争中は筆を抑えていたが、戦後、暗にではなく真っ正面からフランクリン・ルーズベルトの責任を問うたのが本書である。

著者ビーアドはなぜ後藤新平の東京市政に協力したのか

私がビーアドに関心をもった契機は、もちろん後藤新平だ。『小説後藤新平』を書いたとき、アメリカ人であるビーアドがなぜ、はるばる日本に二度も渡航して後藤新平の東京市政に対して的確な助言をしたのか。東京を欧米に負けない近代都市に生まれ変わらせるための八億円プラン、市民の自治意識を促すための運動、震災復興のための大胆な計画――これらに対してビーアドは当時の東京、いや、日本にとってきわめて有益な助言を行った。

一九九七年に『小説後藤新平』を書き上げてから、私は五月の連休を利用してビーアドの考え方を知るためニューヨークに調べに行った。渡航前にまず、ニューヨーク市政調査会のマーメイ理事長に「ビーアドのことを調べたいので市政調査会の資料室を見せてほしい」旨のファクスを出した。マーメイからすぐに返信があり「当調査会にはビーアドの資料はないのでご協力できない」とのことだった。あれれ?と思った。ビーアドはコロンビア大学の教授だったが、アメリカの外交政策を批判した三人の教授らが処分されたのに抗議して自分も辞職し、ニューヨーク市政調査会の常務理事を務めていた。だからニューヨーク市政調査会にビーアドの資料がまったくないということはないだろう。しかもマーメイに対しては私は、都庁の計画部長として何度か彼の東京における調査に協力したことがある。

しかしやむを得ない。市政調査会はあきらめてニューヨーク市立図書館に行った。マンハッタンの五番街四二丁目、東京でいえば銀座四丁目みたいな場所にある、一九一一年創設の図書館だ。バーモント州産の白い大理石による巨大建築だ。摩天楼には珍しい低層建築だが、地下深くまで書庫になっている。隣はブライアントパークである。かつて館内ツアーに参加したことがあるので勝手はわかっている。カタログルームに直行してチャールズ・オースティン・ビーアドと打つと、七三件のリストが出てきた。いずれもアメリカの政治史、外交史に関するもので、都市計画に関するものは一件もない。サブジェクトを参照して主なものを閲覧した。パスポートなども必要なく簡単に借り出すことができた。持ち出すわけでなく閲覧室で読むだけだからか。天井の高い豪華な閲覧室で、昼食も抜いて読みふけった。至福のひとときだった。

その結果、ビーアドは政治学者として、「アメリカはアジアを植民地にするのではなく、友好的に接して、彼らの発展に手を貸すべきだ」という考えから、東京を近代都市にするために多くの助言をしたことがわかってきた。

このとき、私は帰国してすぐ、川崎に住む、後藤新平の秘書をしていたこともある田邊定義氏を訪ねた。田邊氏は当時百歳を超えていた。私が「ビーアドは、政治学者として、アメリカは日本の発展に手を貸すべきだと考えていて、後藤新平の都市づくりに的確な助言をしたのだとわかった」と報告すると、「そのとおりだ。彼は、日米も日中も互いに友好的であるべきだと考えていた。だから、日本が中国で戦争を始めてからは私たちが訪米しても会わなかった」と応じた。田邊氏もそう考えていたのだ。

大恐慌からの回復と社会保障に見るルーズベルトの功績

ここまで来てもまだ私の頭の中では、ビーアドとルーズベルトは結びつかない。私にとってのフランクリン・ルーズベルトは、一九二九年の世界大恐慌のあと大統領に就任し、ニューディール政策により積極的に公共事業を展開し、アメリカの好況を回復した輝ける大統領だ。

現にアメリカのワシントンDCには、ワシントン・メモリアル、リンカーン記念堂、ジェファーソン記念堂と並んでフランクリン・ルーズベルト記念公園がある。最も偉大なアメリカ大統領四人の一人であるという扱いだ。そこまでは学校の歴史で習って知っていた。さらに私がフランクリン・ルーズベルトを尊敬した契機は、彼がアメリカの生活保護と失業保険の制度をつくった大統領であることを知ったときだ。アメリカでクリントンが大統領のとき、ファーストレディのヒラリー・クリントンは、公的医療保険制度をつくろうと運動していた。これは実現しなかったが、アメリカに生活保護と失業保険はあるが公的医療保険制度がないのでこれをつくろうとしていたのだ。現にワシントンDCのフランクリン・ルーズベルト記念公園には、生活保護としてのパンやチーズを受けとるために行列している人たちの像がある。

このような制度が人々にいかに感謝されていたかを示すのが、ニューヨークのダウンタウンの一角にあるテナメント・ミュージアム（住居博物館）だ。住居博物館は、マンハッタンロウワーイーストサイドのオーチャード通りにある。テナメントスラムという言葉があるが、十九世紀から二十世紀にかけて、このあたりのテナメントすなわちアパート群はスラムとみなされていた。窓のない部屋があったり、トイレが共同だったりして、狭くて暗い家が多かったからである。

住居博物館は、一八六三年に建てられ、実際に次々と移民が住んでいた建物をそのまま博物館にしたものである。当初はドイツからの移民、次に東欧ユダヤ系移民、そして一九二〇年代からはイタリア系移民が住んでいたアパートを、実際に住んでいたイタリア系移民のジョセフィンという人の記憶によって再現している。

ジョセフィンは父が大工、母は縫い子だった。初めは不法移民だった。イタリア移民同士で助け合いながら暮らしていた。その後、一九三五年にこのアパートを出て二ブロックほど先に引っ越したが、そのとき、イタリア系移民三家族とも一緒に引っ越している。さらに一九三〇年代の終わりに彼らはブルックリンに引っ越しているが、そのときも三家族一緒だった。これをアブラム館長はこう説明する。

「英語ができない移民にとって、アメリカに来てまず問題となるのは、言葉だった。だからイタリア系ならイタリア系と、まとまって住むのは、生活の知恵だったのです。中国人はチャイナタウンをつくる、英語を話さない、と非難するアメリカ人がいるが、無料で英会話を習うには、何年も待つケースがあるし、彼らにとってはそれまでの生活がある。英語ができないのに職探しをしなければならないのです。助け合うほかありません。実際、ジョセフィンたちが引っ越すときは、父親が死んで生活力が弱くなった家族も連れて引っ越している。互いに助け合っていたのです」

再現されたジョセフィン一家の居間に飾ってあった写真は、イエス・キリスト、祖父母、そしてフランクリン・ルーズベルトだった。私はアブラム館長に聞いた。「フランクリン・ルーズベルトは移民に好かれていたのですね?」

彼女は頷いた。

「彼は職業紹介の制度をつくった。生活保護の制度もつくったが、彼らは生活保護を受けることを必ずしも潔しとはしなかった。野心をもって移民してきたから。でも、政府からもらったチーズの箱で朝顔をつくっていたというから、喜んではいたと思います」

私が独自に得たフランクリン・ルーズベルトについての知識はそこまでだった。

ルーズベルトは、ヨーロッパ系移民に対しては社会保障の充実に努めた。しかし、日系移民に対してはどうだったか。真珠湾攻撃のあと一九四二年二月、ルーズベルト大統領は「陸軍省は住民立ち退き命令を出すことができる」とする行政命令九〇六六号に署名した。具体的には、太平洋側地域にいる日系人を強制収容所に入れるという法律である。

この法律により約一二万人の日系人が家も財産も農地も失って強制収容所に入れられた。彼らのうち約六〇%がアメリカ国籍だったがそれでも強制収容所に入れられた。当時日本の同盟国でアメリカと戦争をしていたドイツ、イタリアの人たちにはこの法律は適用されなかった。この強制収容所事件についてアメリカが謝罪し一人あたり二万ドルの賠償金を支払ったのはレーガン大統領のときである。

強制収容所に入れられた日本人がどういう人たちだったかは、ロサンゼルスのリトルトーキョーにある全米日系人博物館に行くとよくわかる。彼らのうち若い人たちは強制収容所からヨーロッパ戦線に志願して出征し、アメリカのために勇敢に戦い、死んだ。アメリカ国籍をもち、アメリカのために戦場に赴く人たちだった。しかし当時のアメリカの民主主義は彼らの財産を奪い彼らを強制収容所に入れた。

ビーアド研究会

私のフランクリン・ルーズベルトに関する知識が飛躍的に拡大したのは、藤原書店が主宰するビーアド研究会が始まってからだ。この研究会ではずっと、ビーアドの『アメリカ共和国』(前掲)を読んだ。アメリカで戦時中に出版された本だから、さすがのビーアドも戦時の大統領であるフランクリン・ルーズベルトの名前を挙げて真っ向から批判したりしない。そして戦争が終わってからビーアドはフランクリン・ルーズベルトの戦争責任を問うた。

ニューヨーク市政調査会のマーメイ理事長が私のビーアド調査に対する協力を拒否した理由もここから推測することができる。ビーアドは戦争に勝った大統領のタブーに言論をもって挑戦した人なのである。

日米戦争は一方的に日本だけが悪かったわけではない。アメリカが日本を戦争に誘い込んだ側面もある。フランクリン・ルーズベルトは議会との関係においてアメリカ合衆国憲法が定める民主的手続きも踏んでいない。ビーアドが言いたかったのはこの一点に尽きる。

ビーアドは「アメリカはアジアを植民地にするのではなく、友好的に接して、彼らの発展に手を貸すべきだ」という考えを最期まで自分の名誉をかけて、貫いた。

日本人は、こういうアメリカ人をもっと大切にすべきだ。日本人が感謝すべきアメリカ人を三人挙げるとすれば、私はこのビーアドに加えて、ロックフェラー三世とエドウィン・O・ライシャワー大使を挙げたい。

ロックフェラー三世は、第二次大戦後、アメリカ人の息子たちを日本兵に殺されて反日ムードが蔓延するニューヨークで、日米文化交流を行うジャパン・ソサェティーを再建した。私は三宅島とニューオーリンズの災害交流プロジェクトでジャパン・ソサエティーの支援を受けた。今回の東日本大震災にあたって、ジャパン・ソサエティーはいち早くニューヨークで募金活動を行い、東京災害ボランティアネットワークのために多額の資金を提供した。ちなみにビーアドの訪日旅費を提供したのはロックフェラー二世である。

エドウイン・O・ライシャワーは、BIJ（日本生まれ）である。父は宣教師で日本に赴任し明治学院の構内に住み、手話でなく口話を基本とする日本聾唖学校（現在、町田市）をつくった。日米安保闘争のあとの難しい時期にケネディ大統領によって日本大使に任命され、青年に刺されて重傷を負った。日米両国は日米関係のさらなる悪化を深刻に懸念したが、「たくさんの輸血により日本人の血が混じりました」とコメントして関係者を安心させた。しかしこの輸血により肝炎に苦しみ長い闘病生活の末に亡くなった。

私が長い間、優れた大統領と思っていたフランクリン・ルーズベルトは、日米戦争が始まってから一九四二年に約一二万人の在米日本人を強制収容所に入れた大統領でもある。アメリカは民主主義国家を標榜しているが、戦争となれば議会の権限を無視し人権を踏みにじることも忘れてはならない。

民主主義は、その重要な装置である議会が機能しなければ危機に瀕する。特に世論が感情に支配されているときほど、感情に流されず冷静に機能しなければ、あえて代議制度をとっている意味がなくなってしまう。権力の分立、公開の討論という民主主義の原則は、人々が常に強く意識して守り続けていかないと民主主義が危機に瀕する。

戦争を始めたときのルーズベルト大統領の議会との関係を問題とするビーアドの指摘は、アメリカの民主主義に対する警鐘であると同時に、実は、日本の民主主義にとっても警鐘として聞くことができる。『ルーズベルトの責任』はいろいろなことを考えさせる本だ。

（本文は『自治体法務研究』（二〇一二年夏 No.29 五月、ぎょうせい）に書いたものを本書掲載のため大幅に加筆修正したものです）

国際政治からの解放——戦後世界史の予告

渡辺京二

日本を追い込むプロセスとしての日米交渉

ルーズヴェルトが真珠湾奇襲を事前に察知していた、従って彼と彼の閣僚にとって、それは「奇襲」ではなかった、という説があることは承知していた。だが、アメリカン・デモクラシーの正統的な論客であるチャールズ・A・ビーアドが、一九四八年という早い時期にその説を唱えていたとは、このたび翻訳された『ルーズベルトの責任』によって初めて知った。藤原書店の本書『ルーズベルトの責任』刊行の意義は極めて大きい。

ビーアドの論考は緻密かつ周到であるが、大筋は次のように要約できると思う。ルーズヴェルトは独ソ不可侵条約が結ばれた一九三九年以降、ナチスドイツとの戦争を覚悟しており、とくにダンケルク撤退以降は、開戦も辞さぬ決意で英国を支援した。しかし彼は、厭戦気分が濃厚で議会にも孤立主義勢力を抱える国内事情に縛られて、戦争に巻き込まれることは絶対ないと再三国民に誓約していた。この見せかけ（アピアランス）は現実（リアリティ）と隔絶していた。あくまで戦争を回避するというアピアランスのもとで、現実には、いつ開戦になっても不思議ではない方策がとられた。

英国への援助物資を送る船団に護衛をつけることはないと、ルーズヴェルトは明言した。つければドイツUボートとの軍事衝突を招くのは必然だからだ。だが現実には、船団にはアメリカ駆逐艦の護衛がつけられ、彼らはUボートを追い廻し爆雷を投じていた。ルーズヴェルトは事実上、ナチスドイツに対する軍事行動に踏み切っていたのだ。開戦に至らなかったのは、ヒトラーが計算ずくで隠忍したからである。ルーズヴェルトの議会と国民に対する不戦の誓約には、「敵から攻撃されぬ限り」という留保がついていた。Uボートがアメリカ駆逐艦を攻撃してくれれば、参戦の立派な口実ができる。だがヒトラーの隠忍のために、ルーズヴェルトは参戦のチャンスをつかむことができないでいた。

一方アジアにおいても、ルーズヴェルトは日本の南進を戦争に訴えても阻むつもりだった。ハル・ノートを手交したとき、彼と彼の閣僚はそれが戦争を意味することをよく知っていた。しかし国民への誓約の手前、こちらから戦端を開くわけにはいかない。何としても、日本に先に発砲させねばならない。日米交渉とは、太平洋における平和を希求するアピアランスのもとに、現実には先に発砲させるべく日本を追い込むプロセスにほかならなかった。

ルーズヴェルトとその閣僚はハル・ノートを交付以後、いつ日本が軍事行動に出ても不思議ではないと承知し、その対策も立てていた。日本が「奇襲」の常習者であり、真珠湾が標的のひとつであることも熟知していた。事実、真珠湾攻撃の知らせを受けたとき、ルーズヴェルトと彼の閣僚をとらえたのは驚愕ではなく、これで誓約に反することなく参戦できるという晴ればれとした安堵だったのである。しかも、それにつれてヒトラーが自分の方から宣戦してくれたのは願ってもないことだった。

ビーアドによれば、要するにルーズヴェルトは国民をあざむいたことになる。アメリカの若者を絶対に戦場に送らないという約束も嘘であれば、日米交渉で誠実に平和を求めていたのに、日本が卑怯にも突然攻撃したというのも真実ではなかった。彼はナチスドイツのヨーロッパ支配と日本のアジア支配を、戦争に訴えても阻止することを決断したのであり、そのために参戦を正当化する術策をこらしたというのがビーアドの所論である。

戦後国際政治の最大の問題を予見

ルーズヴェルトが現実に決断し遂行したところと、それを隠蔽するために作り出した見せかけの喰い違いを指摘する点で、ビーアドは鋭く明快である。いかによき目的のためであれ、宣戦の権利は議会にしかないというアメリカン・デモクラシーの根本義を無視して、アメリカを戦争へ導いた彼の手法に、疑義と不信をつきつけるのもまことにビーアドなればこそである。

しかし、第二次世界大戦後の世界の世論は、ナチスドイツと日本帝国を打倒したアメリカ以下の「連合国」の戦争行為を人類の理性と人道に合致する大義と認めてきた。この「大義」に反する見解は今日なおかつ、国際政治においてはむろんのこと、ジャーナリズムにおいてもアカデミズムにおいても、ひんしゅくに値する奇矯な言説として忌避されている。だとすれば、国民をあざむいたにせよ、アメリカン・デモクラシーのために危険な先例を残したにせよ、ルーズヴェルト、ハル、スチムソンは免罪されねばならない。

ナチズムと日本軍国主義が世界をおそるべき姿に造り変えようとしていること、従って彼らの行為を阻止するためには命を賭けねばならぬことをアメリカの議会と国民が悟ろうとしない以上、人類の未来のためにルーズヴェルトは、大統領の職責において決断し術策を弄さねばならなかった。

だとすればビーアドは、アピアランスとリアリティにおいて矛盾するルーズヴェルトの行為を鋭く暴露することに成功はしていても、何が人類のためにはよかったのかという点においては、ルーズヴェルトを真に裁けてはいないことになる。つまり、ニュールンベルク裁判と東京裁判を大筋において容認する限り、ビーアドのこの著書は一種の努力賞にしか値せず、アメリカの参戦の意義を揺らがすものではないとみなされても仕方あるまい。ルーズヴェルトの「陰謀」については、ビーアドの一年前にモーゲンスタインが本を書いているし、最近ではスティネットの『真珠湾の真実』が話題を呼んだ。だが、日米戦争がアメリカの方から仕掛けた戦争であることが立証されたとしても、枢軸国＝悪、連合国＝善という今日なお世界を支配する公論が健在である限り、それがどうしたと居直られるのは必定ではあるまいか。

しかし、実はビーアドは、戦争を通じて実現すべきアメリカの大義という考え自体に批判を持っていた。この本で最も重要なのはそのことである。彼はアメリカの参戦がナチスの非人間的支配からの解放という大義を掲げながら、ソ連というもうひとつの非人間的支配を強化した矛盾を鋭く衝いた。しかしこの点では、ルーズヴェルトのスターリンへの甘さは、その後の大統領たちによって修正され、自由で人道的な社会体制が戦後のアメリカ外交政策によって擁護されたと言えばすむことである。ビーアドの論点で真に熟考に値するのは、「世界改造計画を実現するために『世界の道義的リーダーシップ』を担い、これを保つのは合衆国の責務だと誇らしげに宣伝する」ドクトリンを、「諸国間の親交より不和を助長するもの」と批判する点である。

第二次大戦自体をどう解釈し評価するかという点で、ビーアドは必ずしも透徹していない。だが、前記の彼の批判は戦後の全世界史的過程を射程に入れたものになっている。これはいわば戦後世界史の予言なのである。「合衆国大統領には世界全体の政治、経済、平和に対する崇高なる思いを宣言し、そうした思いを実現するために自ら進んで演説をし、文書に署名して、合衆国が責任を持つと約束する、憲法上および道義上の権利があるという趣旨のドクトリン」を「合衆国の平和と安全保障を脅かす」危険として糾弾したとき、ビーアドは戦後の国際政治の最大問題がどこにあるか、文字通り予見したのだった。

個の実存と歴史の深みから観る

しかしまた私は、ビーアドの批判を複雑な思いで受けとめぬわけにはいかない。ソルジェニーツィンはアメリカが、ソ連の拡大政策を阻止すべく努めることを求めた。彼はそのことで日本の左派知識人の不評を買ったが、長い目で見れば彼の要請が誤っていなかったことは明らかである。また今日、ナチスがそうしたような特定の人間群に対する迫害や絶滅策をとる国家があって、アメリカが経済制裁から武力介入に及ぶ干渉をもってそれを阻止する場合、私はそれを支持すべき当然の義務をもつ。にもかかわらず、アメリカの文明的バイアスのかかる正邪観を普遍化しうると私は考えないし、アメリカに世界の公安警察の資格を誰が与えたかという問は避けられない。

アメリカの正義と公正についての信念が、法曹家的な形式論理性（本書に紹介されている議員たちのみごとな議論癖を見よ）を特徴とし、伝統と断絶した特異なデモクラシーを基準として、歴史の深みから形成された世界各地の他文化を裁断しようとする単純と独善を免れぬことについては、すでに数々の指摘がなされているだろう。だが厄介なのは、そういう単純で独善的なアメリカン・デモクラシーのおしつけによって、第二次大戦後の世界が非人間的な体制の支配を免れえた事例があまた存在することである。

国際政治は理念や原則の世界ではなく、現実の制約のもとで比較的な次善を選択するしかない世界である。ビーアドが根本的に反対であったアメリカ大統領の使命《ミッション》という観念が、戦後の世界において、数々の歪みや逸脱を含みつつもプラスに作用した事実を否定することはできない。にもかかわらず、それはあくまで次善を選択するしかない哀れな現実のレヴェルの話であることに変りはないのだ。

そのレヴェルにおいては、ルーズヴェルトが戦争へ向けて日本を挑発したという事実が、結果において免罪されようと一向に構わないのである。あくまで正邪を問いたいのなら、日米戦争においてアメリカの方に「正義」の秤は傾くと、これまで通り言っておけばよろしい。国民国家の形態の下で生きている私たちは、国際社会との妥協のうちにいわゆる国益をまもるしか途はない。だが根本的問題は、私という一人の人間は国際政治の世界に生きてはいないということだ。現実には生きているのだよと言われても、確かにそうだと肯きはしても、人間の存在意義は国際政治や外交から解放されることに在るという思いは抜きがたい。そして個の実存と歴史の深みから観るならば、かの日米戦争も正邪をもってしては裁きがたいという事実の厳存に突き当るしかない。この私見にはビーアドもあの世できっと同意してくれるものと信じる。

欺瞞に基づく日本の長い戦後

岡田英弘

「反戦」の世論を欺き開戦にもちこむ

ビーアド著『ルーズベルトの責任』を読了した。上下二巻の分厚い作品を読んで、先ず感じたのは、あまりに長いということである。次いで湧いた感想は、一九四一年十二月七日（日本では八日）の日本海軍の大規模な真珠湾襲撃事件において、ハワイの防衛に当たる陸軍司令官ショート中将と海軍司令官キンメル大将が「怠慢であり無能であった」ように見せるために、ルーズベルト大統領がこれほど大規模な欺瞞をおこなったという事実と、さらに、それが欺瞞であったことを実証するために、著者ビーアドがこれほど大量な史料をかき集めた精力に対する驚嘆の念である。

ルーズベルトには、欺瞞をおこなう十分な理由があった。一つは一九四〇年の大統領選挙での民主党の公約であり、もう一つは国民に対する個人的な約束である。いずれも、これ以上明快になりようがない言葉使いで「私たちは外国の戦争に加わることはしません」、「皆さんの息子が外国のいかなる戦争にも送り込まれることはない」と誓約していた。それに違反しないかたちで第二次世界大戦に参加するには、ほとんど超人的とも称すべき力量が求められる。この難題に立ち向かうために知恵をしぼったのがルーズベルトであった。

その結果は、ショート陸軍中将とキンメル海軍大将が犠牲となって、軍法会議も開かれないまま、日米が戦っている長い間、彼らの処遇が宙ぶらりんの状態になっていたことである。それが一九四五年四月十二日にルーズベルト大統領が急死し、副大統領トルーマンが昇任して大統領になると、ついに事態は動き出した。一九四五年八月二十九日、トルーマン大統領は真珠湾事件に関する二組の文書を発表した。一組は陸軍真珠湾査問委員会の報告書で、他は海軍査問委員会の報告書であった。

この二組の文書が明らかにした新たな事実は多いが、なかでも目立つのが、日本との開戦が迫っているというルーズベルト大統領の決心が、一九四一年十一月二十五日までには固まっていたという、ヘンリー・スティムソン陸軍長官の日記であり、同時に「どのようにして、わが国にさほど甚大な危険を招くことなく、奴ら〔日本〕が最初に発砲するように誘導するか」が議論されていたという事実である。これは大統領が、この十一月以前にも以後にも、アメリカ国民に対して、一度も語っていなかった内容である。

付言するに、日本との関係がどうなろうとも、アメリカ・イギリス両国はすぐに同一歩調を取る、つまり開戦するという点で合意が出来ていたことも分かっている。しかしこれに関しても、当のアメリカ国民は何も知らされていなかった。

この点に関して、言っておかなければならないのは、これより先、イギリスとドイツの戦いにおいて、アメリカが中立を宣言していたにもかかわらず、ドイツの潜水艦とアメリカの駆逐艦が戦闘を交えていたという事実である。ことは一九四一年三月一日に成立した武器貸与法にさかのぼる。これには厳重な制限がついていて、アメリカの艦船が直接、イギリスに戦略物資を運ぶことはできないことになっていた。それでも戦闘は起こった。九月四日、アメリカの駆逐艦グリアー号がアイスランドへ向かう途中、大西洋上でドイツの潜水艦と遭遇し、爆雷による激しい攻撃を加えたのである。

イギリスは当時、建国以来、最大の危機に立っていた。ドイツ空軍は全力をあげてイギリスの首都ロンドンを爆撃し、ドイツ陸軍は大規模なイギリス上陸作戦を準備していた。これに関連して、八月十二日、ルーズベルト大統領とイギリスのチャーチル首相が大西洋上で秘密裏に会談し、十四日、共同宣言を発表した。これが有名な大西洋憲章である。しかしこの段階でも、アメリカ国民は、自国は中立を守っていると信じていた。

自国の駆逐艦がドイツの潜水艦と交戦してもなお、アメリカの世論は反戦であった。ドイツを刺激して戦争に持ち込もうとする作戦が奏功しなかったので、このあとルーズベルトは、「日本を誘導してアメリカを最初に攻撃させる」戦略に切り替える。一九四一年八月十七日にルーズベルト大統領が日本の来栖大使に手渡した警告文の意味するところは、日本とアメリカはすでに戦争状態である、という明白な事実である。

日本人にはすでによく知られたことであるが、一九四一年十一月二十六日、ハル国務長官が日本政府に手渡した覚書（「ハル・ノート」）には、シナ大陸やインドシナからの日本の全面撤退など、日本がとうてい飲めそうもない厳しい条件が書かれていた。これは、日本に対する「最後通牒」と言ってもいい重要文書であったが、アメリカ国民はその存在を知らされていなかった。真珠湾攻撃直前の十二月二日の記者会見で、ルーズベルトはなお「日米関係は平和的のみならず完全に友好的である」と述べている。

とどのつまり、一九四一年十二月七日の午後一時になって、日本の爆弾によってハワイのアメリカ軍基地が大損害をこうむり、それを受けてルーズベルト大統領が、アメリカ合衆国は平和時に不当に奇襲攻撃を受けたと演説するまで、この欺瞞は続くのである。

アメリカの立憲民主政治・代議政治の将来を危うくする

ショート陸軍中将とキンメル海軍大将のハワイ防衛に関する責任は、日本に勝利した戦後になって免罪されたが、この結末は、アメリカの民主主義に関する重大な疑義を生むことになった。

第一に、アメリカの大統領は、いくら国民の将来の利益になるからといって、これほど重大な事実を隠し続けることができるのだろうか。それは、ドイツに抵抗する国々にアメリカ製の武器を与える武器貸与法の内容であり、それから派生した、アメリカの駆逐艦がドイツの潜水艦を攻撃したグリアー号事件であり、アメリカがイギリスの救援に向かうことを事実上約束した大西洋憲章などである。

そして、わが日本国にとってもっとも重大な、今にいたるまで名誉を傷つけられたままのルーズベルトの最大の欺瞞、日本の国家としての存在を否定するような最後通牒をつきつけておきながら、「卑劣な奇襲攻撃を仕掛けた」と日本を激しく非難して、アメリカ国民を戦争にかり出したという事実である。

いくら不戦の誓いに縛られていたからといって、アメリカの大統領が、これほどの二枚舌を使っていいものだろうか。

著者ビーアドが、第二次世界大戦終結後三年しかたっていない一九四八年、ルーズベルト崇拝がますます輝きを増していた時に本書『ルーズベルトの責任』を書いた最大の理由は、ルーズベルト大統領が「反戦公約」を撤回することなく、アメリカを参戦に向かわせる手法を取った。つまり、日本に先に攻撃させる外交施策を、ひそかに進めたことにある。

このようなルーズベルトの国民に対する欺瞞は、権力を制限することで政治の専制化や独裁を防止する、アメリカ憲法を踏みにじる行為ではないか。そうしたルーズベルトの秘密外交が弾劾されず、その後のアメリカ外交の指針となるならば、それは、アメリカという立憲民主政治と代議政治の将来を危うくするものではないか。

英雄ルーズベルトが国民を裏切り、アメリカを戦争に巻き込んだ張本人だったと糾弾する本書は、刊行直後から非難ごうごうであったが、歴史家としてのビーアドの危惧と卓見は、日米開戦からすでに七〇年以上過ぎ、第二次世界大戦後アメリカ大統領の権限が強大化したせいで、世界各地で問題を起こしている今日では、まことに先見の明があったと言うべきである。

それよりも驚くのは、アメリカの日本占領政策がまったくこのルーズベルトの欺瞞に基づいており、日本では今でもこの欺瞞が通用しているという事実である。それにも増してあきれるのが、この欺瞞に基づく対日政策に、当の日本の知識人や政治家たちが、唯々諾々として従ってきたことであり、歴史家ビーアドの容赦ない暴露にもかかわらず、その日本人の弟子たちが、これまで誰ひとりとして声を上げようとしてこなかった事実である。

幸い、日本の藤原書店の藤原良雄社長がこの欠陥を是正してくれることになり、その結果、ビーアドの最後の遺作になる本書『ルーズベルトの責任――日米戦争はなぜ始まったか』の翻訳上下二巻がようやく刊行されたことは、まことに慶賀すべきである。欺瞞に基づく日本の長い戦後を、いくらなんでもこれ以上引き延ばすことはやめなければならない。

最後に評者の個人的な経験を記すと、評者は一九五八年九月、フルブライト奨学金を得て、アメリカ合衆国ワシントン州シアトル市のワシントン大学に留学した。そこで驚いたのが、アメリカ国民の故ルーズベルト大統領に対する、ほとんど宗教的といってもいい尊崇の念であった。そのルーズベルトが、一般人をだまし通したと信じろというのは、アメリカ国民であれば誰にとっても耐えられないことであったろう。

今でも覚えているが、私の友人の日本学の専攻の学生が、無邪気に「日本人なら、ＦＤＲ（フランクリン・デラノ・ルーズベルト）は好きだろう」と質問したことがある。私は憤然として「とんでもない。ＦＤＲは原子爆弾を作らせた男だ。それのどこがいいんだ」と答えた。私の思いがけない返答に、彼の茫然とした表情を、今回改めて思い出した次第である。

日米関係をめぐる神話と現実

小倉和夫

ビーアドの著作は、日米関係の裏に存在するいくつかの歴史的神話を想起させ、すくなくとも、三つの次元で、そうした神話の意味を考えさせる。一つは、日米戦争は、日本の侵略的意図と行為によって引き起こされたという神話である。第二は、米国は、自由と民主の精神を守るために参戦し、日本に勝利することによって、その精神を日本に定着させたという神話である。第三は、日米戦争は、米国にとっては正義の戦争であり、原爆投下や大量の市民の殺害といった行為も、正義の貫徹という戦争目的のために合理化されるという神話である。

第一の神話――戦争責任論にまつわる神話

ビーアドの著書始め、多くの歴史的記録は、今や、日米戦争の責任の一端は、日本を戦争に追い込むことに専念した、ルーズヴェルトを中心とする米国の戦略にあることを明らかにしている。

その意味で「日本責任論」的神話の真実性は大きく損なわれている。しかし、だからといって、現在、東京裁判の非道や米国の謀略ばかりを強調することは、日本にとって真に意味あることとはいえないであろう。むしろ、そうした、米国の戦略にむざむざはまっていった日本の政治的、外交的弱点がどこにあったかを深く考えねばならない。現在においても、米国のいう日米同盟の深化やアジア重視の戦略が、真に何をねらったものか、また、米国の軍事戦略やTPP戦略が、政治的、外交的戦略として何をねらったものかについて、冷静かつ透徹した考察が必要であろう。

第二の神話――軍国主義日本に対する、自由民主のアメリカ

ビーアドの著書は、アメリカの掲げる、自由民主の精神が、当のアメリカによって実は裏切られてきた過程をあますところなく暴露している。

ビーアドの著書を離れても、アメリカが、日本との関係において、自由、民主、平等といった民主主義の根本原理を踏みにじってきたことは、いまさら強調するまでもない。

一九二〇年代の排日移民法、国際連盟における人種差別決議案に対する米国の反対、そして、第二次大戦中の日系アメリカ人の強制収容――アメリカが戦略的、政治的、外交的理由から、みずからの理念を（日本に対して、そして世界に対して）裏切った事実は、良く知られている。ビーアドの著書も、民主的手続きによって選ばれたルーズヴェ

ルトが、不戦の選挙公約を脱するために、いかに米国国民に隠れ、日本に対して謀略を実行したかを詳細に論じている。

ここでは、現在の日本の状況を念頭におくと、二つの違った問題が提起されている。

一つは、国家戦略を、民主主義社会のなかで、どの程度、どのように国民に対して透明性をもって説明しながら構築してゆくのかという問題である。

外交的、国際的戦略は、時として、密約や秘密工作と結び付き易い。とりわけ、日本の現状において日米関係に「密約」がつきまとうことはしばしばである。その理由の一つは、日米関係が「神話」とある種の虚構の上に成り立っているからではあるまいか。

もう一つのポイントは、選挙公約と外交政策との関係である。たとえば、農業政策についての選挙公約と、TPP交渉に入ろうとする日本の戦略は、本当に整合性がとれるものなのであろうか。また、今日、日米同盟の強化や沖縄問題の解決のために「外圧」を利用し、国民不在の「共同謀議」を図ることがないかどうか、が問われねばならないであろう。

日米両国が、真に民主主義を信奉するのであれば、その精神は、まずもって日米関係の処理のなかでこそ発揮されねばなるまい。

第三の神話——聖戦神話と不戦神話

第二次大戦は、米国にとって正義の戦いであった。だからこそ、米国の参戦は、日本の侵略的行為と、日本の「卑怯な」不意打ち攻撃によるものであるという聖戦神話が今にいたるもまかり通っている。ビーアドの著書が、長く「禁書」であった事実は、アメリカが、いかに聖戦神話を守ろうとしてきたかを裏書きしている。そして、ビーアドの論考をたどってゆくと、戦争における正義の旗印は、ほとんど常にある種の「偽善」であり、戦略のカムフラージュに過ぎないのではないかという疑問が生じてくる。

しかし、今日の日本にとって重要なことは、その裏側に存在する日本的神話である。すなわち、戦争はすべて、いかなるものも悪であるという神話である。民主、平等、自由を標榜する日本が、そうした基本的な政治価値を守るためであっても、戦争に入らないという主張は、何を意味するのであろうか。

米国は、真の民主と自由のためにこそ、聖戦神話の虚構をあばくことをためらってはならないように、日本も不戦の神話に潜むある種のごまかしをもっと直視せねばなるまい。それが、ビーアドの著書の今日的意味ではあるまいか。

沖縄でこそ、読まれて欲しい本

川満信一

アメリカ変貌のからくりを明かす

この本は、沖縄でこそ読まれて欲しい。いや、日本丸の舳先がどこへ向かうのかに関心を持つすべての人の必読書だと思う。高邁な理念を掲げ、建国憲法の精神を表看板にしながら、アメリカは国際社会に対し、甚だしい不正義を働き続けてきた、というのが読後の再認識である。

自国の利益を侵害する場合にだけ戦争をするとか、戦争に勝っても外国の領土は占有しないとか宣言しながら、半世紀余にわたる沖縄占領の実態は、自らの顔に泥を塗りたくっている。「中立」を国是として、不戦の政策を維持しようとしたかつてのアメリカの知性と、戦争経済の泥沼にはまって、世界中に戦乱の種をまき散らしているいまのアメリカの実態と、同じアメリカだと理解することは難しい。何時から、何故アメリカはこのように変貌したのか。

上・下巻八六〇頁に及ぶチャールズ・A・ビーアド著『ルーズベルトの責任——日米戦争はなぜ始まったか』を読み終えたとき、その変貌のからくりが明らかになってくる。国家間の緊張が高まってきたとき、外交政策はどうあるべきか、という課題は日本の現実にも突きつけられている。その課題へ対処するための「反面テキスト」としての意味も大きいのではないか。この本の初版が発行されたのは、第二次世界大戦終結後の三年、一九四八年だという。

戦勝の酔い醒めないアメリカでは、不買運動も起きるなど問題をかもしたとのこと。それだけ国内の戦勝ムードに水を差す鋭い批判の書だったわけだ。事実をゆがめて、ルーズベルト大統領の功績にいちゃもんつけた書だ、とマスコミの書評で批判された。偶像化された大統領を、国民を裏切って、戦争に巻き込んだ陰謀家だと糾弾したら、反感が起きるのも当然だろう。しかし、ビーアドという歴史家は不屈だ。議会の論争や、外交文書、マスコミのコラムなどから、丹念に収集した史料と、その読み込みに自信を持っていたのだ。朝鮮戦争当時、この本に接していたら、もっと別の視野が開けていたはずだ。そして、それに続くベトナム、中近東諸国での戦乱についても、事態の外観（アピアランス）に秘められたリアリティーを読み取る眼の力を鍛えられただろう。

上巻の第一部で外観（アピアランス）の史料を整理し、第Ⅱ部の九章から下巻の第Ⅳ部一八章まで実態（リアリティー）として、国策の真意を解読する。著者の打ち込み方は、姿勢の定まらない普通の歴史家と違う。あくまで史料的な実証主義を貫きながら、その実証の手順は確かな歴史観と思想に裏打ちされている。まるで探偵小説を読み進むように、ページの先へ誘導されるのは、引用される高官たちの、ふとした発言や、記者やコラムニストたちの深読み、あるいは裏読みをしようとする息遣いがその文体から伝わってくるからだ。

それにしても、建国精神の遵守を誓い、中立・不干渉・不戦・平和をかかげて三選を勝ち取ったルーズベルト大統領が、軍部の高官たちを身近に引き寄せ、国民を欺いて選挙公約に違反していく逆立ちの芸当は見事と言うしかない。理念と現実の断層といえばそれまでだが、権力欲がどこまで増長するかという見本を示したようなものである。「武器貸与法案」の審議過程から、それに関連した「護送」と「開戦」の大統領専決へと進展するプロセスは、軍事独裁政治への道がどのように切り開かれていくかの見本である。政党政治を無意味にして、軍部専制に移行した戦前の日本をも連想させ、歴史的教訓として反省を迫るのである。

国家間の緊張関係は、外交からはじまって軍事へと進むのが通例だ。文治に力点がおかれている間は、外交による関係調整も効を奏すが、軍部は常に緊張を危機へ発展させることで組織的権勢を拡大してきた。本書『ルーズベルトの責任』で見る限り、ルーズベルト大統領も軍部と手を組んで、権勢拡大のために戦争したくてうずうずしている印象である。

国民の「非戦・反戦」は、生活の情緒に重きを置く。経済と国家経営の指針を決定する政権の担当者は、現実主義・合理主義に軸足を置く。それは当然だとしても、第二次大戦へ介在していくルーズベルトの「中立主義」は、常軌を逸脱してはいなかったか。

イギリスのチャーチル首相との大西洋会談で、どのような世界戦略が合意されたか、それはジョークで誤魔化され、以前として霧の彼方だが、「武器貸与」とその「護送」を法的根拠にして、大西洋の制海権を手中にしていく手際は、「陰謀史観」を頷かせる。

議会でのやりとりから見ると、開戦前の大西洋でのドイツ潜水艦と米軍艦の衝突は、米軍の挑発行為だった。ルーズベルト大統領は、ドイツの潜水艦が米護送軍艦に魚雷攻撃を仕掛けてきたので、追跡して撃ち返したと弁明したが、実際には米軍艦が先に発砲し、三時間余も追跡したという。ドイツ側は「公式発表」として、「攻撃はドイツの潜水艦が始めたものではなかった。ドイツ側は、潜水艦が爆雷で攻撃され、ドイツの封鎖海域で追跡され続け、真夜中まで爆雷による激しい攻撃を受けた」（二〇〇頁）と非難した。

大戦後に暴かれたナチス・ヒトラーの「リバイヤサン」は、ユダヤ人収容所の凄惨な実態をはじめ、悪の象徴として記憶するところだが、背・腹にソ連とフランス・イギリスとの戦争を構えていたドイツの、当時の事情から推測すると、アメリカの介在を避けたいとする姿勢が伺われる。

沖縄で必読の書

一方、対日戦略では、「日本に最初に発砲させる」という「込み入った戦略」が成功した。厳しい経済制裁にはじまり、最終的には日本の外交努力に三行半を突きつけることで、真珠湾攻撃へと誘導した経緯が明らかにされている。一九四一年のハル国務長官の対応（ハル・ノート）は、日本との外交努力を最終的に放棄し、日本が戦争を仕掛けざるを得ない状態へ追い込んで、思惑通り「最初に発砲」させている。そしてそのころ戦争反対のムードが強かったアメリカ国民世論を、好戦に変質させたのである。「真珠湾を忘れるな」の開戦キャンペーンによって、太平洋戦争の火ぶたが切られた。

先手挑発の例としてもう少し、真珠湾攻撃の経緯を振り返ってみよう。「一九四一年十二月、ルーズベルト大統領は、いち早く日本軍の侵攻態勢を察知したハワイ在の、太平洋艦隊司令官（リチャードソン提督）を更迭し、更に艦隊のレーダーを不能にしたうえ日本軍の潜水艦が入港できるよう海門を開かせた。そして『日本軍に先制攻撃をさせろ』と命令。艦隊は、二隻の空母と新鋭艦一九隻を海外に移動させ、老朽艦一六隻だけ真珠湾に残し、日本の戦闘機が撃ちやすいように直線配置した。日本戦艦と大本営との暗号無線も、日本本国と外務省への連絡もすべて傍受され、帝国海軍の進路は、大本営よりも正しく察知されていたからである。当時、唯一の対日原油供給国であったオランダで、日本のタンカーが原油を積み込む時に、オランダの無線探知機がセットされた。そのタンカーが補給船として帝国海軍戦艦に同行していたから、日本軍の無線は筒抜けだったのである。十二月七日、準備されたところへ日本軍は攻撃」（個人誌『カオスの貌』別冊から）、アメリカ国益のための先手挑発戦略によって、二四〇〇名の米軍人の生命は犠牲になった。

著者は第九章「事実発覚の始まり」の注（1）で、真珠湾攻撃のニュースを聞いたとき「戦争が単に偶発的あるいは偶然に起きたのではなく、一〇〇年以上にわたって極東に関してアメリカが外交交渉やさまざまな外交活動を行ってきた結果であり、この共和国にとって新しい、危険な時代の幕開けがきたのだと信じて疑わなかった。（略）ヨーロッパとアジアの機密文書の記録が公表されれば、一九三八年から一九四一年の間のヨーロッパとアジアにおける戦争の原因に関する公式見解を塗り替えるような資料が提供されることになる」と言っている。

中立・不干渉をかなぐり捨てて、好戦的政策へ転回したアメリカが、今日に至るまで世界の憲兵を自認し、あらゆる国に迷惑な干渉を続けている実情を想うと、その原点は、ビーアドが執拗に究明した武器貸与法の運用と、対日外交に三行半を突きつけたハル・ノート、ルーズベルトの真珠湾攻撃の仕掛けにあったと考えざるを得ない。ハル・ノートで日本に突きつけた「前線撤退」の要求は、いまこそアメリカが、自ら実践しなければなるまい。

二〇〇一年9・11のアメリカ国内でのテロ事件の前後にも、アメリカ史にまつわる「アラモを忘れるな」、「メイン号を忘れるな」、「真珠湾を忘れるな」、「ケニア・タンザニアを忘れるな」、「9・11を忘れるな」といった報復主義キャンペーンがなされ、先手を打たせて報復するという一貫した戦略がとられてきたのではないか。9・11事件の胡散臭さを考えながら、「世界像の崩壊」という一文を書いたことがあった。

本書の実証を追っていると、日本では、敗戦処理をめぐる問題の追及がぼやけているように思う。東京裁判のあり方一つあげても、国民のもやもやした気持ちを払拭するだけの検証はなされていないのではないか。いや、これは私的な勉強不足と、国民の知りたくない潜在意識の問題かも知れない。

私がアメリカの文献から学んだのは、本書をふくめて僅かな冊数である。私的な事情だがアメリカとは、占領という不幸な関係で始まったために反発が強く、英語やアメリカの文献に背を向けてきた。施政権返還を控えて、第三者は日・琉の歴史をどのようにみていたかが気になり、G・H・カーの『琉球の歴史』を開いた。米民政府が宣撫工作?のために無料で配布したもので、一五年間も本棚の隅に隠れていた本である。沖縄の歴史研究は、戦後盛んになっていったが、日本と琉球の近代史を、アジア史的広がりで研究しているものは乏しかった。カーは、アジア全域を俯瞰する視野で琉球歴史を研究しており、日本と中国を等距離に見る目を開いてくれた。そして明治天皇制国家の骨組みを理解するうえでも、貴重な示唆をあたえてくれた。

カーの『琉球の歴史』は、アメリカにおけるこの手の研究に、国家がいかに力を入れているかを推測させるものだったが、ビーアドの著作からは、巨大な国家権力に立ち向かってもなお、たじろぐことなく真実を究明しようとする良心的歴史学者の情熱を感じ取った。

このように外観（アピアランス）と実態（リアリティ）の開きを明らかにされたとき、二七年間におよぶ米軍の沖縄占領統治についても、様々な疑問が湧いてきた。つまり施政権返還前の六〇～七〇年代にかけて、米軍による事故や人権侵害が多発したが、それも先手挑発戦略の一貫ではなかったか、という疑問である。この疑問は「真の復帰」をかかげる古き革新たちの影響力で、いまだに無視されてきているが視角を変えて「沖縄返せ」の昂揚も背後の情報心理作戦に拠るところが大きかった、という視点をとると、歴史の暗部が見えてきそうに思う。日米の戦後関係史を究明するうえで、本書は示唆に富んでおり、歴史はまたあらたなリアリティを見せるのではないか、と熱い思いでよみ終えた。現在進行形の普天間基地他への向かい方を誤らないためにも、もう一度、この本は、沖縄でこそ読まれて欲しい。

「ルーズベルトの責任」と「日本の責任」

松島泰勝

大統領が準備した戦争

ビーアドは入手可能な資料を使って、いかにしてルーズベルトが自国民を騙して太平洋大戦に米国が参戦したのかを歴史家として明らかにした。一九三九年七月、米政府は日本との通商条約の廃止を通告し、六カ月後に実効され、対日貿易に一方的な制約を課することが可能になった。一九四〇年一月に日米通商航海条約が失効し、翌年七月には合衆国内の日本資産が凍結された（四二三頁）。ルーズベルトは経済制裁措置を実施する前に、このような措置がとられれば早い時期に日本が太平洋で攻撃を始めるであろうという海軍専門家からの報告を受けていた（四一七頁）。その後、全面禁輸、近衛文麿首相からの太平洋会談案の拒否、ハル・ノート（対日要求の覚書）の提示など、ルーズベルトは対日強硬策を次々と打って日本を先制攻撃に導いた（八二三頁）。

ジェームズ・リチャードソン海軍作戦部長が、合衆国艦隊を真珠湾に集結しておくことは危険であり、一撃で現地海軍を壊滅させる機会を日本に与えると主張すると、ルーズベルトは同作戦部長を任期満了またず一年で解任した（三九一頁）。

チャーチル首相は、一九四一年八月にルーズベルトと行った大西洋会談において、日本との戦争問題が同会談で真剣に議論され、例え合衆国が攻撃されなくても、極東での戦争に加わる見込みだとの結論を得るとともに、日本が「暴れ出した」場合、英国が単独で戦争をする必要はないとの確信を強めたと述べた（三二九頁）。

一九四一年十一月二十五日、ルーズベルト、国務長官、海軍長官、陸軍長官、陸軍参謀総長、海軍作戦部長との会議において、「日本が何らかの突然の動きを起こし、その結果として一気に戦わなければならなくなった場合に、この国の立場を国民に、そして世界に、どのようにもっとも明確に説明できるか、その基本的な方針について」（傍点は原文のまま）討議が行われた（六九一頁）。

真珠湾が攻撃される七二時間前に、豪州政府は米政府に対して日本海軍の空母機動部隊が真珠湾に向かっているのを豪偵察機が視認したことを伝え、四八時間前、二四時間前にも日本の機動部隊がハワイに進んでいることを注意喚起した（三七七頁）。

しかし事前の対抗措置はとられなかった。なぜであろうか。一九四〇年の選挙キャンペーンにおいて民主党と共和党の間では反戦感情が支配的であった（二二頁）。このような状況を変え、国民の敵愾心を煽るためにルーズベルトは日本からの第一撃を促すような作戦を進めてきたのである。ビーアドが明らかにしたように、真珠湾攻撃はルーズベルトにとって衝撃ではなく、自らの手で準備したものであった。

ルーズベルトによって用意された戦争を「ルーズベルトの戦争」と呼ぶことができる。それは「民主主義、四つの自由、大西洋憲章の高貴な諸原則」と「全体主義、完全な専制主義、軍事的支配」の対立（七五四頁）という装いが凝らされた。チャーチル首相は大西洋会談が行われた最大の意義を次のように指摘している。「これがあらゆる土地、あらゆる地方のすべての人々が理解できる形式と方法で、世界の英語を母国語とする諸国民に行動を起こさせ、そして決定的な瞬間には支配をもする彼らの深い、根本的な結束を象徴する」と述べた(一八五頁)。

しかし、米国自身も議会制民主主義を無視して、大統領の独断で日本との戦争を決定したのであり、民主主義の手続きに基づいて開戦を決めたのではなかった。英・米両国は自らが批判する全体主義と何が違うのだろうか。

英語を母国語とする諸国を中心とした「文明国」と、日・独・伊の「野蛮国」という構図の下に自らの正当性を主張しながら日本との戦争を国民に訴えた。しかし、「文明」諸国も自らの植民地や中国における権益を守るため、国民をだまして戦争を行ったのである。文明と野蛮ではなく、野蛮同士の戦争であった。

ルーズベルトの戦争と琉球

私は日米の植民地下にある琉球の人間として、『ルーズベルトの責任』を読んだ。ルーズベルトの戦争と琉球とはどのような関係を結ぶのだろうか。大西洋憲章の中には次のような項目がある。①両国は領土その他の拡大を求めない、②両国は関係するすべての人々が自由に表明する希望に適わない領土的な変更を望まない。③両国はすべての人々に対して自らがどのような形態の政府のもとで暮らしたいかを選ぶ権利を尊重する。また、人々から強制的に奪われた主権と自治が回復されることを望む(一七三頁)。しかし、戦後、琉球は日本から切り離され、米軍の統治下におかれた。一九五三年に奄美諸島、一九七二年に沖縄・宮古・八重山諸島がそれぞれ日本に「復帰」したが、沖縄諸島には今でも広大な米軍基地が残り、米兵の特権を許す日米地位協定が適用され、琉球人の生命と生活が大きく侵害されたままである。米国は自らがつくった大西洋憲章に違反している。

真珠湾攻撃の日である一九四一年十二月七日は、米国では「屈辱の日」と呼ばれている。同じく、サンフランシスコ講和条約が発効した一九五二年四月二十八日を、琉球人は「屈辱の日」と名付けた。同じ「屈辱の日」でも大きく違う。前者はルーズベルトの計略により米国民に屈辱感を与えて戦闘意欲を掻き立てるための言葉である。後者は琉球人の反対にもかかわらず日本政府が自らの独立と引き換えに琉球を切り捨て、米軍統治下においた日であり、琉球人の主権が踏みにじられた怒りの言葉である。

なぜ琉球の米軍基地は無くならないのであろうか。ルーズベルトは一九四一年七月、戦争を次のようにとらえていた。「今日の攻撃というものはまったく異質なものなのです。今日の攻撃というものはどこかの基地が一カ所でも占領され、そこからわが国の安全保障が脅かされるような事態が起こると同時に始まっているものなのです。そうした基地はわが国の海岸から何千マイルも離れたところにあるかもしれません。アメリカ政府は必然的にこの半球に対する攻撃の脅威が、それがどんなものであれ、どの時点で始まったのかを判断し、その時点に達したときには政府は断固として防御をしなければなりません」(一九七頁)。

米国の都合によって世界のどこでも米軍基地になりうるという帝国の思想である。琉球も太平洋戦争時から米国の安全保障にとって重要な場所として認識され、広大な基地が設置された。一九四一年における米国にとっての「攻撃」の意味は現在も変わらない。世界中どこでも米国が戦争し、占領する権利を持っているという自己中心的な考え方である。「偉大な自由民主主義国家」を守る場所として琉球が米国によって認識されたがゆえに、琉球人は七〇年近く、不自由で非民主主義的な状況におかれ続けたのである。

ビーアドは次のように述べている。「合衆国大統領は、権力を不当に自分自身のものとした極めつけの行為として、上院の同意なしに、合衆国に『世界の警察官』としての義務を、少なくとも一定の期間負わせるような約束を外国政府の首脳に対してしてもよいことになる。これは取り締まられる側の政府や人々から見れば、世界を支配することだ」(七六四頁)。真珠湾攻撃から大統領の暴走が始まり、一方的に自らの価値基準を押し付け、それに従わないと攻撃を仕掛けるという米国の帝国主義が戦後、世界中に広がった。しかし、「合衆国政府が他の諸国の問題や関係に力を及ぼそうとしても、アメリカ大陸という本拠から離れれば離れるほど、効率は低下する。そして、政府がその力の限界を超えれば超えるほど、この国を大きな惨事に導く可能性が高まる——すなわちアメリカ陸軍、海軍、空軍の勝利できる圏内を越えた欧州やアジアにおける戦争での手ひどい敗北だ」(七七四頁)とビーアドが指摘するように、朝鮮半島の分裂、ベトナム戦争の敗北、イラクやアフガンの混乱と米軍撤退等、米国の戦争は分裂・敗北・混乱を地球上にまき散らしている。

ルーズベルトの戦争と日本の責任

ビーアドは米国人として、米政府、議会による公式資料を用いてルーズベルトの戦争の不当性を明らかにした。他方、日本政府は真珠湾攻撃に関して米政府や議会のような調査をしていない。ビーアドの本に対して日本政府は自らの見解を述べるべきである。そうしないと日本は敗戦から現在まで続く米国従属から脱することはできない。「辺野古新基地をつくれ」「オスプレイを配備しろ」「在沖米軍基地を日本の予算で維持しろ」「日米地位協定を変えるな」と米政府から命令され、日本政府は奴隷のようにその言いなりになってきた。そして日本は米国従属の負担を琉球に集中させることができた。なぜなら琉球は、米国とともに、日本の植民地であるからだ。

日本人は『ルーズベルトの責任』を読んで、どのような自立的な行動をするのかが問われている。日本政府は米国に正式に謝罪を求めるのか。国家ぐるみで日本を欺き、戦争に引き込んだことに対する謝罪である。広島・長崎への原爆投下の是非について、米国民を対象にした二〇〇九年の世論調査によると全体の約六割が「正しかった」と回答した。しかし誰が戦争を始めたのか、無垢の民衆を大量に殺戮したことを考えれば、原爆投下を正当化することはできない。また沖縄戦、米軍占領を米国人が正当化しているからこそ、琉球から基地がなくならないのである。

米国民の大半は、現在もルーズベルトによるマインドコントロール下にある。一般住民を大量に殺害する原爆投下を正当化する国民が過半数もいる国と、日本が同盟・友好関係にあること自体が欺瞞である。

太平洋戦争の原点を検証し、米国、ルーズベルトの不正義を追及するという当然のことをしないままで日本人、日本は現在までできた。それが今日の「沖縄問題」の解決をも困難にしている。サンフランシスコ講和条約で、日本は琉球を切り捨てて一応、独立を果たした。しかし、ルーズベルトの責任とともに日本の責任を、日本人、日本政府が自らの問題として真剣に引き受けない限り、名実ともに日本は独立したとはいえない。

ふたつの民主主義

小倉紀蔵

腐敗と大義

偉大な思想家というものは、いちど時代に見放されても、いつか再び必ず見直されるものである。ビーアドもその典型かもしれない。イラク戦争以後の米国において、ビーアドをひそかに見直している人の数は、われわれが想像する以上に多いにちがいない。

浩瀚な本書『ルーズベルトの責任』における叙述を一気に縮めてひとことでいってしまえば、「大義的国家は必ず腐敗する」ということではないだろうか。もう少し正確にいえば、「民主主義が大義を標榜すれば腐敗する」ということだろう（大義を道義といってもよいが、ビーアドは自らの立場に関しても道義という場合があるので区別するために大義といっておく）。

どういうことか。ビーアドの叙述に、私のかなり自己流の解釈も交えて再構築すると、次のようになる。

ルーズベルトが一九四〇年の大統領選挙で中立・平和・反戦の公約を掲げて勝利したことからビーアドは本書の叙述を始める。正しい民主主義を実践するなら、ルーズベルトはこの公約を貫徹すべきだった。あるいは状況の変化によって公約を放棄せざるをえなくなった経緯を国民に逐一説明してから、方針を変えるべきだった。しかし大統領はそうしなかった。日本との関係は友好的であると米国民に最後までいいつのった（二五三頁）。だが実際は、日本から先に米国を攻撃させるよう仕向けていた（第九章、第一一章、第一七章）。そして日本が最初に攻撃することを予期していた（第一〇章、第一二章）。実際、日本はその通りにした。真珠湾攻撃の報を聞いた彼は安堵し、米英の「共通の大義」のためにチャーチルと乾杯した（七三一―七三四頁）。この一連の過程は、大統領による米国民に対する欺きである。つまり、ルーズベルトの戦時内閣は腐敗していた。

腐敗はなぜ生じるのか。大義を追求するからである。なぜなら大義を実現するためには、国民がしたくないことをしなくてはならない。それは遠い場所での戦争参加だったり、非民主的な国家への民主主義の教化だったりするだろう。それはそもそも無理なことだし、米国が「道義的リーダーシップ」（七七六頁）を発揮して遠い国や場所にまで行きそのような行為をすることは、結果的に世界中に米国への恨みや憎悪を撒き散らすことなのだ（七七二―七七九頁）。

米国民も、根本的にはそのようなことを望んではいない。自国の若者を外国で死なすことを、望んではいないのだ。しかし大義を実現させるという当為がある。この当為を、国民の意思に反して貫徹するためには、必ず情報を操作しなくてはならない。情報を隠匿したり効果的に使ったりしなくてはならない。ときには陰謀を企まなくてはならないかもしれない。このようなことは、権力の腐敗そのものなのであり、憲法を否定することなのだ（七六二

―七六五頁）。

しかし米国には、ふたつの理想がある。ひとつは、憲法を遵守して公正な民主主義を貫徹することであり、もうひとつは自由や民主主義という理想・大義を守り、広めることである。後者を選択すれば前者は危機に陥る。一九四〇年から翌年にかけてルーズベルトが行ったのは、まさにそういうことなのである。

大義とは何か。最も重要なのは、侵略や圧政などに抵抗することである。ドイツと日本による侵略戦争という行為には、道義的に対抗しなくてはならない。しかし、そのためには自由や民主主義という理想が必要だし、イギリスとの結束という連帯感が必要だし、何よりも自らを戦争に趨かせるための気分の高揚が必要である。そしてそのためには情報操作が必要なのだ。だから必然的に権力は嘘をつき、腐敗することになる。ルーズベルトは自由と民主主義のために嘘をつき、イギリスとの結束のために嘘をつき、米国民の気分高揚のために嘘をついた。つまり、大義を前面に打ち出す権力は必然的に独裁・専制に近づくのである。いいかえれば、米国の憲法を否定することになる。ビーアドがもっとも危惧し嫌悪したのは、このことなのだ。

右のような大義にもとづく理想主義的民主主義を、ここで「大義的民主主義」と命名しておくことにしよう。ビーアドのもうひとつの指摘は、米国の、あるいはルーズベルトの「大義的民主主義」の背景には、中国の門戸開放と市場の獲得という経済的利益の追求があるということだ（三二四頁）。このように、理想の背景には実は経済的利益の問題があるのだという世界観は、ビーアドが米国憲法を分析した一九一三年の著作以来の基本的視角である。

ビーアドの考える民主主義

さてそれでは、「大義的民主主義」ではない路線を、ビーアドはどのように提示するのだろうか。それを今、「孤立的民主主義」とでも命名してみたいと思う。「大義的民主主義」が対抗する相手は侵略と圧政であるが、「孤立的民主主義」が対抗する相手は独裁と専制である。すでに見た通り、「大義的民主主義」が国民を騙すことによって腐敗し独裁化への道を歩むのに対して、「孤立的民主主義」は情報の徹底した開示とそれへの自由な接近、そして何よりも手続きの公正さを最重要と考える。この点をないがしろにすれば、権力は自分の思うがままに公約と異なることを実行し、国民を意のままに操ろうとするようになるのである。だから重要なのは連帯意識や理想的気分や大義への同化なのではない。どんな局面に立っても、つねに権力をチェックし、すべての情報を公開させ、国民を他国の戦争に参加させずにその生命と安全を守ることなのである。

しかしこの路線に対しては、いくつかの疑問も呈しうる。手続きの公正さと大義への同化というふたつの選択肢のうち、つねに前者のみを選択するのがビーアドの立場であるのかについてが、いまだに曖昧であるように思える。つまりそれは優先順位の問題なのか、それとも孤立主義という立場の死守であるのか、という問題である。別のい い方をすれば、徹底した情報開示とそれへの自由な接近を経て、国民的議論を尽くして議会での手続きも公正に済ませた末に大義への参加を選んだ場合、ビーアドはこれに賛同するのか、ということである。

しかし現実的には、そのような疑問は意味のないことなのかもしれない。なぜならビーアドの立場では、国際関係にまつわる政治的決定のすべてを白日の下に晒しつつ進行せよというのだから、事実上、国際関係から離脱せよといっているに等しいのである。というのは、地球上に存在するどの国家も、すべてを民主主義的な意味で公に晒しつつ国際関係を進行させてしまう他の国家とは、関係を結びたくないにちがいないからだ。米国が孤立主義を宣言しなくても、米国はその民主主義の徹底によって自然に孤立することになるだろう。民主主義の徹底という意味で理想主義的であり、同時に陰鬱な国際関係からも離脱できるのだから、ビーアドの戦略は完璧であるように思える。

「大義」の道を採れなかった戦後日本

さて、以上のように整理してみると、東アジアの国際関係に関してもこれまでとは異なる視点で分析することができるようになる。残されたスペースで、そのことを少し考えてみたい。

右に述べた「大義的民主主義」と「孤立的民主主義」という類型でいえば、戦後の日本はあきらかに後者であり、韓国と北朝鮮は前者なのである。それはなぜか。

北朝鮮が民主主義国家であるか否かに関しては大いに議論の余地があるが、少なくとも北朝鮮の自己規定によれば、この国家の名称は「朝鮮民主主義人民共和国」なのであるから、あきらかに民主主義国なのだ。このことの理解しがたさは、右の民主主義の二類型論によって解消されるかもしれない。すなわち、北朝鮮は「大義的民主主義」の国なのだと考えれば、少しはわかりやすくなるかもしれない。この国家の建国の理念は「抗日」である。日本帝国主義に抵抗してそれを打倒し、自主的な独立を達成し、あらゆる帝国主義的・資本主義的策動に対抗する社会主義国家を建設している。これこそ、究極の理想主義的大義国家なのである。米国・日本・韓国（南朝鮮）という侵略主義的な勢力に囲まれた北朝鮮は、大義で自らを武装するしかない。したがって北朝鮮が民主主義を標榜していることは、ビーアド式にいえば、民主主義が大義主義と合体することによって独裁になるというパターンの究極の終点の姿を示しているということができるであろう。これは独裁だが括弧つきの「民主主義」なのである（ただし北朝鮮は米国とは異なり、歴史上一度も実質的な民主主義体制であったことはないから、大義によって民主主義が独裁化したという方向性で語ることはできない）。

韓国もまた、日本からの独立と反共という理想を掲げた「大義的民主主義」国家であった。だから朴正熙大統領は独裁体制を敷くことができたのである。その後、反共という大義が退潮していくのと並行して民主化が進行した。

戦後日本は「大義」の道を採らなかった。より正確にいえば、採りえなかったのである。戦後の日本に大義を掲げることのできる理由は存在しなかったからである。戦後リベラルという陣営は、何を勘違いしたのか、日本国憲法的民主主義に関してきわめて理想主義的な気分を高揚させつづけた。しかしそれは日本国内でだけ通用する態度なのであって、戦前の侵略行為をなんら清算していない日本国が、対外的にも「理想」や「大義」を標榜できる理由はひとかけらも存在しなかったのである。たとえヒロシマ・ナガサキを根拠に「平和」や「反核」などといった理想や大義を唱えてみても、その声は東アジアには一切届かなかった。

そのかわりに採りえた唯一の路線は、「孤立的民主主義」であった。つまり手続きの公正さに依拠して独裁や専制を防ぐという路線であった。大義は放棄し、ひたすら自国民の生命と安全を保全した。

しかしこれはいってみれば、「強制された孤立主義」といってもよい。日本が戦前の侵略行為を清算しなかったという条件が「強制」させているわけであるが、それにしても戦後日本が自ら選び取った路線ではない。そしてこのことに異を唱えて、あるいは業を煮やして日本を再び「大義」路線へと変更させようという勢力が擡頭してくる。「価値観外交」を唱えた安倍政権などがその典型であろう。しかし「孤立から大義へ」という路線変更の前提条件である「過去の清算」を無視している点が、このような右派の最大の弱点なのである。

古武士ビーアド

新保祐司

アメリカによる「嗜虐的な締めあげ」

ルーズベルトが真珠湾攻撃を事前に知っていたという説は大分前に聞いたように思うが、このビーアドの『ルーズベルトの責任』を読んで、その真珠湾への奇襲をルーズベルトがアメリカの参戦に利用したというのは真実だと確信した。

第一七章「日本が最初に発砲するよう導く」は、エピローグの前の結論的部分だが、ビーアドの実証的な論述によって、まさにこの真実が暴露されている。この歴史的な真実が、ビーアドという歴史学者として一流の評価を得ているアメリカ人によって明らかにされたことの意味は大きい。それにしても、このような真実を記している本書『ルーズベルトの責任』が、今日まで一般に知られず、翻訳もなされなかった方が不思議である。

いや、不思議でもなんでもないのかもしれない。「悪しき侵略国家である日本が太平洋戦争を起こした」という東京裁判史観に閉じ込められてきた（あるいは、自ら快く閉じこもってきた）日本人の惰眠的平和の維持のためには、その方がいいからである。

ビーアドのこの本が、東日本大震災後の今日、戦後六十余年にわたる「戦後民主主義」の虚妄を根源的に振り返らなければならないときに、翻訳され刊行されたことの意義は大変大きいと私は思う。この意義を認めるか、たいしたことでもないとして黙殺するかは、個々の日本人が戦後の日本に対してどのように立ち向かうかという意識の試金石であろう。

このビーアドの実証が、日本人の多くに本書『ルーズベルトの責任』を通して知られることは、今年、都立高校の教材にマッカーサー証言が記載されたことと同じような意味で、大東亜戦争の歴史的意義についての正しい理解へと日本人を導くであろう。周知のようにマッカーサーは戦後のアメリカ議会において「彼らが戦争に駆り立てられた動機は、大部分が安全保障の必要に迫られてのことだった。」と述べた。自衛のためということである。

それにしても、本書を読みながら感じたことの一つは、大統領ルーズベルトという政治家がやはり実に端倪すべからざる人物であるということであった。英首相のチャーチルもルーズベルトと同じく傑物に違いない。日本は、確かに手強い相手と戦ったものだと思わざるを得なかった。

司馬遼太郎の『坂の上の雲』の中に、日露戦争の開戦に至る日露の交渉について「後世という、事が冷却してしまった時点でみてなお、ロシアの態度には、弁護すべきところがまったくない。ロシアは日本を意識的に死に追いつめていた。日本を窮鼠にした。死力をふるって猫を噛むしか手がなかったであろう。」と書かれている。そして、司馬は「余談」として「太平洋戦争の開戦」について、次のように書いている。

筆者は太平洋戦争の開戦にいたる日本の政治的指導層の愚劣さをいささかもゆるす気になれないのだが、それにしても東京裁判においてインド代表の判事パル氏がいったように、アメリカ人があそこまで日本を締めあげ、窮地においこんでしまえば、武器なき小国といえども起ちあがったであろうといった言葉は、歴史に対するふかい英智と洞察力がこめられているとおもっている。アメリカのこの時期のむごさは、たとえば相手が日本でなく、ヨーロッパのどこかの白人国であったとすれば、その外交政略はたとえおなじでも、嗜虐《サディスティック》的なにおいだけはなかったにちがいない。文明社会に頭をもたげてきた黄色人種たちの小面憎さというものは、白人国家の側からみなければわからないものであるにちがいない。

本書に詳細に描かれた「日本が最初に発砲するよう導く」陰謀には、確かに「嗜虐的なにおい」がするのである。戦後のアメリカの嗜虐的な「締め上げ」は、もっとソフィスティケートされたものとなり、日本人を「アメリカニズム」に快く安住して、「起ちあがる」気力も失せさせてしまったようである。嗜虐的な扱いに慣れて、かえって自虐史観などという被虐《マゾヒスティック》的な通念の中に何か知的良心めいたものを感じていたいと思うほどに退廃してしまっている。

ビーアドの中に流れるクエーカーの血

それにしても、戦後直ぐにこのような著作を世論に抗して発表したビーアドという人物に興味を持った。そこで、今号に再録される「ビーアド博士をしのびて」という座談会のコピーを編集部から送ってもらって読んだ（本書「〈座談会〉人／学風／業績」（一九頁〜））。この座談会は、昭和三十三（一九五八）年に行われたもので、出席者は、蠟山政道、高木八尺、鶴見祐輔、松本重治、前田多門（司会）である。私がこの座談会を読んでみたいと思ったのは、出席者の顔ぶれによる。『別冊・環18　内村鑑三　1861-1930』の一六八頁に載っている写真は有名なもので、この中に鶴見祐輔、高木八尺、前田多門の三人が入っているからである。この写真は、内村鑑三と柏会のメンバーの集合写真で、当時の一高生で内村のところに聖書を学びに行っていた顔ぶれである。この三人の他に、黒崎幸吉、塚本虎二、森戸辰男、三谷隆正、藤井武、岩永祐吉などが写っている。

五人の出席者のうち、三人が内村鑑三の弟子（鶴見祐輔のように短期間であったにせよ）であったことは、ビーアドという歴史学者の知的環境を考える上で、何か示唆的なものがあるように思われる。また、戦前から戦後初期までの

内村鑑三と柏会のメンバー

後列＝左より、樋口実、金井清、黒崎幸吉、塚本虎二、膳桂之助、不明、高木八尺、黒木三次
中央列＝左より、川西実三、沢田廉三、森戸辰男、三谷隆正、鶴見祐輔、藤井武、椎津盛一
前列＝左より、笠間杲雄、石川鐵雄、前田多門、内村鑑三、岩永祐吉、三辺金蔵、武富時敏
（政池仁『内村鑑三伝』教文館より）

日本の知的エリートについても、それは重要なことを示唆しているのではないか。

それはさておき、この座談会の中の、「三　人間としての博士」のところで、高木八尺と前田多門の間に次ぎのようなやりとり（これが、蠟山政道、松本重治、鶴見祐輔の発言でないことに注意してもらいたいのだが）がある（本書三八―三九頁）。

高木　終りに、ただ一つ、申し上げたいと思いますことは、一九四九年ビーアドさんがなくなってから、まだ一年たちませんころに、ニュー・ミルフォードにまいりまして、幸いに未亡人と親しくお目にかかって、たしか一晩、あの後藤伯の掛軸のある二階の客間でおくらせていただいてお話を伺ったことがあります。そのときいろいろ質問をもっておりましたけれども、もう先生のおられない書斎の前のベランダで、ずっと広々としたコネティカットの流域をみわたしてお話をしましたあいだに、どうしてビーアドさんがあんなに人間としての強さを持っておられたのだろうか、ということをおたずねしました。メアリー夫人がそれに対する答えは、おそらく先祖のなかにあるクエーカーの血ではないかといわれたのに、深い感銘を受けました。

前田　ビーアドさんご自身もそういうことをちょっといわれたことがありますね。「自分は宗教を信じない、キリスト教を信じないが、おれの血にはクエーカーの血がある」と。

高木　クエーカーの影響があったと思うと、夫人の私の質問に対する答えはそういうことでありました。一九三三年にビーアドさんが、アメリカの歴史学会の会長としての演説に、「ヒストリアンとして、歴史を書くことは一つの信念の行為である」—Written History as an Act of Faith—との主張をしました。歴史を書く以上は、社会的諸力を自己の価値観によって評量し、一つの決意をもって歴史の事実の選択と記述をしなければならない、というような趣意でありました。いろいろのことを考え合せまして、そのビーアド邸の一夕のことは、非常に印象深く頭に残っております。（中略）

前田　思い出しますのは、後藤伯がビーアドさんについて、あの人はちょっと古武士の風格があるということをいった。古武士という言葉がすっかりあたっておるかどうかわからんが、そういう素朴ないいあらわしのなかに含まれて、ビーアドのパーソナリティの面目躍如たるものがある。

ビーアドの「おれの血にはクエーカーの血がある」という言葉は、恐らくビーアドという人間の最も深い核心を示している。後藤新平と親しかった新渡戸稲造も「クエーカー」であった。その新渡戸は英文で『武士道』を書いた。そして、後藤はビーアドについて「古武士」の風格があるといった。後藤の人間理解の深さ、畏るべし、である。晩年の内村鑑三は、日本人の理想的姿として「古武士」を挙げた。そして、内村自身、「古武士」のような人間であった。クエーカーの血と古武士というものが響きあっている。その響きの中に、ビーアド、新渡戸稲造、後藤新平、内村鑑三がいる。ここに、近代のアメリカと日本において「人間としての強さ」を持った人々がいるのである。そして、高木八尺、前田多門という内村の弟子は、ビーアドの人間の核心を理解する精神を持っていたのである。「クエーカーの血」というものの意味が分かったのである。ここに戦前から戦後初期までの日本の知的エリートの質の高さがあった。今日の、キリスト教、あるいは宗教について音痴な日本人は、人間の歴史について深く正しい把握をすることができないのである。

この座談会の最後の方で、鶴見祐輔と前田多門の次のようなやりとりがあって、これは本書の誤読を避けるために重要な発言だと思う。

鶴見　ところが、ルーズベルトの開戦論を書くときには、日本をほめておるように見える。日本人は、ビーアドさんは日本人びいきのようにいっておるが、そうなのではない。

前田　そういう意味においては、日本びいきでなかったですね。

一九二二年からビーアドを知っていた鶴見とか、東京市政でビーアドとも縁の深かった前田が、ビーアドは「日本びいき」ではなかったといっているのである。そもそも本書は、高木八尺がいっているように「外交政策決定権と大統領の和戦の権限に関する政治機構論としての国民への警告である点で、高く評価さるべきビーアドの一大労作」に他ならない。そういう意味で本書は、まさに「信念の行為」であって、大東亜戦争の開戦の原因を「日本びいき」的に日本のためにいってくれているかのような誤読は、ビーアドの真意に全く反するものであることは肝に銘ずるべきである。

大衆へのデマゴギーとマヌーヴァ

西部 邁

新興宗教と技術狂の国家アメリカ

もう三五年も前のことになる。私はカリフォルニアのバークレイ市にいて、かなり頻繁に、暇つぶしをかねて御粗末な社交パーティを開いていた。一度、三十歳かそこらのアメリカ人の助教授がやってきて、経済学が専門のせいか、好人物とみえたが世間知には疎い様子であった。その彼が、深更に及んで、あの大東亜（元へ、太平洋）戦争のことを話題にした。私が「真珠湾事件はルーズベルト大統領の策謀に日本が乗せられただけのこと」といったら、彼は「本当にそう思うか。自分もそういう話を耳にしたことがある」といって（興味深げというよりも）訝《いぶか》しげな顔をしたのである。そのとき、たしか、ビーアドの名前が彼の口から出たように思う。本書『ルーズベルトの責任』を読んでいるうち、そのことをおぼろげに思い出した。

思い出せないのは、私の「真珠湾」にたいする見方が、いつどのようにして形成されたかということだ。いつとはなしに、アメリカは（普遍的と称する理念によって創られた実験国家の必然として）戦争愛好国家であるとみなすようになっていた、それが私の場合である。日本人移民にたいする排斥のことやハル・ノートによる最後通告のことを知ればなおさらだ。世間話の水準に身をおくかぎりでは、リメンバー・「リメンバー・パールハーバー」つまり、「アメリカが〝真珠湾を忘れるな〟という話を捏造したことを、日本人よ、思い起こせ」と喋っていればよかったのである。

親米クソクラエ、嫌米バンザイ、と叫びたくてこんなことをいうのではない。どだい、恋人でないのはむろんのこと、しょせん「見知らぬ国」の一つであるにすぎないのに、「親」だ「嫌」だと騒ぐほうがどうかしている。さらに、あの時代の世界史の段階はまぎれもなき帝国主義の最高潮ということであった。だから、国家の振る舞いにデジュレ（法律としての）の次元でのみ、言い換えるとルールだけで、判断を下すのは児戯に類する。デファクト（事実としての）のパワーが否応もなくふるわれるのが、そういう時代の国内外における統治というものなのだ。アメリカの対日政策も、遅くみても一九〇五年の「オレンジ計画」以来、そうした「パワーへの志向」をむくつけくみせつけている。

だから私は、あの原爆投下を含めての「大空襲」やアメリカの占領統治に、一つに黄色人種への差別観と、二つに軍略という名の技術システムにかんする異様な好奇心とがあったのは当然のことと受けとめていた。というのも、シュペングラーの「文明の没落」という歴史観にいつのまにか馴染んでいて、文明の冬期に流行るのは「新興宗教への異常な興味」と「技術への異様な関心」である、と考えていたからだ。要するに、私にとって、アメリカン・デモクラシーは新興宗教とみえ、その軍事力もテクノマニアック（技術狂）の精華と思われていたのである。

日本とて、当時も今も、アメリカのと本質的に変わらぬモダニズムの道を、つまりモデル（模型）がモード（流行）となる文明の路線を疾走している、ということもできる。したがって私が反米的と聞こえる言辞を吐くときには、いつも、丹念に、私が反吐《へど》をはくくらいに嫌悪しているのは（アメリカそのものではなく）アメリカに擦り寄る日本人なのだ、と断り書きを入れてきた。「アングロサクソン嫌いのアメリカ人」の代表ともいうべきヴェブレンに擬して「戦後日本嫌いの日本人」として私が名乗りを上げるのは――彼が変人奇人の代表でもあるからしていささか業腹であるのだが――まあ、やむをえぬ仕儀なのである。

デモクラシーの外観をまとった帝国主義

本書においてビーアドは「ルーズベルトがアメリカの立憲制を巧みに突き崩した」過程を克明が上にも克明に、つまり議会議事録や書物や新聞記事などにかんする厖大にして微細な検証を経て、描き出している。大統領とチャーチル首相との大西洋会議に始まりハル国務長官の対日最後通告に至る（対欧と対日の）二正面外交は、畢竟《ひっきょう》するに、スティムソン陸軍長官の次のような発言に要約される類のものであった。

> 日本に最初に発砲するのを許すことにリスクがあるとはいえ、アメリカ国民の全面的な支持を得るには、誰の目にもどちらが侵略者なのか疑いの余地を残さずはっきりさせるために、それをするのが間違いなく日本であるようにするのが望ましいことにわれわれは気が付いた。

このアメリカの仕掛けた罠に日本が飛び込んでいったことを愚かと非難する者が我が国にはたくさんいる。対日石油禁輸を含む経済制裁の包囲網を仕組まれた上に、自分ら（欧米）の植民地のことを棚に上げて日本軍にアジアからの撤退を（軍事的制裁という名の侵略の恫喝を伴う形で）要求する、それがいわゆるハル・ノートである。

それを含む屈辱になぜ堪えてみせなかったのか、と指弾する生存者や後生（とくに歴史家たち）がいる。しかし彼らは、人間のセンス（感覚と知覚）は、具体的な姿形をとるとき、状況に依存するという真実を見落としている。その歴史的状況にいない者が外から状況を裁断する、という傲岸《ごうがん》の罪を犯している。「座して死を待つなり屈従に甘んじるなりする」のを、つまり強者による弱者へのパクス（平定）をピース（平和）と呼んで歓迎するのを、拒否する指導者がいるものなのである。というより、ヒストリー（歴史）が史《ふみ》で歴《あらわ》すに値するほどのストーリー（物語）

になりうるのは、そういう指導者の墓碑銘が過去の墓場に並んでいるからなのだ。
ビーアドがいうように、ハル・ノートは「古い帝国主義の考えを新しい装いの言葉で記したもの」にすぎない。一九〇五年に始まったアメリカの対日侵略のための「オレンジ・プラン」は、一九二〇年代から三〇年代にかけて、アメリカの関心が欧州事情に向いたことなどのせいで、一度は墓に入りかけていた。そのゾンビを甦らせた張本人はルーズベルトである。そして彼がそうできたのは、立憲民主制という社会正義はアメリカの手中にある、と(理想主義者よろしく)軽率に信じ込んでいたからにほかならない。ビーアドは、ルーズベルトがその理想を手玉にとって放り投げたことを批判しているが、「ユートピアはディストピア(逆ユートピア)に陥る」というジョージ・オーウェルの予告の通りに、この大統領は「立憲制を世界に押しつけるためにみずからの立憲制を愚弄する」のやむなきに至ったのである。

アメリカの立憲制、それ自体が実験国家における観念の玩具にすぎない。アメリカは、少なくとも十九世紀初頭の(アンドリュウ・ジャクソン大統領の率いた)ジャクソニアン・デモクラシー以来、マスソサイアティ(大衆社会)である。「単純モデルの大量モード」に酔うアメリカの大衆社会としての本質にかぶせられた偽装がその立憲制だ。アメリカン・フリーダムもアメリカン・デモクラシーも、一九二九年の大恐慌勃発の半年前に亡くなったヴェブレンがもし生き返ったなら、観念のコンスピキュアス・コンサムプション(衒示的消費)と名づけるに相違ない、それこそ(本書の概念枠組でいうと)アピアランスつまり「外観」である。そのリアリティ(実態)は、自国の恣意を他国に押しつけるのに痛痒《つうよう》を感じないというごく平凡な意味での、帝国主義でありつづけている。

トクヴィルは、ジャクソニアン・デモクラシーを目の当たりにして、アメリカの未来に一縷の希望があるとしたら、「宗教家の正義心」と「法律家の公正心」が、その観念のプリテンション(見せびらかし)を掣肘してくれる場合だといった。しかし、今のアメリカをホワイトハウスに至るまで壟断《ろうだん》しているのは、テレヴァンジェリスト

（TVで宗教的宣伝を逞しくする福音派）の熱狂と、金銭への貪欲にかられて黒を白といいくるめる三百代言の横行とである。「上流社会から出て、弁護士を径由し、ニューディールの福音と真珠湾への報復とを唱導した、傑出したデマゴーグ（大衆煽動家）であり優秀なマヌーヴァラー（策略家）」、それがあるべきルーズベルト像ではないのか。そのことを尽きせぬ資料で跡づけていくビーアドという歴史家の限りなき努力に私は敬服する。私にそうした気力や能力の一片でもあれば、あのバークレイにおける下流パーティでの会話をもう少し盛り上げることができたのに、と少し残念を覚えもする。

昭和の日本外交の拙劣さ

榊原英資

I

一九五八年から五カ年、筆者はアメリカン・フィールド・サービスという奨学金を得て、一年間アメリカの高校に留学をした。ペンシルバニア州のヨーク市、人口八万程度の小都市のエンジニア、ジェームス・アンダーソン宅にホームステイし、公立のヨーク高校へ一年間通ったのだった。その高校のアメリカ史の教師がなかなかのインテリで、授業の時、町で唯一の日本人である筆者に対して、「榊原、真珠湾攻撃をルーズベルト大統領が知っていたという説があるが、君はどう思うか」と聞いてきたことがあった。当時の日本の歴史教育は、第二次世界大戦は軍部等の独走によってもたらされた日本の政策的過ちの結果だというものだったから、筆者にはその問いに答える準備が全くなかった。第一、高校生であった筆者はそうした学説があるということすら知らなかった。Ch・A・ビーアドが『ルーズベルトの責任』の英語版をエール大学出版から出したのは一九四八年だから、このヨーク高校のアメリカ史の教師は、もしかすると、ビーアドを読んでいたのかもしれない。

いずれにせよ、一部だとはいえアメリカの知識層が『ルーズベルトの責任』、あるいは、アメリカの責任に言及しているのに、日本のインテリ達のほとんどが一〇〇パーセント日本に問題があったとしているのは奇妙な構図だった。最近でこそ様々な論議がなされるようになったが、一九五〇年代・六〇年代は第二次世界大戦については一方的な日本の過ちであるというういわゆる東京裁判史観が圧倒的主流派だったのだ。東京裁判で文官で唯一絞首刑となった広田弘毅について、筆者の父は筆者には「あれは不当だ」と幾度となく述べていたが、当時、芦田均総理の秘書官をしていた父は公にそうした発言をすることはなかった。なかったと言うより出来なかったということなのだろうが……。

Ⅱ

ビーアドの著作が興味深いのはルーズベルトが「日本に最初に発砲させるよう導いた」という主張だ。ルーズベルト大統領は個人的声明でも「アメリカは国民を外国の戦争に派遣することはない」と明言していたという。そして、彼はその後も「アメリカの平和と不戦の誓い」を度々、繰り返し、参戦するまでの間一回もこれを改めたり撤回したりして、国民に参戦が必要だと説明することはなかったという。つまり、ルーズベルトは参戦するためには、日本の奇襲が必要だったというのだ。

ビーアドによれば、当初大統領はドイツを挑発してドイツにアメリカを攻撃させようとしたという。大統領は独断で、密かにアメリカからの支援物資をイギリスに運ぶ際、海軍艦艇を護衛隊として活用し、彼等にドイツの潜水艦を攻撃させたというのだ。これは明らかに戦争行為だったが、ナチス・ドイツはこの挑発に乗らなかったという。ドイツとしても戦線を拡大し、アメリカと戦うことを望まなかったのだ。

そこでルーズベルトが目を付けたのが、ドイツと三国同盟を結んでいる日本だったというのだ。日本をまず経済制裁によって「締め上げ」て、挑発し、日本に「先に一撃を撃たせよう」としたのだった。これによってアメリカのヨーロッパ戦線への参戦の大義名分を得ようとしたのだというのだ。アメリカは宣戦布告はしなかったものの、在米日本資産の凍結、全面禁輸、近衛文麿首相からの太平洋会談提案の拒否、ハル・ノート（対日要求の覚書）の手交など対日強硬策を次々と打っていった。特に中国からの全面撤退を求めていたハル・ノートは当時の日本にとっては全く受け入れがたい要求だったのだ。

ビーアドによると、ハル・ノートは一九〇〇年以来、アメリカのとったいかなる対日外交手段に比べても先例をみないほど強硬な要求であり、日本が到底これを受け入れられないことを見越していたという。つまり、この時点でルーズベルトは戦争に向かう道を決定していたのだった。

米国海軍情報部は既に日本側の暗号電報を解読しており、それをベースに解析してゆくと、戦争が差し迫っていることははっきり読み取れたという。そして、ルーズベルトにとっての最大の課題はあくまで「アメリカに甚大な危険を招くことなく、いかにして日本が最初に発砲するように導くか」だったというのだ。

日本の連合艦隊機動部隊は十一月二十六日、択捉島の集結地を離れて順調にハワイに向けて進んでいた。アメリカ側は暗号解読等によって日本側の攻撃目標が真珠湾である公算が大きいことを承知していたし、又、オーストラリア政府からも、日本の機動部隊がハワイに向かって着々と進んでいるとの情報が寄せられていた。

つまり、一九五八〜五九年、ヨーク高校のアメリカ史の教師が筆者に語ったように、ルーズベルト大統領は事前に日本の真珠湾攻撃を知っていたというのだ。日本政府はこれを知らなかった。真珠湾攻撃は一応成功したとされているが、そこに日本側が想定し、最大の攻撃目標とした機動部隊はいなかったのだ。いくつかの戦艦や巡洋艦を撃沈・大破し、攻撃は大成功だったと日本で報道されたし、アメリカも、又、甚大な被害をこうむったとしたのだが、アメリカ海軍の主力は温存されたのだった。

Ⅲ

ルーズベルトが事前に真珠湾攻撃を知っていたというビーアドの立場はむしろ少数派だという。いわゆる「正統派」、「東京裁判史観」を有する人達は、真珠湾攻撃はアメリカ国民にとって、そして、ルーズベルト大統領にとっても奇襲攻撃だとしている。その理由はおおよそ以下の通りであるという。当時の軍事的常識からすれば、日本の戦争目的はアメリカの禁輸措置に対抗するために石油などの南方資源を確保することにあり、アメリカに奇襲攻撃をかけるにしても日本軍の南進戦略を妨げる位置にあるアメリカの植民地フィリピンに対してだと想定されていたというのだ。また真珠湾に向かった日本の連合艦隊機動部隊は厳密に無線封鎖を行っていたことに加えて、その他の海軍艦隊が全力をあげて偽装通信を頻繁に行ったりして、艦隊が南方に向かっているように装っていた。日本が使用していた暗号のうち海軍暗号は、一九四一年十二月の開戦時点では実質的には解読されていなかったとみられるという。真珠湾攻撃は日本海軍が極秘事項としていたため、日本の外務省すら内容を知らされておらず、解読済みの外務省暗号では開戦日時や攻撃場所等を察知することは出来なかったはずだというのだ。

ビーアドの説が正しいのか、「正統派」の解釈が適切なのか、決定的証拠はないといえるが、いくつかの傍証があることにはあるようだ。一つは、時のアメリカ国務長官、コーデル・ハルの『回想録』。この中で、ハルは一九四一年一月二十七日に東京の駐日米国公使のジョゼフ・グルーから「日本の軍部は日米間に事が起こった場合に真珠湾を奇襲する準備をしている」との情報を受けたため、陸・海軍両者に報告したという記述があるという。その情報には「わが友人の駐日グルー公使が当大使館員に語ったところによると、友人は、日本人を含む複数の情報源から、日本は万一、アメリカと戦争になった場合、全軍事力を使用して真珠湾に大攻撃を加える意図を持つことを聞いた」というものだったという。

又、最近の調査でも、オーストラリアがアメリカに日本海軍の攻撃を報告したという情報は確認されているという。アメリカの情報自由法（FOIA）によって、アメリカ人ジャーナリスト、ロバート・B・スティネットが情報公開を求めこれを確認したというのだ。しかも、アメリカ海軍情報部も日本海軍の暗号を解読し、日本の機動部隊の動きを察知していたことも確認されたのだった。

Ⅳ

第二次世界大戦に何故アメリカが参戦したのかについて、ビーアドもスティネットも異口同音にルーズベルトに責任があったとしているのだ。しかも、彼が国民に何の説明もせず「日本に最初に発砲させる」工作を秘密裏に行い、アメリカを戦争に導いたのだというのだ。スティネットはその当時の状況から、これはやむをえなかったとしているが、ビーアドは、ルーズベルトの行った外交は明らかに憲法違反であって、それはいかなる時にも許されるべきではないとルーズベルトを糾弾したのだった。

こうしたアメリカの事情を考えてみると、何故日本がアメリカのストラテジーに乗せられて戦争に踏み切ってしまったのか疑問を持たざるをえない。追い込まれたという側面があったことは否定できないが、いかにも外交が拙劣であったと思うのは筆者の偏見ではないであろう。明治時代、近代化の初期の段階にもかかわらず、日露戦争の終結のプロセス等を見ても、日本の外交はそこそこ有効に機能していた。それが昭和に入ってどうしてこんなに劣化してしまったのか、もう一度、改めて検証してみる必要があるのではないだろうか。

ビーアドはルーズベルトの狡猾な外交を批判して次のようにこの著作をしめくくっている。

「アメリカ共和国は、その歴史において、いま、合衆国大統領が公に事実を曲げて伝えておきながら、密かに外交政策を遂行し、外交を樹立し、戦争を開始する制約のない権力を有する、という理論に達した。

アメリカ合衆国憲法の父、ジェームズ・マディソンは百年以上前、アメリカの政治は一九三〇年ごろに試練の時を迎えるだろう、と予言した。

マディソンが予見した状況そのものではないものの、試練はまさに到来した――そしてわれわれの共和国をシーザーから守ってくれる神はいないのである。」

書かれた歴史の深層にあるもの

中馬清福

通説に挑戦した大著

戦争はどうして起きるのか――この問題は既に論じ尽くされた観があり、その分析や結論には学ぶべきことが多い。他方、そうした多くの文献を読みながら、しばしば隔靴掻痒の想いにとらわれるのはなぜだろう。
一般的にいって、開戦に至るまでに繰り返されたはずの戦争当事国間のやりとりや、それを受けて当事国政府の双方がいかなる具体的言動をとったか、部外者にはなかなか見えにくいからである。例えば、開戦を熱望する国の政府や軍部は、どのようにして自国の世論を開戦一色に仕立てあげていったか。逆に、開戦は時期尚早、時間稼ぎを、と判断した国の政府や軍部は、いかなる情報操作で世論の鎮静化を図ったか……。こうしたことを知るには、政府や軍部の動きだけでなく、世論に強い影響力を持つ新聞・雑誌・風説などにまで目配りする必要がある。

しかも、極秘のランクが高ければ高いほど、〝真相〟は担当者が自ら墓場まで持っていく（これを美談とする風潮もある）。仮に明らかになったとしても、時期はせいぜい戦後、それも相当な時間を経たあとである。さらに厄介なことに、ときとしてその〝真相〟自体に疑いの目を向けざるを得ない事態も発生する。戦争については、戦勝国・戦敗国双方に言い分があって当然だが、勝てば官軍、戦勝国の主張が正論とされ真相とみなされた事例も少なくない。そうした「戦争の虚実」を日本人に教えてくれたのが、太平洋戦争の敗戦とそれに伴う極東裁判だった。この国における敗戦直後の通説を簡単にいうならば、日本の横暴に対して米国は隠忍自重してきたが、「だまし討ちの」真珠湾攻撃に至ってついに堪忍袋の緒が切れた、との構図だった。

今回、原著発刊から七〇年近くたって初めて邦訳されたチャールズ・A・ビーアドの『ルーズベルトの責任——日米戦争はなぜ始まったか』は、その通説は本当か、という歴史家の直観と疑問から始まった研究と分析の成果で、公的史料から新聞記事まで膨大な文献を駆使した労作である。戦争終結からわずか三年後、いまだ大勝利の余韻にひたっていた米国で「日本に最初に発砲させるよう導いたのは米国ではなかったか」と問う大著が、その国の著名な歴史学者・政治学者ビーアドによって上梓されたのだ。世間は仰天し激高し彼を弾劾した。ビーアドとその妻は屈しなかった。

正統な記述で明かされる実態《リアリティ》

ビーアドは、別に陰謀史観的な好みからこの本を書いたのではない。当時の米大統領ルーズベルトや国務長官ハル、その他の一部米議会議員たちの言動は米国の民主主義に悖ると考えて書き綴ったのだった。ただ結果としては、当時の通説とは違って、日本だけが悪いのではない、との主張になっており、敗戦後の日本国民がこれを知れば大いに歓迎したに違いない。米軍占領下にあっての邦訳は難しかったろうが、日本独立の後も事実上ずっと無視され続けたのはなぜだろうか。

思うに、そこには二つの側面があったのではないか。一つは親米派的な発想から来るものである。日米戦争の黒白は既についており、米国の正式見解と異なるビーアド説を容れるかのような動きは好ましくない……。もう一つはいわゆる原理主義的な発想から来るものである。米国がさまざまな手段を弄して日本を挑発し戦争に呼び込んだのは事実だろう。だが、そうされても仕方のない以上のことを日本は中国やアジアの諸国でやってきた。ビーアドの努力は評価するにしても、真の問題は日本の軍国主義、侵略主義にあった……。管見するに、いずれも間違っているのではないか。前者については、排日移民法が米国で定められたとき以降、米国に異を唱えず、の方向が後々まで続いたのだったが、それでいて日米の開戦を阻止できなかった。敗戦で米国に占領された以後、独立を果たした後さえもその〝空気〟から抜け出せないで今日に至っている。後者については、軍事独裁国日本を糾弾する気持ちは分かるにせよ、これでは日米戦争の全体像はつかめず、どうやって戦争を食い止めるか、といった教訓は得られない。

ビーアドの記述は正統的で揺るぎがない。怪しげなデータはいっさい使わず、匿名の談話も極力排し、出所の明白な記述のみを一つずつレンガを積むように重ねていく。構造的には、ルーズベルト外交初期の「外観＝アピアランス」を正当に評価した上で、後期の対独戦争、対日戦争へのめりこむ米国の「実態＝リアリティ」を、まるで公的な年代記の筆者のような冷静さで、次々に明らかにしていく。ナチスドイツによる欧州侵攻が始まった当初、米国は英国などから参戦を強く求められたのだが、米国民の非戦感情は激しく政権も慎重にならざるを得なかった。このためルーズベルトも「米国は国民を外国の戦争に派遣することはない」「（米海軍による）護送は発砲を意味し、発砲は戦争を意味する」と言い続けた。しかし、その後、彼は少しずつ言い方を変えていく。記者の追及を事実無根の一声で抑え込み、議会に働きかけ、いくたの法的措置をとり、ついに事実上、対独戦争に関与し始めた。その政治的からくりをビーアドは用心深く、的確に指摘していく。このあたり、自衛隊の誕生から自衛隊の海外派兵まで、憲法第九条の解釈が巧妙に変えられていった国会での安保論議を見る思いである。

情報戦における完全な敗北

一方、あけすけにいうなら、外交はお互い国益を賭けた騙し合いである。それに勝つ主要な条件は、国家をあげて情報戦に秀でていること、外交官が巧みな外交術を備えていることである。それに——これは個人の人権が著しく尊重される時代に、民主主義国家で許されていいとは思えないが——相手を騙すと同時に自国民をも騙し、ときには彼らを死に追いやる非情さを政治家が身に着けていることである。

こんな記述を読んだことがある。第二次世界大戦のさなか、ナチドイツ空軍はロンドン市猛爆を決定した。英国の諜報機関は空爆日から空爆の場所まで詳細な情報をキャッチ、直ちに首相チャーチルに報告した。しかし、チャーチルは動かなかった。それに備えて住民を疎開させたら人びとは助かるだろう。だが、それでナチドイツはどう出るか。自国の情報システムが既に相手方に見破られていることを察知し、すぐさま、新たなシステムに切り替えるだろう。となると、さんざん苦労して築き上げた英国の対ナチドイツ情報網は何の役にも立たなくなる。それによる損害の大きさを考えると、ここは忍んで……。

では、太平洋戦争開戦に至る日米の情報戦はどうだったか。これがもう話にならないのである。ビーアドの記述で明らかなように、外務省から駐米日本大使館へ、大使館から外務省へと行き交う極秘暗号電報はごっそり米国の諜報機関によって傍受されていた。多忙な読者は『ルーズベルトの責任』下巻巻末の「関連年表」だけでもご覧になるといい。「一九四一年（昭和十六年）十一月四日。ハル国務長官、東条内閣が切望する合衆国との和解に向けた最後の提案として野村大使に送った傍受通信を入手」「同二十日。ハル国務長官、野村大使と来栖特使と会談。日本側、暫定協定を提案。アメリカ側はすでに同日および二十二日の提案内容を傍受して把握していた」といった事実が次々に登場するのに驚かれるであろう。どんなに腕のいいギャンブラーでも、事前に敵方のカードを熟知した相手に勝てるはずはないのである。

対する日本側は——軍事史学会編『大本営陸軍部戦争指導班　機密戦争日誌』による限り、日本の軍部が米側情報を入手し分析したとの記述を見つけることはできない。上述の来栖三郎特使は、もはや絶望的な状況下で、かなり唐突に対米交渉のために米国へ向かい、大統領や国務長官と会談を重ねたのだったが、「部内、来栖の飛行機墜落を祈るものあり」とか「米大統領、来栖大使を迎ふるの態度に熱意なきが如きは亦可なり」とか「願はくば（日米交渉の）決裂に至らんことを祈る」といった文言の羅列である。そして、運命の真珠湾攻撃直前の十二月二日、陸軍戦争指導班員は「米依然として帝国の企図を知らず」と書き、三日には「米依然として動く気配なし。当班閑散」と記した。

われわれは数日のうちに真珠湾にある米軍基地を急襲する。にもかかわらず米国は何も知らない、愉快愉快……。こんな状況が目に浮かぶ。あにはからんや、米国は、少なくとも米国大統領ら少数の首脳陣は、日本の動きの相当な部分まで承知していた。ビーアドによると、六日、同盟国豪州の海軍情報部は日本の艦隊がハワイに急行していることを確認した。七日、米海軍大尉がホワイトハウスと国務省に「日本が真珠湾とフィリピンを攻撃する」という情報を上げた。しかし、それを日本に悟られてはならない。それはまた、善良な国民にも悟られてはならない。あくまでも知らぬ顔をするのだ。それはビーアドが厳しく指摘するように、「日本が最初に発砲するように導く」ための必要条件だった。それでも、日本が真珠湾を奇襲攻撃した直後、ハル国務長官は日本の駐米大使らに言い放った。「この地球上に、ここまで大きな歪曲と破廉恥なうそを口にできる政府があるとは、今日まで想像したこともなかった」。

書かれた歴史は依然、このハル発言をもとに作られていて揺るがない。だからビーアドが個々の事実を積み上げて得た結論は、今もほとんど軽視黙殺されている。真珠湾奇襲に至る日本の言動のおぞましさはいくら非難されても仕方がないし、敗戦の憂き目をみたのは自業自得と厳しく指弾されても仕方ないが、歴史の深層を陰りない眼差しで見つめ掘り起こす作業の重要さは、それとは別の次元の話である。ビーアドはこの著で国際関係の表と裏を活写した。国際関係が複雑化すればするほど、ビーアドに学ぶところが増えてくるだろう。とくに日米関係は永久不変と固定的に考えがちな日本人の一人として、あらためてビーアドから学びたい。

大政治家ルーズヴェルト

三輪公忠

偉大なる政治家、ルーズヴェルト

私は彼をあえて偉大なる政治家とよぶ。

クラウセヴィッツは「戦争とは別の手段による政策の継続である」といった。Politikをあえて「政策」とする。当時ドイツ語のPolitikには英語のpoliticsに一致する意味はなかったと理解するからである。

ルーズヴェルトはアメリカ合衆国の対外政策の基本路線を追求しつつ、日本を開戦に追い込む道を進まざるを得なかった。アメリカの国家と国民の利益、安全をまもるために、政治家として、憲法、アメリカの政治制度から起こる拘束をかいくぐって目的を達成した。これを単に陰謀家としていいのだろうか。政治とは不可能を可能とする術策の謂いではないか。

彼は結果的に二正面作戦を展開せざるを得ないことになるが、まずはイギリスが敗北する前にヒトラーをつぶす必要があった。しかしアメリカ憲法のもとで、議会の承認を得ずに開戦することはできない。日本に最初の一発を点火させ「リメンバー　パール　ハーバー」を爆発させた。その勢で日本の同盟国ドイツに対しても同時に参戦できたのである。

アメリカの東アジア政策は、オープンドア政策であり、日本の独占的中国支配を許すことはできない。ドイツとともに、世界をアウタルキーに分割支配する戦争目的を許すことはできない。根本は今日につながるグローバリズムである。

チャーチルと密約があったかどうか。あって不思議はない。二人の初対面は第一次大戦中の一九一七年、ロンドンにおいてであった。ルーズヴェルトはアメリカ政府の海軍次官、チャーチルは軍需相であった。数年前には海相もつとめていた。二人の政府高官としてのキャリアーには海軍が深く関わる。それは両国海軍の歴史的関係に裏打ちされている。幕末開国のペリーを含めて、アメリカ海軍は世界政策において、イギリス海軍と大方の場合利害が一致し、一心同体である。

しかしアメリカ全体とすれば、この親英関係は決して一枚岩ではない。独立戦争を戦ったイギリスを敵視するのは、もう一つのアメリカの伝統であった。実際政治において、それはヨーロッパの紛争には関わらない、孤立主義となり、中立法の制定となり、その遵守を求める姿勢となる。

ビーアドのルーズヴェルト責任論はこの政治意識にアピールしたはずである。しかし発表された時には、日本の侵略戦争が真珠湾の「騙し討ち」となってしまった後だから、素直に彼のテーゼを受け入れる者は無く、孤立主義者でさえ、対日憤怒のもとで、ビーアドを受容することを拒んだといえる。

とはいえ、ビーアド自身この著書で日本の対中国政策を免罪しているわけではない。しなくてもいい戦争をしたとして大統領を批判しているのである。この対日観は、孫のデートレフ・ヴァクツ、ハーバード大学名誉教授（国際法）の「日本の読者へ」（本書「序 祖父チャールズ・A・ビーアドについて」〔六五頁〜〕）にも表れている。

ところで、ルーズヴェルトのチャーチルとの私的交流のような親しさが米英の国家間関係にまで及んだかのごとき批判があるが、ビーアドの扱っていない戦後処理方針において、二人は真っ向から対立した。ルーズヴェルトは大英帝国の植民地回復を許さない方策で、彼の理想とする新しい世界秩序建設の糸口をつかもうとしていた。日本軍が占領した東南アジアの旧植民地を英国に復帰させずに、これを米中ソ三カ国による信託統治に委ねることとしていたのである。

チャーチルの頭に火が付いた。二人の友好もこれで終わりかと思われるほどであった。同じ方式は大日本帝国にも適用されるはずであった。朝鮮半島、樺太、千島列島である。

基本的にルーズヴェルトは戦勝国が敗戦国の領土を併合することが次の戦争原因になるとの認識で、戦後処理はそれを排除するところから出発する手筈であった。

なぜ日本で出版されなかったか

なぜこれほどの名著が日本において捨てておかれたのか。すぐわかることは、むろん内容が、東京裁判下の日本に相応しくない。日本の戦争を聖戦とすることは出来なくとも、すくなくとも対米戦開戦責任の半分は免罪されるだろう。八紘一宇という日本の世界支配の陰謀を裁いているこの軍事法廷の存在意義が打ち消されてしまう。

それもそうだが、何よりも先に原本が日本の書店に上陸していなかったという事実があったのではないか。私にとって貴重な蔵書となった一九四七年出版の James F. Byrnes, *Speaking Frankly,*（Harpers and Brothers, 1947）は国会図書館にも入庫していなかった。そこには北方領土問題の起源が一九四五年十二月のモスコー外相会議にあったことが示されている。米ソ間に日本の戦後処理について暗黙の前提があったことが読み取れるのだ。ソ連側がヤルタの約束通り北方領土はソ連が併合すると言ったのに対し、バーンズはどんな約束があったにしろ、領土問題の最終決着は戦後処理の折衝を待たねばならぬとしたが、それにつづけてアメリカ代表はミクロネシアをアメリカの戦略信託統治領とするつもりだといった。ソ連の代表は、その時国連総会でこの問題がとりあげられたとき反対しなければ北方領土のソ連領への併合が黙認されるとさとったのである。

その後調べた所では、防衛庁（当時）防衛研究所収蔵の一冊は、オリジナルでなく米軍の立川基地所蔵の一冊を丸々コピーして仮綴したものであった。ひょっとするとアメリカ留学中の私が、一九五六年帰国に旅立つ直前に、ワシントンの大きな古本屋で梯子に登って選び出し持ち帰ったものが、日本にあるオリジナルのたったの一冊ということもありうるかもしれない。

戦略信託統治領は普通の信託統治領と異なり、軍事目的に使用出来るのである。アイランドホッピングで占領した旧日本統治下のミクロネシアはアメリカ海軍が手放す気が全くない要衝であった。直接併合してアメリカ領土とするのと軍事目的には同等にするてだてであった。水爆実験はその一つであった。

日本敗戦後、占領軍を率いてマッカーサーが東京に進出し、第一生命ビルにＧＨＱをかまえた。直ちにプレスコードが発せられ、「大東亜戦争」「大東亜共栄圏」「八紘一宇」「英霊」のような軍国主義を煽った言辞の使用は自粛することとされた。

占領軍の言論統制、管理はウイロビーの采配のもとにあった。大日本雄弁会講談社社長は、戦時中の戦争協力を自己批判して、出版業から撤退すると言ってきた。それに対し、全体主義の下ではやむを得ないことであった。これからは民主主義の時代である。その言論活動に出版事業の果たす役割は重大であり欠くことはできない。新日本建設のためにしっかりやって欲しいといった。

岩波茂雄は、戦時中いちばん用紙の割り当てを受けていた。戦後、総合雑誌『世界』の創刊号の巻頭言に、店主岩波は「これからも、ますます八紘一宇の精神で平和国家の建設に邁進しよう」と力強く提言したが、編集長は「八紘一宇」は引っ込めた。プレスコードの要請に従ったのである。

翻訳出版されても発売禁止になったものには、米軍批判が厳しいものがあった。たとえば米人女性ジャーナリストは一九四五年三月十日の東京無差別大空襲を非人道的行為として手厳しく弾劾していた。日本人の著書では永井隆博士の『長崎の鐘』（一九四六年）など長崎被爆体験記があった。

他方占領政策に貢献できる著作はさっそく出版されている。E・H・ノーマンの『日本における近代国家の成立』（時事通信社、一九四七年）や、ルース・ベネディクトの『菊と刀』（社会思想研究会出版部、一九四八年）などである。

後者は日本を自分の目で一度も見たことのない文化人類学者の仕事であった。英文で書かれた日本についての書物を大量に利用している。新渡戸稲造には十指に余るほどの英文による日本についての著書があったが、彼女が引用しているのはただ一冊 *Bushido: the Soul of Japan* のみである。しかも引用もただの一行、「復讐しなければならないとき、それを成し遂げるまで、我々は算数の計算がイコール記号で結ばれないようなもどかしさを覚える」というのであった。

これは武士道への抑制であったろう。毎年恒例の「仮名手本忠臣蔵」の歌舞伎上演を禁じたのは復讐を英雄視する文化に水をさしたものである。それまで正課であり部活であった武芸が学校から消えた。もうこれで柔道も日本から追放されるという先読みの反映であったろう、柔道部に所属していたというだけで、中学三年生の私にも講道館初段の免許状が届いた。

そのような統制の中では、たとえビーアドのルーズヴェルト責任論が上陸していたとしても、そして翻訳されていたとしても、出版され書店に並ぶことはなかったろう。

ルーズヴェルトの対日・対中観

ビーアドの主題は、ルーズヴェルトは対日戦を裏口としてイギリスの対ドイツ戦への参戦を可能にしたということである。全く同じことをタイトルとしたルーズヴェルト外交批判の書が、ビーアドに遅れること四年、Charles Callan Tansill, *The Back Door to War: The Roosevelt Foreign Policy*（Henry Regency, 1952）として世に問われた。資料はビーアドと大同小異であって、極東軍事法廷関係のものは無い。

ルーズヴェルトの対日観、対中国観を勘案すれば、日本を対米戦に引き出す彼の心の内を読み取ることが出来る。一九二〇年代、三〇年代に*Asia*という大判の月刊誌がニューヨークで発刊されていた。カバー範囲は日本、中国、インドなどの他、中東であった。寄稿者にはエドガー・スノーなどがいた。日本の軍国主義化について、軍服に似た制服制帽の中学生が整然と靖国神社に参拝しているグラビア写真や、荒木貞夫陸軍大臣へのインターヴュー記事などがあった。ルーズヴェルト自身の日本への懸念を表明する文章もある。それは日本を真珠湾攻撃に導いた道程を早くも暗示している。

ビーアドは触れていないけれど、大統領としてルーズヴェルトが対応しなければならないものには、北アメリカ大陸だけでも自国のほかに、カナダがあった。あの長大な海岸線をカナダが一人でナチの侵略から守る方途は容易ではない。フランスがナチの軍門に下った時、アメリカ合衆国の東海岸直ぐ北には、独立フランスのヴィシー政権の支配下にサンピエール・エ・ミケロンという小島があった。フランス本国のマルセイユにはヴィシー政権下のフランス艦隊の艦艇が無傷のまま係留されていた。そのヴィシー政権下でアメリカ大使はその以前のまま勤務し続けていた。対日戦が開始してしまうと、西部海岸線の守りはカナダ領にも及ばねばならないのであった。

中国に対しては母デラノ家の贖罪も背負っていた。デラノ家はイギリスの東インド会社の向こうを張って、トルコ産のアヘンを広東貿易に持ち込み巨万の富を築いた。日中戦争が始まると初めから徹底的に中国に肩入れをした。一九三七年十二月、南京事件はルーズヴェルトの日本「隔離」演説となった。

いずこの国の出版業にもエアポケットのような空白がある。フランスでは出版できないナチ時代のコラボレイショニストについての学術書はアメリカで出版されている。そのアメリカでは*The Wartime Journals of Charles A.*

Lindburg が、対日戦における日本軍に対する人種差別的な処遇を厳しく批判している。ヒトラーのユダヤ人抹殺政策に憤って対独戦に参戦したアメリカだったのに、と。それなのに、ドイツの降伏とともに記述が終わる不自然さが際立っている。広島長崎への言及がないのである。

『ワシントン・ポスト』のユダヤ系記者の娘が、父は戦時中書かせてもらえなかったと言えたのは戦後も五〇年近く過ぎてからのことであったと記憶する。

かと思えば、権力は出版の自由が無い体制のもとでも、ミニコミを自由に泳がせたりする。内村鑑三の『聖書の研究』にならって、戦時中、矢内原忠雄は信徒向けミニコミ誌を発刊し続けた。誰がそれを受け取るかを探査しておけば、手入れの時に役立つ。度重なる雑誌出版に対する当局の介入を嫌って、業務を停止してしまった中央公論社の戦後が華々しかったのは理の当然であった。

しかし日本には日本独自のエアポケットがある。日本に市民を満足させる十分なジャーナリズムはない。それぞれにそれぞれのエアポケットを持つアメリカ、フランス、イギリス、ドイツ、カナダなどのジャーナリズムの機能している部分に自ら接近して日本の言論空間の欠陥を補ってゆくより仕方ない。

2 同時代人によるビーアドの評価

チャールズ・A・ビーアド——回想録

マシュー・ジョセフソン

鋭い弁舌と温かい人柄

私はこれまで、チャールズ・オースティン・ビーアドのように、自由という観念を徹底的に享受し、理知的かつ道徳にとらわれないことに配慮した人物に出会ったことがなかった。ビーアドの人生は、故ルイス・ブランダイス最高裁判事も同じように言われていたように、自由な精神について描かれた物語であったかもしれない。私は現在、ビーアドに対し、これ以上ない最大級の尊敬の念を抱いている。

三五年もしくは四〇年程前だったか、ビーアドがコロンビア大学で若手の政治学者であったとき、すでに彼は教室を満席にするほどの新進気鋭の表現者であった。一九一六年、私は彼の講義を履修登録するのに手を焼いたことを覚えている。なぜなら、私が登録する前に、すでに四、五百人の学生がいたからであった。

ビーアドの背丈は六フィート、とても痩身で、万巻の書を読破したことに由来するのか、背中が曲がっていた。彼は立派な、幅広い額をし、洞察力に富んだ、鋭い碧眼の持ち主だった。わし鼻としっかりした顎は、彼の性格を表すように力強さ、機敏さを象徴していたが、その笑顔は明るく、優しいものだった。

教師としてのビーアドは、聴衆を魅了する雄弁家以外の何者でもなかった。コロンビア大学における若き日のビーアドの講義は、学生たちを夢中にさせ続けたのであった。頭角を現したビーアドは、比較的若いときに大学学部の責任者に就任した。彼の姿勢は、米国で最も著名な歴史家になってからも終始変わらないものだった。ハウサトニック谷を見下ろし、コネチカットのニュー・ミルフォードの丘に建つ、大きな、四角い、こげ茶色のカントリー・ハウス（元は女学生の寄宿舎だったところ）に住み、仕事をこなした。ワシントンから相談に訪れる上院議員であれ、雑貨店の配達人であれ、（ビーアド邸の）玄関先に到着すると、ビーアドは慇懃さをもって彼らを迎え入れたのだった。

学究や教師であることに加え、ビーアドは他の多くのことを成し遂げた。広く旅行に出かけたが、これはあらゆる知識が書物からだけで得られると信じなかったからだ。若い時分、彼は農場で働き、地元の新聞編集に携わった。彼はまた、英国のオックスフォード大学で学んだ。と同時に、英国の労働組合運動や、設立間もない労働党の活動家、演説家として名を馳せた。一九一七年にコロンビア大学を去った後、彼は地方自治の行政に関する専門家となり、米国の多くの公共団体に助言を与えた。また、日本やユーゴスラビアにも出かけ、新しい市政づくりを手助けした。彼は米国歴史協会や米国政治学会（両団体の会長に就任）の仲間が揃う集会で、小うるさい人として振る舞った。その結果、しばしば論争を巻き起こしたのだった――もっとも私には彼がそれを楽しんでいるかのように思えたのだが……。

彼の弁は饒舌であり、しかも機知に富むものが多かった。（ビーアド邸を訪問した）あるゲストが、例えば、フランクリン・ルーズベルト大統領の武器貸与法を擁護するような発言を投げかけると、ビーアドはその挑戦を熱心に、刺激的に、鋭く、嘲笑うように受けて立った。ただ、白熱した議論を終えると、彼は穏和で、人間味溢れる性格になるのであった。

一部の人たちが非難したように、ビーアドは後に〝反動主義者〟に変貌したかと問われたことがあったが、私にはよく分からない。事実、彼は若い時分にそうであったような社会主義者とはおよそかけ離れていた。その上、ルーズベルト大統領に対する彼の態度は大きく変化した。それは、第一次世界大戦の過程でウッドロー・ウィルソン大統領に対する態度が変化していったものと同様だった。ルーズベルトがしたような強大な権力を行使しようとするものに対して、ビーアドはこの上もない嫌疑を抱いたのであった。一九三七年にルーズベルトが行った防疫演説(1)の後、ビーアドは大いなる懸念を抱いたのだった。

波乱の生涯

彼の父、ウィリアム・ヘンリー・ハリソン・ビーアドは一八四〇年に生まれた。幼少時代、それは南北戦争前であったが、インディアナのナイツタウンに移り住み、そこで育った彼は強力なプリンシパル(道義・信念)と多くのスキル(技能)を有していた。大きな農場を経営することに加え、学校で教え、建設業者として建築家の修練を積んだ。納屋から橋梁まであらゆる設計に携わった。そして最終的には地元銀行の社長にまで登り詰めた。一八七四年十一月二十七日に生まれた、彼の息子、チャールズ・オースティン・ビーアドは、町から数マイル離れた家族の営む農場で育ち、一部屋の小さな学習室で読み書きを習ったのだった。後にチャールズは、いかなる気象条件にあっても毎日徒歩で、ナイツタウンにあるクエーカー・アカデミー(2)に通った。彼の父の申し付けで、少年時代を通じてチャールズは実兄のウィリアムとともに農作業、牛の世話、薪割りの作業に従事した。チャールズは「小さい頃に多くの作業をこなしたことで、爾来、私に必要なことは何もなかった」と、当時を振り返っている。

チャールズが十八歳になったとき、彼の父は週刊紙『ナイツタウン・サン』を買収した。チャールズと兄ウィリアムはほぼ四年間、この新聞社の経営を任されることになったのだ。チャールズが二十一歳になろうとする一八九五年、彼は学業を続けなければならないと決意し、メソジスト系のディポー大学に入学。大学では、ディベート・チームに所属し、労働者の権利を組織立てようと奮闘した。大学卒業時にスペインとの戦争(米西戦争)が始まった。チャールズも志願兵として参加しようとしたが、多くの志願者が殺到したため、それに加わることが叶わなかった。

ともあれ、ビーアドは、軍隊で活躍することを諦め、オックスフォード大学でヨーロッパ史を研究することにした。多くの友人たちと侃々諤々の議論を重ねた後、学内に最初の労働者研究の立ち上げに乗り出した。それがラスキン・カレッジだった。その間、多くの港湾、鉱山、繊維業に携わる労働者たちのほか、ジョン・バーンズ、ケア・ハーディ、ラムゼイ・マクドナルドら有名な社会主義者や労働組合のリーダーたちとの知己を得た。一九〇二年秋までにビーアドは米国に帰国し、コロンビア大学で独自の米国歴史観や、自らの学説を打ち立てようとした。以後、一三年間にわたり、彼が長い月日をかけ、十分に研鑽を積んだテーマである米国の歴史学と政治学を大学で教えたのだった。その当時まで、いくつかの例外を除き、米国の歴史家というのは、ジョージ・バンクロフトに代表されるように、無邪気で自己満足の領域を超える学問はほとんどなかった。ビーアドはワシントンの財務省ビルに籠り、公文書の掘り起こしに多くの時間を費やした。それが、一九一三年の著書『合衆国憲法の経済的解釈』として実を結んだ。

ドイツとの戦争の火蓋が切られた一九一七年の春、コロンビア大学にもすぐにその政治的影響が及んだ。若手講師であるレオン・フレーザーが戦争反対の演説を学内で行ったことに端を発する解任問題について、ビーアドが言及しようとしたときだった。ちなみに、フレーザーはニコラス・バトラー学長の弟子筋に当たった。ビーアドは断固としてフレーザー解雇の撤回を求めたのであった。けれども、戦争支持のバトラー学長を説得するに至らず、この若い講師は春季講座の終わりに再契約に漕ぎ着けることはできなかった。一九一七年の秋には、昂然と戦争に反対したJ・マッキーン・キャテルとH・W・L・デイナ両教授が教授職を解かれた。同年十月八日午前、大教室での講義の終了に際し、ビーアドは大学当局に辞職の通知をしたことを学生たちの前で簡潔に伝えた。それは彼の最後の授業を意味した。学生たちは立ち上がり、長い間、彼を労った。背が高く、骨ばったビーアドの頬を涙が流れ落ち、彼はその場に立ち尽くした。バトラー学長に対する公開状は、新聞に掲載され全米中に伝わった。それは、大学というものが「もはや百貨店以下に堕してしまった」というものだった。

その後、ビーアドは、仲間のジョン・デューイやジェームス・ハービー・ロビンソンらとともに、ニュー・スクール・フォー・ソーシャル・リサーチ(3)をニューヨークに設立するために尽力した。そして、一九二〇年代に最も力を注ぎ込んだのが、ニューヨーク市政調査会(4)(The New York Bureau of Municipal Research)の活動で、これは市政における包括的な問題を徹底究明する組織となった。

ビーアドが中年に差し掛かった頃、メアリー夫人との共著『アメリカ文明の興隆』(一九二七年)を世に問うた。彼は、私たちの文明や文化をつくり出した一般的な人びとの勇敢さを描きたかったのだ。何が、誰が歴史を創造したか、について彼はよく私に語っていたものだ。誰もよく分からない。それはおそらく「無意味の意味」を求めるようなものだと……。

晩年の歴史観

最晩年の一〇年間、ビーアドは歴史思想や方法論の研究に没頭した。彼の青年期に影響を及ぼしたマルクス主義思想から離れて久しかった。その代わりに、ドイツの社会学者であったマックス・ウェーバーや哲学者のゲオルク・ジンメルの思想に惹かれた。同じ分野で仕事を完成させるのに、多かれ少なかれ彼の究極の結論を導き出す光明に繋がったのかもしれない。私はむしろ、ビーアドがベネデット・クローチェの思想に魅了されていたと思っている。歴史というのは、現在において私たちに興味深く、機能的であるものだ。あらゆる歴史家は「あるときに、ある場所で、ある社会的環境で、ある価値の枠組みによって」記述したと、ビーアドは言うかもしれない。彼ら歴史家がしたことの多くは、偏見のごた混ぜ状態を意味した。

私はいま、ニュー・ミルフォードでポーチに腰かけているビーアドの姿を目にしている。太陽光を受けて、彼の髪の毛は真っ白に光り、彼の背中は以前よりも曲がっていた。聴覚が不自由なこともあり、彼は私が近づくのに気が付かなかった。やがて彼は振り返り、私の存在を確かめると、彼の表情は光輝に充ちた笑顔になった。それは、特別な輝きだった。

一九四八年の八月から九月にかけての炎暑の間、ビーアドは引き続きニューヘブン病院のベッドに横臥していた。酸素吸引器用のテントを「理想的な夏のリゾート地」と楽しむかのように、ほぼ五〇年間にわたり彼のそばに寄り添う妻に対して、おどけて見せたのだった。そして時折、高熱にうなされながらも、笑ったり、喋ったり、あるいは、ある敵を素早く攻撃し、叫んだかのようだった。「ほら、ここだよ。もう言い逃れはできないよ」と。

（抄訳＝阿部直哉）

訳注

（1）一九三七年十月五日、ルーズベルト大統領がシカゴで行った演説。隔離演説とも呼ぶ。大統領は日本とドイツを侵略国と非難し、この二国を病人に例えてスピーチした。

（2）キリスト友会の一般的な呼称。十七世紀にイングランドで創設された宗教団体で、その後、米国などに伝播した。クエーカーの創立者が、初期の指導者の一人であるジョージ・フォックス師。米国ペンシルベニア州の創立者がウィリアム・ペンで、彼はこの地をクエーカー教徒の安住の地としてつくり上げた。

（3）一九一八年、ニューヨークのグリニッジ・ヴィレッジ周辺に設立、コロンビア大学のリベラル派とされる教師たちが中心となり組織された。第一次世界大戦の勃発で、ナショナリズムが高揚するなか、表現の自由などが政府に抑圧されることに危機感を抱いた教師たちが学問の自由・独立を希求した。社会人向け大学院を米国で初めて創設したのもニュー・スクールで、学士号を保持しなくても学べることができた。

（4）都市行政について調査研究を実施する機関。十九世紀末から二十世紀はじめにかけて米国で広がった市政改革運動の一つ。全米各都市に民間の市政調査機関が次々に誕生、ニューヨーク市政調査会は一九〇六年に設立された。

Matthew Josephson, "Charles A. Beard: A Memoir" (*Virginia Quarterly Review*, Autumn, 1949).

Matthew Josephson　一八九九年、ニューヨーク生まれ。コロンビア大学卒。米国のジャーナリスト、作家として、文学から政治経済に至るまで幅広い分野をカバー。『ニュー・リパブリック』『ネーション』『ニューヨーカー』各誌に寄稿。主な著書に『泥棒男爵』（一九三四）、アメリカ労働運動の先駆者であったシドニー・ヒルマンの生涯を描いた『シドニー・ヒルマン』（一九五二）などがある。一九七八年、カリフォルニア州サンタクルスで死去、享年七十九歳。

進歩主義の歴史家、チャールズ・A・ビーアド

リチャード・ホフスタッター

ビーアドの〔名声を高めた〕『合衆国憲法の経済的解釈』に対してこの二〇年に浴びせられてきた批判はあきれるほどに多様で、全体としてかなり優れている。しかし、彼を批判してきた人々はビーアドがなぜあのような解釈をするに至ったのか、どのようにして三〇年以上も説得力をもち続けた解釈を生み出したのか、その思考方法について説明できていない。なにより、これほどの知的影響力をもち得た憲法史はほかにないのだ。ルイス・ハーツ[1]は次のように述べたことがある――「ビーアドはある意味、生き続けている」なぜなら「マルクスの場合と同様に、思想家が誤っていることを証明するのに時間を費やすことは、自分がその思想家に従属的な立場にあることを証明しているのにすぎないからだ」。これこそビーアドの不朽の偉業なのだ――もはや説得力がなくなっても、議論の前提を決めているのは依然としてビーアドなのだ。

歴史家の間ではビーアドが問題を「仰々しく」あるいは「誇張」したという単純な評価が一般的となっている。歴史の解釈論にある程度の誇張はまず必須だが、ビーアドはその域をはるかに超えていた。ここで本質的な問題はビーアドが誇張のうえに誇張を重ねて結果そのものを歪んだ観点から提示し、歴史の作用や権力の行使に関して根本的な誤解を、深刻な曲解をもたらしはしなかったかということだ。もちろん一定の功績は否定すべきではない。ビーアドは、彼自身の研究がどれほどひどい失敗だったにしても、憲法研究を神話の世界から救い出し、社会的・経済的原因の探究に替えたのだった。

とはいうものの、ビーアドの原理には深刻な欠陥もあった。第一が憲法の起草者たちの公債所有を論点の中心に据えたことだ。この戦略の背景には新しい財務省記録を発見した純粋な歓喜だけでなく歴史上の醜聞を暴きたいという狡猾な性格もあったとみている。その結果、〔憲法制定という〕出来事に腹黒い陰謀めいた印象を与えた。第二が当時のアメリカを商業主義と人民主義に二極化された社会として描写したことだ。そのような対立もあったが、そこに焦点を当てることは当時もっとも顕著だった複雑性、各州の状況の多様性と固有性、複雑に入り組んだ党派性や利害関係、そして何よりもアメリカの大規模な中産階級が支持した中道の立場が存在したことから目をそらしているように思われる。

本書には評価の目的や定義が曖昧だという問題もある。例えば民主主義という言葉が二十世紀における意味で使われているのか十八世紀におけるそれなのか分からない。

憲法制定の過程が非民主的だったというビーアドの主張も根本的に的外れだと思われる。

こうした問題はいずれも無理もないものだ。進歩主義の歴史家たちはいわば十八世紀の連邦憲法の制約に依然として苦しんでいたのであり、したがって憲法はアメリカの政治社会が抱えるあらゆる問題の原型とされたのだった。

文明の進歩のために歴史を書く

ビーアドの歴史家としての影響力は一九二七年に出版された『アメリカ文明の興隆（The Rise of American Civilization）』で頂点に達した。

ビーアドの頭の中では文明の命運と、その関連で歴史を書くということの意味は相対主義とつながっているようだった。歴史は社会を改良する役割を果たすべきだ、文明化の道標となるべきだ、という考えが彼の歴史の概念に一体性と持続性を与えた。初期のころのビーアドにとって進歩は人類の前進の歴史であり、人類の前進は技術の発展に基づくものだった。しかし、第一世界大戦と世界恐慌が起こると、この考え方に対する確信は揺らいだ。と、ここまでは彼の思考がたどってきた道を追うのも難しくない。だが彼はその後、歴史に関する知識が最終的にゆきつく先について歴史的相対主義は、批判的で懐疑的なところがあるとはいえ、単純な懐疑主義よりも確かな何かをもたらすと考えたようだった。なぜそう考えたかは彼もはっきりとは明らかにはしていないようだ。彼は歴史を書くことが人類の進歩に役立つということを相対主義であらためて立証できると信じていたようだ。だが結局、相対主義がどのように文明に貢献できるのかは彼もはっきりと明示しなかったと思われる。

ビーアドの相対主義は歴史の経済的解釈から歴史の折衷主義に時間をかけてゆっくりと後退する過程と結びついていた。そして彼は一九四五年の『政治の経済的基礎』の改訂版でついに、経済人は政治の人にとって代わられ、現状下では経済発展は政治的・軍事的指導者に支配されるかもしれない、と宣言したのだった。

ビーアドが経済的解釈に対して疑念を抱き、新たに相対主義の哲学を持つようになったのは、彼が楽観的でいられなくなっていったことと関係があった。彼が考えるところの進歩というものは常に彼の合理主義に、実体的勢力が最終的に支配するという信念に根差していた。しかし、彼の頭の中で大恐慌の問題と新たな〔第二次世界〕大戦に対する懸念が不気味に強まるにつれて、ビーアドの作品は予言的な性格を増していった。歴史がどこに向かっているのかではなく、望ましい歴史をつくっていくには何をしなければならないかを教えるものとなっていった。

このころの作品は、彼の知的能力の限界を一部露呈しているとはいえ、ビーアドの大胆不敵な勇気を感じずにはいられないものとなっている。五十代半ばにして著述家として、著名人として絶頂期にあった人物が、熱い探究心のあまりに自分も含めた歴史家の仕事を根本的に再考することを選んだのだった。彼が十分に承知していたように、己の功績が依拠する前提の一部を崩す恐れがあるほど根本的な見直しを図ろうとしたのだった。同時に、それはあまりにもなじみのないことで、彼を初心者あるいはアマチュアというありがたくない立場に追いやったのだった。

ただビーアドの相対主義的見解が叩かれたのは本質的な欠陥のためだけでなく、晩年に孤立主義的な著作を発表するようになったためでもある。

ビーアドの最後の、そして彼が圧倒的に情熱を注ぎ込んだ知的献身は孤立主義への信念だった――本人はアメリカ大陸主義と呼ぶことを望んだが。人生の終盤に依然として権力者の動機や手法に過度に執着する、権力者の行為にいくぶん陰謀めいた解釈を与えようとする、経済的現実主義の健全な感覚と大雑把な経済的還元主義[2]の寄せ集めの境目をときに逸脱する彼の姿がここにある。外交政策を研究する歴史家としてのビーアドは、失望した愛国者と村の皮肉屋の剣呑な組み合わせだった。

市場の大暴落と大恐慌はビーアドの外交政策に対する考え方に、一九二〇年代のどの修正主義の歴史観よりも深い影響をおよぼしたようだ。彼は一九一七年のアメリカの〔第一次世界大戦への〕介入の主因は銀行家や軍需産業の腹黒い陰謀ではなく、軍需品貿易を放棄すれば陥るであろう不況から国を守りたいという国家の指導者たちがより一般的に共有する、より合理的な思惑にあるのだと確信していた。しかし恐慌はどのみち発生したのだった。ならば国内の福利のためばかりでなく、ヨーロッパの戦争にあらためて巻き込まれることを避けるためにも、自給自足を高めるための経済計画を用意することが当然必要なのではないか。国家は未来の大統領が国内の不景気を回避しよう、あるいは終わらせようとして国を再び戦争に陥れるのを防がなければならないのではないか。一九三四年以降、ビーアドの歴史に関する著述のほとんどが事前に設定されたプログラムに従っているかのように、戦争に巻き込まれまいという至上目的を中心に据えていた。

外交政策の研究家としてのビーアドの評価はルーズベルトを批判したがゆえに大いに失墜したため、『国内の門戸開放（The Open Door at Home）』といった著作は過小評価されがちだ。国際的なメシア（救世主）信仰を戒める的を射た、警鐘にあふれた本書は、一九六〇年代においても完全に色あせてもいなければ見当違いでもない。メシア信仰はアメリカの外交政策を苦しめる元凶となっている。ビーアドはアメリカ人には世界を取り締まったり、教化したり、民主化する義務も、能力も、必要もないことを理解していた。彼はアメリカが背伸びし過ぎることの危険性をはっきりと示そうとしていたのだった。彼の著作は、どのような欠点があろうとも、立派な目的を果たそうとしていた。外交政策は見境のない考えや行動、例えば世界を救済すべきだというイデオロギー、全世界で〝民主主義〟を守るという公約、アメリカの力の及ぶ範囲や道徳的影響力の圏外での平和維持などといったものに従属すると考えるのをやめるよう、そして伝統的な現実主義にのっとって自国の安全保障に必要なことをむしろ第一に考えるよう、アメリカ人を説得しようとしたのだった。

しかし、ビーアドの発想の難点はアメリカの安全保障を脅かす原因の見極めにあった。彼はアメリカの平和を脅かす主因が大砲や綿花の販売や戦争当事国への信用貸しにあると考えた。そしてヒトラーやムッソリーニの時代においてさえも、貿易や貸し付けを控えることでアメリカは戦争にかかわらずにいられるかもしれないと信じ込んだのだった。

ルーズベルト的帝国主義から立憲主義を守る

一九三〇年代半ばのビーアドの孤立主義的見解を評価する際、彼自身が決して孤立していたわけではなかったことを忘れてはならない。彼の見解はおそらく一九四〇年のフランスの陥落まで、少なくとも一九三九年までは、自由主義と急進主義の本流だったのだ。

ビーアドが同時代の自由主義者の大勢と違ったのは、彼が〔かたや戦争の脅威があり、かたやヨーロッパ全土でファシズムが勝利することへの切迫した深刻な懸念があるという〕ジレンマをまったく感じていなかったことだ。彼は差し迫った戦争がアメリカの安全保障を危機にさらすことはないとみていた。彼にとって、敵対する大国間にみられた道徳観の差は、アメリカが与みするのを正当化しうるほど大きな違いではなかった。彼の目には、イギリスやフランスの冷酷な昔ながらの帝国主義とファシスト政権下の国々による新しい醜悪な武力侵略との戦いとしか映らなかった。英知は厳密な中立の政策をとるよう命じていた。

アメリカが戦争するのであれば、「秘密取引や陰で人を操るような行為」のためではなく、公に合意を得た、隠し立てのない目的のためであるべきだと彼は訴えた。その後、ビーアドを同世代の自由主義者たちからどんどん隔てていったのはこれらの言葉の背景にあった考えだった。

ビーアドが〔『アメリカ外交政策の決定過程、一九三二―一九四〇年』や『ルーズベルトの責任』の〕著作で省略や歪曲、中傷を行ったことについてはすでに多くの指摘がなされてきた。しかし、そうした些事に夢中になっていては彼の壮大な戦略を見失いかねない。大統領の計画や方策に主に注目することによって、ビーアドはルーズベルトが対応していた世界の動向に背を向けたのだった。彼は解決しなければならなかった純粋に難しい外交政策のジレンマや国益をどのように定義すべきかといった基本的な問題から目をそむけたのだった。〔ルーズベルトの〕企図や批判や疑惑や計略や言い逃れについて膨大に書くことで、彼は著作にルーズベルトの政治が不道徳だったことの研究との印象を与えることに成功した。ここでまたしても彼が、建国の父たちのときと同じように、動機への過剰な執着にとらわれていることがわかる。ルーズベルトが直面したほかの選択肢もそれぞれに代償や危険を伴うものだったが、それらを提示しないことによってビーアドはルーズベルトに不利な状況をつくりだした。それも同様の決断を迫られた政治的指導者の評価にはまず致命的な打撃を与えるような形で。

ルーズベルトが指導者として率直でなかったという重大な批判を誤りだとする人間はルーズベルトの擁護者にもまずいない。

ビーアドには、ルーズベルトが指導者としてときに間違いなく率直でなかったことが、帝国主義的な野心のあらわれではなく、帝国主義の大国の武力と束縛のない主導権に対抗しなければならない民主主義の政治家が直面する困難を映していたとは思いもよらなかったらしい。

「ヒトラーの独裁を倒すのに〝必要〟とされた戦争の結果として別の専制国家がさらに強大な権力を持つにいたったのだから、免れ得ない事実に鑑みて最終的にアメリカを戦争に巻き込むためにとられた手段を〝結果〟が正当化するとどうして主張できるだろう?」

この結論の基調をなす政治的偏向こそ、ビーアドと自由主義の友人たちの関係を悪化させた原因だ。彼の徹底的で熱のこもったルーズベルトに対する憎悪、歴史的事件を陰謀とする見方、人類の歴史のすべての出来事を断固としてアメリカの国家主義の観点からみるべきだとする考え方、そして戦争が成就したことなどなにもないという信念は極右の主要な仮説となっていったのだった。

ビーアドが初期に受けた〝社会主義〟の影響の大きさとそれがどれほど持続したかについての評価には誇張もあるとみているが、ビーアドが常に政治的中道よりもかなり左の立場にあったことは間違いない。彼はもちろん自分はリベラルだと言っただろう。ときには〝集産主義的民主主義〟[3]への信念を語ることもあった。ここにきて彼の戦争への反応は彼を着実に右寄りに引っ張っていた。ビーアドは優れた知性と責任感をもつ人の多くがそうであったように、大統領の戦争権限がアメリカの立憲主義におよぼしかねない影響を深く懸念していた。彼の愛国心の高まりと、ルーズベルト的帝国主義の不吉な遺産からアメリカ立憲主義を守りたいという新たに呼び起こされた衝動は、その後の『アメリカ共和国』や『不朽の連邦派(The Enduring Federalist)』、『アメリカ合衆国史』などにみられた穏やかで黙従的な保守的見解に彼を押しやる一因となった。これらの作品で彼は抑制された羞恥心をもって、それ以前の著作の記述から後退したようだ。しかし、ときに彼の作品にあらわれた、歴史に疑いの念をもつアプローチ、いくぶん陰謀説めいたアプローチは一巡して原点に戻ったのだった。彼がルーズベルトの陰謀を暴露したことで、建国の父の策謀を暴露して進歩主義に力を与えたときの思考の型が、戦後の超保守派やルーズベルト嫌いの人々のニーズに適するようになったのだった。

一九二〇年代から三〇年代にかけて大人になったわれわれの世代にとって『合衆国憲法の経済的解釈』や『アメリカ文明の興隆（The Rise of American Civilization）』は深い、決定的な重要性を持つ作品であり、ビーアドの評価が失墜するのを目のあたりにするのは嬉しいはずがなかった。われわれの世代だけでなく、歴史とは公共の利益に対する人々の情熱を高められるものだという期待をビーアドと共有したことのある歴史家にとってもそうだ。

彼の作品のたどった運命とはまったく別に、彼はいまなお、なぜかしら魅力的だ。彼はまごうことなく生粋のアメリカ人でありながら、あるときはコスモポリタンな関心と経験も持ち、民話に出てきそうな英知をもつ幅広い学識をもつ研究者であり、急進派《ラディカル》でありながら愛国者――それも伝統的な、輝きを失っていない意味での愛国者でもあった。人はビーアドを次のように記憶にとどめたいと思うものだ――たくさんの成果をあげた研究者であると同時に恐れを知らない公共心の持ち主、後輩を導き擁護した人、市民的自由や学問の自由を守ることに四面楚歌になりながら群を抜いた貢献を果たした自由の擁護者、新聞大手ハーストを激しく批判した人物、母国の良識の代弁者。専門的なディテールの混乱の中で人生を、十分有用に、送ることを選ぶ研究者もいる。ビーアドは己の情熱に見合うだけの英知を得て、その情報と英知の両方を公共のために役立てることを目指したのだった。彼がこの理想に満たない成果を上げるよりも挑戦して失敗することを望んだであろうことは間違いない。

（抄訳＝丸茂恭子）

訳注

（1）一九一九―八六年。アメリカの政治学者。ハーバード大学教授。アメリカは他の先進国とは異なるというアメリカ例外主義の提唱者。

（2）暴力や戦争といった社会行動の原因を貧困などの経済的要因に結びつける立場。

（3）土地その他の私有財産制を廃し、生産手段を国有または公有として共同管理することを主張する社会主義的立場。多義的に用いられ、無政府主義あるいは共産主義と同義に使われることも。ここではビーアドが公共の福祉のために個人の権利よりも集団の権利を優先する中央集権的な統制の必要を強調したことを指す。

Richard Hofstadter, "III. Charles A. Beard" (*The Progressive Historians: Turner, Beard, Parrington*, Alfred A. Knopf, 1968.)

Richard Hofstadter　一九一六年、ニューヨーク州バッファロー生まれ。バッファロー大卒、コロンビア大博士号。アメリカの歴史学者。コロンビア大教授。当時主流だったビーアド、ターナー、パリントンに代表されるプログレッシブの歴史解釈を否定し、アメリカの政治的伝統の思想的同質性と保守性を強調。『改革の時代』（一九五五）などで二度にわたりピューリッツァー賞。おじが最高裁判事で父は法律の道に進むことを望んだが、大学時代にビーアドの『アメリカ文明の興隆』を読み歴史学に転向。一九七〇年没。享年五十四歳。

歴史家、チャールズ・ビーアド

ハワード・K・ビール

歴史の動機に衣食住も

どのような評価基準を用いようとも、ビーアドは二十世紀前半の最も重要な歴史家のひとりに数えられる。多くの人が彼を敬愛し、多くの人が彼を嫌った。彼が重要で注目に値する人物であることを否定できる者はひとりもいない。

ビーアドは同時代の歴史家の誰よりも、歴史を現代の問題解決に役立てようとした。彼は歴史と哲学の教訓を公共の問題にいかすことさえできればアメリカ民主主義のすばらしい可能性は実現できるとアメリカ国民を説得するための、たゆみない闘いに乗り出したのだった。

ビーアドは誰よりも、歴史家や一般の人々が歴史的な問題や現代世界における歴史の意義について考えるきっかけを——ときに反感を買いながら——与えた。

また誰よりも経済的解釈という考え方への関心を呼び起こした。そうした考えはすでにターナー[1]らが提起してはいたが、ビーアドの功績はこれを広く世に知らしめ、人々の歴史への想像力をかきたてたことにあった。

彼の歴史の経済的解釈で特筆に値する点が三つある。第一にマルクスの影響を受けながら決してマルクス主義ではないこと。ビーアドはマルクスの博学、洞察力ある思考、恐れを知らず犠牲をいとわない人生を称賛し、マルクスから学ぼうとする半面、「弁証的唯物論は歴史を完全に決定論的なものとして描く」としてこれを否定した。ビーアドの考えによれば歴史は「絶えざるプロセスで、そこには必然性に劣らず道義も関係している」のだった。

第二に、ビーアドには経済的な動機の重要性を誇張しすぎだと批判する敵もいたが、実際にはそのようなことはめったになかった。一九〇六年には帝国主義を推進するのは新しい消費市場の確保と投資先の開拓を狙う動きだけでなく、宗教心や世界の文明開化という哲学的概念もまた重要だと書いており、一九二七年にも経済だけでなく政治や宗教、個人の感情を重視した著作がある。『合衆国憲法の経済的解釈』の序文では、同書の狙いはこのテーマを網羅的に取り上げることよりも「歴史研究の新しい方向についていくつかの可能性を提案すること」だと記した。ビーアドは「一般化を求め過ぎるのは大変危険なことだ」と戒めていた。コロンビア大学の教え子たちには、経済的アプローチを強調したのはそれが唯一正当だからではなく、重要であるにもかかわらず否定されてきたからだと説明した。「私は経済的な動機ですべてが説明できるなどと言ったことはない。もちろん思想は大事だ。道徳的概念もまた重要だ。私はただ、人を行動に駆り立てるさまざまな動機の中で衣食住の確保が歴史的にみて常にもっとも重要だったと言ってきたのであって、そう言ってきたにすぎない」とビーアドが語るのを筆者は直接聞いている。

第三に、ビーアドは後年、同時代の歴史家が時代の変化に応じて総じてそうしたように、歴史を形成する原動力として経済的動機が圧倒的な要因を占めるという考え方から転じて、新たな社会勢力や感情、思想、道徳的配慮、絶対的に有力な個性の影響といったより複雑な動機を含む概念を検討するようになった。一九四三年の『アメリカ共和国』では憲法の起草者たちの経済的利害ではなく憲法の偉大な思想を描いた。『アメリカ合衆国史』では独立戦争の経済的動機説は完全に姿を消した。一九四五年には『政治の経済的基礎』に新しい長い章を追加して歴史的解釈の重点を修正する必要に迫られた理由を説明した。それは全体主義の台頭と戦争の影響であり、ふたつの世界大戦が「議論の社会的、知的、道徳的前提をさま変わりさせた」からであった。ビーアドは「経済的勢力は軍事的勢力の存在しない場合に限って自由に機能する」と認識したのだった。十九世紀には経済的利害は国家から独立しておおいに自由に機能できたため、資産家が政治的力を行使するのもたやすかった。しかし、一九四五年の段階では「政治の人」が「経済の人」に服従するよう命令できるようになった。そして「政府が無制限の権力を持つ、あるいは持つべきだという考え方が大々的に復活し、そうした権力は、そうした考え方そのものを目的に、あるいは階級的、国家的、帝国主義的目的を達成するための手段として、実際に行使されている」のだった。

人間の尊厳への強い敬意

一九四三年の『アメリカ共和国』は一九一三年の『合衆国憲法の経済的解釈』と比べはるかに個人に焦点をあてている。生涯最後の二冊の著作[2]もルーズベルト個人の役割が重視されている。ビーアドが歴史家たちに最後に遺したのは、合衆国大統領は無制限の権力を持つという理論を確立したのはルーズベルトであり、そうした前例は憲法に基づく代議政治の未来を脅威にさらす、という警告だった。

彼の著作には最初から最後まで「国内問題と外交問題は密接に関連している」という主張がみられた。国際状況が国内問題に影響することもあるが、ビーアドが特に危惧したのは外交政策、とりわけ帝国主義や戦争がわが国の民主主義の根本をなす国内の体制にどのような影響を及ぼすかということだった。彼は「不必要な」戦争が民主的自由の維持とアメリカ民主主義のすばらしい可能性の実現に脅威を与えるとみて落胆したのだった。

ビーアドは批判を厭うことはなかった。彼は歴史をめぐる議論をおおいに楽しんだ。彼が最後の二冊への攻撃で嫌がったのは、批判者たちの主張が、ビーアドの視点は偏見であり自分たちの見解は「客観性」があるという学術的なリアリズムに欠けた憶測に基づいていたことだった。

彼はその人生で哲学的な見方と知的好奇心でいくども金脈を掘り当てた。彼は第一次世界大戦の修正主義[3]を提唱し始めたひとりでもあった。経済的解釈も然りだ。最後の二冊はめずらしい失敗だったのだろうか。それとも彼の正しさがまた時を経て証明されるのだろうか。

彼は勇気ある人物だった。真実だと思ったことについて、あるいは正義に従って声を上げるべきだと信じることについて自分が非難されることや個人的に損害を被ること、有力者を攻撃することに対する恐怖で口を閉ざすことは決してなかった。最後の二冊を発表することが多くの愛する友人を失うことにつながり、それがどれほど孤独と痛みをもたらすかを十分承知していながら突き進んだのだった。それは残酷で最終的に孤独な勇気だったが、人間の精神のすばらしい崇高さを示してもいた。

アメリカにヨーロッパの研究者や功績を紹介し、ヨーロッパを意識させたビーアドが最後に「孤立主義者」と非難されたのは、彼の人生の大いなる皮肉だ。彼のアメリカに対する献身的な愛情は、アメリカ以外の世界に無知であることからくるものではなかった。彼はイギリス、ドイツ、ユーゴスラビア、ハンガリー、ギリシャ、アルバニア、日本、台湾、中国、満州とあちこちを旅した。彼はアメリカとその制度、そしてその未来を強く信じていた。彼の「大陸主義」はアメリカの生活、その民主体制が人類にとって最良の希望だという信念に基づいていた。彼がアメリカの行為を常に批判していたのは、アメリカが民主主義の使命を達成できるように欠点が正されることを願う熱心な信奉者だからだった。ルーズベルトの外交政策への強硬な反対はアメリカには民主主義を用いてよりよい社会を創出するチャンスがあり、戦争に関与することでその機会が台無しにされてはならないという決意からくるものだった。

ビーアドは人間の尊厳への強い敬意をもっていた。だから個人の自由を確保するため闘うことをやめなかった。全体主義を嫌悪したのは、それが人間の尊厳と個人の権利を無視するものだったからだ。彼が生涯権力の問題に固執したのは、無制限の権力が自由な個人を壊すことを恐れたためだった。だからこそ企業の力、政府の力、全体主義の独裁者たちの力を懸念し、さらに民主体制下の高官の権力が増大することに見受けられた脅威さえをも恐れたのだった。

ビーアドは進歩というものに対して確信を持ち続けた。彼は進歩とはユートピアへの機械的なアプローチではなく、よりよい社会を目指したあくなき戦いと努力による進化だととらえていた。彼にとって、そうしたよりよい社会は「集産主義[4]のデモクラシー」であり、経済活動はより豊かな生活を目指す計画によって管理されるのであった。それは個人の自由を破壊するのではなく、自由を確保し、拡大するために管理されるのだった。ビーアドはルーズベルトの「人道的民主主義」への貢献を「アメリカの文明と文化において強力な原動力」だったと称賛した。ルーズベルトの外交政策をもっとも痛烈に批判していた一九三九年にさえも、国内政策については「フランクリン・D・ルーズベルト大統領は彼が行った多数の演説や講話でアメリカ社会の根本的な人道的、経済的な問題について、どの前任者にもみられなかった勇気をもって、それまでになく幅広くとりあげた」と書いた。

彼は同時代の誰よりも過去から学んだことを現代の問題にあてはめられる研究者の象徴だった。そしてアメリカの基本的自由が危機にさらされていると感じると、己の強いペンの力と歴史の証拠を武器に、権力者の怒りをものともせず、最も激しい闘いに決意をもって、まるで恐れを知らぬかのように乗り出した。象牙の塔の学問の無益さと社会的に安全な立場からなされる批判に幻滅した若い研究者たちにとって、ビーアドは学問が公共の問題に不可欠なものであることを体現する象徴であり、学問を実生活にいかそうとする研究者の模範だった。ビーアド自身がアメリカの自由を愛する民主主義の最良の産物のひとつだった。そして後続の世代の若い歴史家たちにとってそうした民主主義を信奉すべきだという説得力ある存在だった。

（抄訳＝丸茂恭子）

訳注

（1）アメリカの歴史学者（一八六一―一九三二）。ハーバード大学教授。一八九三年に『アメリカ史におけるフロンティアの意義』を発表。当時のアメリカ史といえば制度史、憲法史、東部中心の見方が主流だったが、未開の西部との遭遇がアメリカ的民主主義・個人主義の形成に果たした役割の重要性を説いて大きな影響を与えた。ビーアド、ヴァーノン・パリントンとともに革新主義の歴史家の代表的存在。

（2）『アメリカ外交政策の決定過程、一九三二―一九四〇年（American Foreign Policy in the Making, 1932-1940）』と『ルーズベルトの責任』。

（3）第一次世界大戦の戦争責任をドイツおよびその同盟国に一方的に帰する歴史観を批判する立場。一九二〇年代に特にアメリカで盛んになった。ドイツやオーストリアはヨーロッパ全土に戦争を拡大することは望んでおらず、英仏はドイツの残虐行為を誇張して宣伝したなどとして、ドイツの戦争責任を定めたベルサイユ講和条約は不正確で道義的に正当化できないと論じた。今日では参戦国それぞれに動機があり、ドイツだけに戦争責任があるわけではなかったとの見方が主流となっている。

（4）土地その他の私有財産制を廃し、生産手段を国有または公有として共同管理することを主張する社会主義的立場。多義的に用いられ、無政府主義あるいは共産主義と同義に使われることも。ここではビーアドが公共の福祉のために個人の権利よりも集団の権利を優先する中央集権的な統制の必要を強調したことを指す。

Howard K. Beale, "Charles Beard: Historian" (*Charles A. Beard: An Appraisal*, edited by Howard K. Beale, University of Kentucky Press, 1954).

Howard K. Beale　一八九九年、シカゴ生まれ。シカゴ大卒業後、ハーバード大博士号。アメリカの歴史学者。ウィスコンシン大教授。ビーアドの没後、親しかった学者らの協力を得て追想録を編纂。本人はアメリカ歴史学会の社会科委員会や社会科学研究評議会の歴史委員会などを通じてビーアドと交流があり、特に同委員会から出版した著作をめぐり頻繁に議論したと書き残している。著書にセオドア・ルーズベルトの伝記など。一九五九年没。享年六十歳。

英国人の見方

ハロルド・J・ラスキ

アメリカを金権主義から救う

ヨーロッパ人の目からみて、アメリカが社会科学の発展に果たした役割の中でチャールズ・ビーアドはもっとも傑出した貢献をしたひとりだ。その洞察力は非常に幅広く、奥深い。その作品は大局的な総括にあふれている。大学で世間と隔絶された、安穏とした生活を送る学者たちは、実世界には縁遠い研究を制覇していった最大の弊害のひとつとして専門分野にとらわれるようになったが、ビーアドはそうした狭量な情熱に決して甘んじなかった。彼の作品は常にその美点を反映していた。ビーアドはすばらしく優秀な妻〔メアリー〕とともに、歴史と政治が批評的な研究に求められる厳密性を失うことなく、一般の読者にも面白いと感じてもらえることをはっきりと示したのだった。また彼の仕事にはいつも人道主義的なところがあった。

ビーアドはアメリカでもっとも優秀な人たちからさえも危険な偶像破壊者と目されたことがあった(1)。彼がアメリカの英雄を祀る殿堂の神々を破壊しようとしたというのだ。それも過去の話だ。いまではビーアドの作品が二十世紀の最初の四半世紀の革新主義《プログレッシブ》運動の流れを汲むものだったことははっきりしている。その革新主義運動は、人民主義が一八八〇年代から一八九〇年代にかけて諸悪と闘おうとして、その根源も是正策も本当にはみつけだすことができなかったことからくる深い鬱積を経験したため、より自覚的かつ知的に成熟して生まれた動きだったことも、いまでは明白だ。ビーアドはまさにそのような革新主義運動の真っただ中で作品を執筆したのだった。彼はアメリカが金権主義の国となるのを阻止することに天職を見いだしたひとりだった。ごく少数の利益のためにアメリカ社会に約束された明るい未来を抑圧しようとする、自信満々で強情で、傲慢でさえある金権主義の国となるのを阻もうとしたのだった。

ビーアドの『合衆国憲法の経済的解釈』と続編にあたる『ジェファソン的民主主義の経済的起源（Economic Origins of Jeffersonian Democracy）』の二冊のすばらしい本はビーアドと夫人の偉大な著作『アメリカ文明の興隆（The Rise of American Civilization）』への序章だった。この本は間違いなく、人民の歴史の物語としてもっとも影響力のある世界の六冊（半ダース）のひとつに数えられるだろう。この歴史的な作品には、自己の利益を正当化するような議論の裏にある真相を見抜き、隠された目的の本質を明らかにするビーアドの力が顕著にあらわれている。その分析を「唯物論的」とみなしたり、アメリカの諸制度に対するネオソーシャリスト(2)の攻撃だと断じるのは相当に不当だ。ましてアメリカの歴史の偉大な英雄や伝説的偉人を貶めようとするものだという主張は道理に合わない。この本の真価は第一にそのリアリズムにある。第二に、偉大な政治家や偉大な判事、偉大な起業家たちが人前でかぶらなければならない仮面の下には、彼らに人生を左右される一般の男女のそれと同じような感情がうごめいているのだということを明らかにした功績にある。それだけではない。さらに重要なのは、この作品がアメリカ史を科学的探究の対象たらしめたことだ。われわれはこの本によって、人が周囲を支配下に置くにはいかにその周囲と協調しなければならないかを知ることができる。人がどのような性格で、どのような経験をしてきたために、チャンスの到来した際にこの協調関係をいかそうとするのか、あるいはしないのかを発見できるのだ。

市民の自由を重視

ビーアドは有名な小冊子『政治の経済的基礎』からもよく分かるように、社会生活に影響する要因でもっとも重要なのは経済だと主張し続けた。とはいえ、彼はマルクス主義的な結論を導きだしたこともなければ、社会主義的な結論に達したことすら――少なくとも明白な形では――ない。この点を強調しておくのは大事なことだ。ビーアドは階級闘争が自由を実現するための主要な推進力になると考えたことはない。彼は壊滅的な変革の必要性を認めたこともない。弁証法的唯物論という鍵があれば未来の扉の錠を開けられるし、その先に何が待ちうけているのかは分かっている、と信じる人々の傲慢な確信を、彼は深く嫌悪していた。

ビーアドには前提とするふたつの原則があった。ひとつめは、どのみちなんらかの決断が下されなければならないのであれば、責任ある主体が下すべきだ、というものだった。彼はしたがって重要事項については個人よりも政府が決断を下すべきだという考えだった。ふたつめは、少数独裁の権威主義に代わるべき体制は自由で制限のない市場経済でなければならない、という主張の根拠を歴史にみいだすことはできないというものだった。ビーアドは歴史家としての道を歩みはじめたほぼ当初から、政府が実業家を統制しなければ実業家が政府を支配するということを知っていた。彼はアメリカ憲法の草創期の研究を通じて、巨大な経済力が集中すると経済的主権が発達するものだと認識しておくことの重要性を理解した。そうした経済的主権は国家権力の本質的な性格を容易に左右しかねないのだった。アメリカ経済の大陸的な特徴からして、彼は連邦政府のみが巨大企業に立ち向かう権力をもつと考えたのだった。

彼は自由競争を否定し、計画の必要性を指摘していた。だが、その計画の指針となるべき包括的な原理原則を彼がもっていたとは言えないのだった。彼は政府機構が大々的に改革される必要性を認識していた。議会政治については高く評価していたとはいえ、そのもたらすものはアメリカ精神の伝統にふさわしくないと考えていた。ビーアドは集産主義者《コレクティビスト》だった(3)が社会主義者《ソーシャリスト》ではなかった。少なくともマルクス主義の伝統を重視する社会主義者ではなかった。もし彼が社会主義者とよばれるのであれば、それは自然権の哲学のうち財産権は永遠で時効のないものだという考え方を強く否定してきたからだろう。そうした考え方はアメリカの歴史の重大な局面、局面で持ち込まれた。ビーアドは財産権を人類の利益より大切なものとみなしたことは一度もない。

一方でビーアドの思想のある面にはフロンティア精神(4)の伝統の痕跡がある、と指摘するのも妥当なのである。彼はもっとも中核的な市民の自由――思ったことを罰されることなく発言できる自由、信仰の自由、結社の自由などの諸権利――を非常に重んじていた。そうした自由には、司法裁判所が市民に公正な裁判を保証するアメリカ社会に生きる権利も含まれていた。それは、とある不人気の少数派や反体制の活動家に属する人でも間違いなく公正な裁判を受けることができ、あるいは不公平な裁判に上告しなければならなくなった場合は上位裁判所で必ず偏見のない審問を受けられると確信していられるような、人間社会で実現可能な最大限の保証だった。

あらゆる社会行動は信念の行為

大きなくくりでいえばチャールズ・ビーアドはプラグマティストだと言ってさしつかえないだろう。社会のほとんどの問題について、彼は知的にも感情的にも左寄りだった。生来そうであり、歴史的環境の影響でそうなったところもあった。それは彼が人生とは変化を意味するのであって、変化は継続的に順応していく力を意味することを知っていたからだ。右派の教条主義者《ドグマティスト》はこの力が機能することを脅かす脅威なのだった。なぜなら右派は社会プロセスの変遷に目をそむけることを強く求めるからだ。左派の教条主義者は間違っているかもしれないが、少なくとも変化の必要性を認識している。彼らが敵に議論を呼びかけることで――時間はかかるかもしれないし、痛みを伴うこともあるかもしれないが——変わることの必要性が最終的には相手にも受け入れられる可能性は高いのだった。ビーアドはこのことを痛切に感じていた。なぜなら彼は、特に一九一四年以降、われわれの文明が危機に直面していると認識していたからだ。そして文明にもっとも害を及ぼす要因には、無知のために変化に抵抗することと、無知のまま変化を要求することのふたつの対極的なものがあるのだった。

彼はかつて存在した安全の保障は失われたと信じていた。歴史的な宗教からなにかが見いだせるとは思われなかった。人間関係に科学的手法を適用できると思うのは自己欺瞞にすぎないと彼は考えた。社会科学の対象にはセクト主義的なところがあり、そのことが人間関係を科学だけで把握することを致命的に不可能にしているからだった。それはキリスト教の宗派の多様性がキリスト教の精神が勝利するのを致命的に阻んでいるのと同じことだった。科学は部分的な分析の手段を提供したが、科学の光はごく限られた範囲しか照らさないのだった。このような見解はビーアドが反知性主義あるいは悲観的だったことを意味するものではない。それは科学的な予測に必要な証拠をすべて知るには社会の組織というものが複雑すぎる、という彼の認識を示しているのだ。ビーアドはわれわれに民主主義の信念をかたく守り、その価値観をわれわれが常に迫られる決断に反映するという以上のことは求めなかった。その考え方は、ほぼあらゆる社会行動を信念の行為とするのだった。

ビーアドはユートピアへの近道などないことを承知していた。中間層の「自由企業」への自負心も、暴力革命が必要性の世界から自由の世界へと一足飛びに移ることを可能にするという共産主義の信念も、近道にはつながらないのだった。七十五歳を目前に、彼は人類の道徳的な力と知性でもって文明の伝統を大いなる努力によってより充実した、より豊かなものにする機会を見いだしたのだった。彼は個人としては質素な生活を送ったが、共同体として豊かになることが根本的に重要だという強い信念を持っていた。

彼は生涯を通じて、この精神に生きた。彼が理解しようと努力するのをやめることはなかった。そしてビーアドにとっては、知識と行動は不可分に一体だったのだ。

（抄訳＝丸茂恭子）

訳注

（1）ビーアドが一九一三年に『合衆国憲法の経済的解釈』で憲法の制定者たちには経済的動機があったことを指摘したことで、建国の父たちを冒瀆したと激しく非難されたことを指す。歴史の中の経済的動機に注目する考え方は一九三〇年代にはすっかり受け入れられ、今もビーアドの大きな功績と評価されている。

（2）社会主義を目指すのにマルクス主義や段階的改革を否定し、計画経済による国家とテクノクラート（技術系出身の官僚）主導の改革を主張する立場。一九三〇年代にフランスやベルギーにおこった。

（3）土地その他の私有財産制を廃し、生産手段を国有または公有として共同管理することを主張する社会主義的立場。多義的に用いられ、無政府主義あるいは共産主義と同義に使われることも。ここではビーアドが公共の福祉のために個人の権利よりも集団の権利を優先する中央集権的な統制の必要を強調したことを指す。

（4）開拓者魂。特にアメリカ人が西部辺境に土地を開拓したときのような進取・自由の精神。剛健、忍耐、創意、闘争性、現実性、利己性などを特色とする。

Harold Joseph Laski, "Charles Beard: An English View" (*Charles A. Beard, An Appraisal*, edited by Howard K. Beale, University of Kentucky Press, 1954).

Harold Joseph Laski　一八九三年、英マンチェスター生まれ。オックスフォード大卒。イギリスの政治学者、政治家、教育者、マルクス主義者。一九一六―二〇年ハーバード大講師。同年からロンドン・スクール・オブ・エコノミクス教授。一九四五―四六年は英労働党党首。ビーアドとは一九一九―二〇年にともにニュー・スクール・オブ・リサーチの創設に携わり、三〇年来の付き合いとなった。主著に『危機にたつ民主主義』（一九三三）、『国家――理論と現実』（一九三五）など。一九五〇年、死去。享年五十六歳。

Ⅲ　ビーアドの外交論と世界の未来

序　「大陸主義」は世界平和をもたらす積極外交である

開米潤

チャールズ・ビーアドの外交論は晩年の一九三〇年代以降に集中している。とりわけ、一九三二年に刊行された『海軍（The Navy）』は、当時、欧米の軍人などの間で絶対的な支持を得ていた海軍史家、アルフレッド・T・マハンの海軍権力論を真っ向から否定したもので、軍事力が外交よりも先んじることが民主社会にとっていかに危険であるかを論じたビーアド外交論のエッセンスを早くも予知させるものとして注目される。

それによると、第一次世界大戦後に明らかになったドイツの公文書類を分析した結果、ビーアドはイギリスとの激しい建艦競争の挙句、第一次世界大戦を引き起こしたドイツの海軍拡張政策の背後には、今日でいう〝軍産複合体〟に相当する専門家集団（軍人、軍属、産業家などの経済的利害関係者を含む）の存在があったことを発見した。そして、アメリカもドイツ同様にそうした専門家集団が海軍という一大産業の周辺にあって、必要以上に危機を煽り、軍備拡張を促そうと世論操作を行うなどの危うさがあることを警告している。

ビーアドが海軍の必要性をまったく認めていなかったわけではない。ただ、「大陸主義」を堅持すれば、海軍がアメリカ大陸から外征する必要はなく、従ってそれに必要な海軍力も、外敵から自らの領土を守る防御兵器としての沿岸警備隊程度でいいとしていた。しかし、第一次大戦後、テクロノジーが急速に発達、軍艦の大型化・高速化を促したほか、その後、航空機をも誕生させた。このため、ビーアドの小規模海軍論も、軍事技術が〝牧歌的な〟

時代にこそ可能だったが、予想以上の技術革新下では現実を知らない学者の絵空事との批判を免れなかった。

二年後の一九三四年には『国民的利益の概念——アメリカ外交政策の分析的研究（The Idea of National Interest, An Analytical Study in American Foreign Policy）』を発表した。これは外交論における主要研究のひとつとなった。ビーアドはまず近代の外交は「国民的利益（national interest）を基軸として動いているとし、これをアメリカの史実によって検討した。そして「国民的利益」が結局、アメリカ政治の最大の関心事であるとともに間接的には民間企業の関心事でもあり、それを増大させるために政府をはじめとする公私の各種機関が存在していると主張した。そう考えると、近代外交政策の基軸である「国民的利益」は国内政治を動かす諸要因とほぼ同一であって、決して別個の概念ではなく、従来からある様々な国内的諸利益を合成したものにすぎない。

しかし、その国民的利益を海外へ膨張させる政策はすでに破綻し、その修正は急務である。それがニュー・ディール政策の下で行われるべき国内福祉優先の政策であり、これを突き進めていけば、海外への膨張政策をとらなくても、将来への活路を見いだすことができると説いた。ビーアドはルーズベルトのニュー・ディールを高く評価していた。ただ、それが次第に行き詰まり、そのはけ口として——公共事業の追加による景気刺激効果と国際的危機の切迫化にともなう防衛力の強化——海軍を拡張する方向に向かい始めると、ビーアドの疑念は徐々に深まっていった。

一九三五年には『国内の門戸開放（The Open Door at Home）』を刊行した。これは先の『国民的利益の概念』の姉妹編で、国民的利益に代わる外交政策の新たな指針を提示することを目論んだ極めて意欲的な作品だった。それによると「今後、必要とされる外交政策の基軸は伝統的な国際主義でも国家主義、孤立主義」でもなく「新しい公共福祉の国民主義」であって「まず、国内で公共福祉の実現を図り、対外関係において盲目的、利己的に暴発するおそれのある国内諸勢力を統御する。当面の政策としては従来の膨張政策から撤退し、縮小された防衛範囲にとどまって国内公共福祉の増大に努力する必要がある」としている。この主張に対して、当時、賛否が激しく交差した。確かに実際の政策として採用されるにはビーアドの提言は数十年早かったが、建設的な意見として評価する向きもあった。なぜなら「干渉主義、モンロー主義、門戸開放主義を、欧州、アメリカ大陸、アジア大陸で都合よく使い分けしても、少しも怪しまなかった従来のアメリカ外交を根底から覆すものであり、国際関係におけるニュー・ディール政策となる可能性があったからだ」(『アメリカ研究』一九四八年)という。

一九四〇年代に入ると、ビーアドは三冊の外交論を発表している。『アメリカのための外交政策』(*A Foreign Policy for America*, 1940. 早坂二郎訳『アメリカの外交政策』一九四一年)、『アメリカ外交政策の決定過程、一九三二―一九四〇年』(*American Foreign Policy in the Making, 1932-1940: A Study in Responsibilities*, 1946)、そして『ルーズベルトの責任――日米戦争はなぜ始まったか』(英語版は一九四八年)である。

なかでも『アメリカのための外交政策』にはビーアドの外交観が明確に表れている。それによると、アメリカの外交政策は、歴史的に見て、帝国主義、国際主義、大陸主義に大別することができる。しかし、前二者は不当な政策であり、有害そのものである。それに反して、大陸主義は建国当初からアメリカ文明の発展とともに成長したものであって、正統かつ積極的な外交政策であるという。

すでに欧州で戦争が始まり、アメリカ大陸にも危機が迫りつつあった。それに合衆国はどう対応すべきか。ビーアドの答えは明快だった。「合衆国が大陸主義を終始一貫して遂行すれば、アメリカばかりでなく、世界の他の諸国に平和をもたらすことに有利に働きこそすれ、決して妨げるものではない」。一九三〇年代以降、外交論や国際政治の分野で、研鑽を積んできたビーアドの思想遍歴がここに結実したのである。このため、その後の二冊の外交論は、必然的に、大陸主義を選択せず、国際主義と帝国主義へとひたすら走ったルーズベルト大統領の外交政策を真正面から批判するものとなった。

このため、Ⅲでは『責任』の原点となった『アメリカのための外交政策』を抄訳し直し、掲載することにした。

1

「大陸主義」とは何か

――『アメリカのための外交政策』(一九四〇年) 抄訳

チャールズ・A・ビーアド

外交政策を遂行するということは、いわゆる外国や国際社会といった国外の事柄に関して慇懃丁重な外交文書や外交辞令を交換することばかりではない。それは国内の利害関係やひたむきな意気込み、憤懣などから起こるものであると同時に、そうした関係や感情を底知れぬ深みまで煽るものでもある。どのようなときでも、外交政策上の賢明にして慎重な決断とは国家が国に破滅をもたらすような約束をしないようにするものであり、平和と安全のうちに文明を発展できるようにするものだ。反対に、愚劣で短慮な決断は国に圧政や借金、経済的破綻、戦争、死、一般的な人心の不安や騒動よりもはるかに革命的な結果を招きかねない。一九一四年の夏、ウィーンの外務省が下したいくつかの決定[1]は由緒を誇ったオーストリア＝ハンガリー帝国の没落と、世界規模の惨禍の前奏曲となったのだった。

それ自体が大きな危険をはらんだ制度である公式の外交政策は常に少数の者によって遂行されている。こんにち、何千万人もの生命、自由、財産がわずか一〇人の人間の手に握られていると言っても決して過言ではない。この点においては民主主義国といえども独裁国とほとんど変わらないのかもしれない。世界各国の外交に関する業務は通常、当然のことながら秘密にされている。民主主義国であれ独裁国であれ、二、三人が、あるいは甚だしい場合にはたった一人の人間が、ひとつの事件を拡大し、明文化されている議会の宣戦布告の権限を空文化せしめ、報道の力をも無力にするような事態を醸成するような決定を下すこともあるかもしれない。

となるとアメリカ国民にとってこれ以上に重要で、熱心かつ活発に考究するだけの価値がある政治の局面がほかにあるだろうか。

外交政策は一個の世界観であり国家観である

わが国の外交政策は政府が外国および外国人との関係を処理していくにあたって遵守すべき、正式に承認された行動の大綱である。それは国際情勢の変転に伴って日々もちあがる具体的な事案に対して現実に適用される公の道理や原理、原則を定めたものである。総合的にみれば、これらの一般原則はそれぞれが合理的であり、互いに矛盾撞着せず、首尾一貫して全体を構成するものと考えられている。これらの原則は世界各国政府との外交を処理するのに適用しうるものとされているため、それは必然的に全世界を、さまざまな文明や国家形態、利害関係の組織を、対象とするものである。

国家の外交政策は、立案者が政治家であろうと民間人であろうと、一定の世界観と、その政府が代表する国家の国家観に基づいている。そうした世界観や国家観は現実に即したものであることもあれば、非現実的である場合もある。辛酸に満ちた経験や多年にわたる研究、広範な旅行の結果であることもあれば、たまたま読んだ内容や噂話、新聞の見出しや最近耳にした世評などから寄せ集めた断片的な知識に基づくものである場合もある。知識の裏付けを伴う重みのあるものもあれば、空疎な願望で膨れ上がったものもある。だが、それが何でできていようと、それは一個の世界観であり、世界の一部としての国家観である。どれほど不快なものであろうとも、それはあらゆる国家、勢力圏、帝国の出現と存在を包含する古今の歴史のひとつの史観なのである。

包括的で現実に即した政策をたてるには、国際社会における自国の国家観をもつだけでは十分とはいえない。外国の支配階級や一般民衆の目に映る自国の国家観もまた、精通した政策をたてるには必要不可欠なのである。人は決して自分のことを他人と同じように見ることはできない、とは言わないまでも、必ずしも他人と同じ目でみることはできない。しかし、相手の目に映る自分というものも、あらゆる相手のあるやり取りにおいて考慮されるべきひとつの決定因子なのである。アメリカ国民は台湾からそう遠くないフィリピンを征服したことを忘れて、自国政府のことを極東に平和をもたらす博愛の主唱者と思っているかもしれないが、それは日本の上流階級や一般民衆の目に映るわが国の姿とはいささか異なるのである。日本国民はわが国に対してまた別の、それも決してまったくの非現実的な空想とは言えない印象を抱いているのであり、このことは合衆国政府が東京の外務省と折衝するにあたって考慮すべき現実のひとつなのである。またベルリン政府が公式に描いているイギリスのイメージは、ロンドンのイギリス外務省が意図するものとは似ても似つかないものである。自分の思い描く自国のイメージだけが唯一、貪欲や独りよがりに冒されていないもので、他人が抱いているのは故意に歪曲されたイメージだと信じるような身勝手はいかなる政治家にも断じて許されないのであり、そうした自己中心的な思いは、他人を不快にし、非難やそしりを招くものである。

知識に基づく世界観は多くの構成要素からなっている——その国の地理的な位置と国境、民族構成、経済、通商を推進しようとする勢い、軍隊の規模とその性質、貿易商や製造業者の野心、政党や派閥の対立、農業や工業の盛衰、政治家が政権を獲得するためにもちだした約束、いまの時代に主流の文明観、内政と外交のイデオロギー、文学の風潮、教育制度、宗教的関心、内政や外交における労働団体の役割、政治機構、新聞やラジオその他の通信宣伝機関に許された自由の程度、安全ないし支配のための階級闘争——この長たらしいリストが厄介なものであるにせよ、少なくともこれだけの要素を考慮に入れずにつくられた世界観や国家観は架空的な性質を帯びざるを得ないのである。

外交政策とは行動を前提にしているものであるから、そこに描かれる世界観には必要と考えられるもの、可能と考えられるもの、望ましいと考えられるものがすべて含まれていなければならない。例えば、太平洋が茫洋たることは明確な事実であり、海軍の技術が発達していることもまた確固たる事実だ。これらふたつの事実はアメリカ政府が極東にいかなる外交政策を適用するにあたっても必ず考慮に入れなければならない要件をなすものである。必要性の観点から無益な政策を策定し、主張するのは無意味なのだ。

精通した外交政策とは、必要性が満たされて複数の可能性や行動の選択肢が検討できるようになった段階のことも考慮に入れるものだ。例えば、極東においてイギリスと緊密に連携することに好意的な世論がすでに存在していたり、あるいはそうした世論が政府の手によって醸成できるというのであれば、その選択肢もまた政策としてとりうる可能性のひとつとなるのである。いくつかの可能性が浮上し、その中から選択をすることが許される場合には、それが望ましいかどうか、国家や世界のためになるかどうかという要素が考慮のうちに入ってくるのである。そして過去や現在の世界観に、未来に対する希望というものが加わるのである。

外交政策は他国の政府および権益と重大な関係があるものであるから、これを現実的な立場から策定するには、それら外国政府ならびに権益の構成を概観するとともに、それらがいかに運営されているかに関する正確な知識が求められる。そういった知識が非常に大量に存在するのは間違いない。にもかかわらず、そのもっとも大切な部分は把握するのが難しい場合が多い。それはひとつには知識自体が不十分なためであり、またひとつには世界各地の社会や個人の生活の性質が急速に変化しているためでもある。一例をあげるなら、ワシントンの政府が特定の国で長年実施されてきた関税政策が今後も継続されるという想定のもとにある政策を決定したとする。だが、相手国の政府ないし内閣が倒壊し、翌日にはこれまでとは異なる情勢に直面することもあるかもしれない。知識は一夜にして、実践するには陳腐なものになってしまうかもしれないのだ。ワシントン政府はいかなるときも、既存の制度が事実上目に見えない力の作用を受けて別個のものに変化する過程をたどっていないと確信することはできないのである。見慣れたやり取りと思われるものも、見かけどおりとは限らない。どの国の外務省のもっとも事情に精通した官吏といえども、神々の霊知と洞察力は与えられていないのであるから、重大な問題に関して丹念に集めた知識がたちまち無用の長物になったり、まったくの嘘になるという状況に直面することもあるだろう。

外国情勢という流砂に外交政策の基盤を置いてはならない

とかく誤報や見当違いになりがちな情報に基づいて行動することの危険は、各国の政府が自国権益の保護増進のために行っている秘密交渉によってさらに複雑なものになっている。例えば、歴史の中からわずか三百年を例にとってみても、堅固な同盟と思われたものも一朝にして解消され、不倶戴天の敵もたちまちにして盟邦となり、温かい友情も一気に憎悪に燃える敵意に代わることを示している。現在の国際社会の力関係が永遠に、とは言わずたった一週間でも、続くという仮定のもとにアメリカのヨーロッパやアジアに対する外交政策を宣言することは混乱や無益というリスクを招くものであり、下手をすれば敗北をもたらすのである。

友情と敵意が入れ替わる幾多の例と、そうした関係を重視する態度から生まれた政策の混乱の実例の中でも、いわゆる枢軸連合の運命とルーズベルト大統領が一九三七年にシカゴで行った「隔離」演説ほど顕著な例はない。当時ベルリンとローマと東京はロシアに対する防共協定の盟約によって、また西欧民主主義に対抗するという基本的な申し合わせによって、強固に結束しているかのようであった。盟約は堅く結ばれたもののようであり、枢軸国のスポークスマンは永久不変の団結を世界に盛んに宣言していたのであった。

この連合が事実であり、したがって人類の平和を脅かすものであるという仮定のもとに、ルーズベルト大統領は、その他の諸国は一致団結してこれら侵略国を隔離する政策をとるべきだと提唱し、ホロコースト(2)が行われるとすればアメリカは黙っているわけにはいかないと宣言したのであった。しかし、それから二年足らずの間にベルリンは枢軸の敵と目されたロシアと緊密な連携〔独ソ不可侵条約(3)〕を結ぶことによって枢軸を損ない、かつて熱心な平和の擁護者とみなされたロシアは自ら積極的な侵略国となったのである。かくして恐るべきホロコーストが行われたのであった。

それでもルーズベルト大統領は当時、アメリカの不動の政策として戦争不介入を宣言したのだった。それから数カ月もたたないうちに、大統領はサムナー・ウェルズ〔国務次官〕を移動大使[4]としてヨーロッパに派遣した。その任務は平和の不倶戴天の敵とつい先ごろまで非難していたイタリアとドイツの独裁者たちと、平和問題について会談するというものだった。こうしてヨーロッパの合従連衡に巻き込まれないようにとしたワシントン[5]〔大統領〕の警告の現実みと、アメリカの政策の基盤を欧州情勢という変転極まりない流砂の上に置いてはならないとする慎重な原則の有用性が再び痛烈に実証されたのであった。限られた、あるいは当てにならない知識に基づいて行動することがいかに重大な危険をはらんでいるかがまたしても証明されたのだった。

　外交政策がたとえある世界観に基づいて考え出されたものであったとしても、それは内政の一面であり、内政と切り離すことのできない一面なのである。この点はいかに強調してもし過ぎることはなく、また何度繰り返して述べても言い過ぎということはない。外交政策を策定し、遂行するのは、自国の利権を代表し、かつ国内ではそうした利権を実現あるいは規制する国内法を制定し、施行する政府と同じ政府なのである。理論家はあるいはこれと反対の議論を主張するかもしれないが、そのような議論は決して成立しない。なぜなら、外交政策を立案する政治家や職業政治家と、国内政策を策定する者を明確に区別することは実際のところできないのであり、また外交政策に関連する利権と国内政策に織り込まれた利権の間にはっきりとした線引きをすることもできないからだ。必然的に、外交の分野における重大な行動はすべてアメリカ社会の一員たるアメリカ国民の権利、特権、利益、利得、そして文化的価値に実質的に深甚な影響を及ぼすのである。

　国内政策が決定されるにあたって強い影響力を持つ多くの民間の利権は、程度の差こそあれ、外国の民間の利権の消長と通商を通じて密接につながっている。それはすでに貿易が行われている場合も、将来的な取引の可能性という観点からも、そうだ。例えば、海外に市場を求めようとしている綿花や小麦の生産者は外国の紡績事業や製粉事業の景況に、またこの種の商品の輸入量に影響する外国の関税政策に、深い関心を寄せるものだ。また、製品の大部分を外国で売っているアメリカの製造業者は多分に外国の競合会社と激烈な競争を繰り広げているだろう。アメリカの利権は種々の競争ないしは提携を通じて、アメリカの国境を越えて対外的に進出していくものだ。そしてその際に直面する外国との関係を処理していくのに、なにがしかの政府の支援を受けているのだ。このように、こうした利権は、その源は合衆国の国内にありながら、地球の果てまで反響を及ぼす可能性があり、また事実、たびたび及ぼしているのである。外交政策の動機と性格を研究するとなると、そうした国内外で起きた反響の跡をたどって調べることは避けられない作業なのだ。

従って、外交政策に関わる問題が浮上した場合には、ただちに次の三つのことが問われるべきだ——その政策は国内の特殊利益団体およびその在外の関係先とどのような関係があるのか？　その政策はそうした特殊利益団体および国家権益全般に対してどのような影響を及ぼすか？　その政策は誰が立案したものか？

例えば、通商政策は輸出と輸入のどちらの利権にも関係するとともに、国内市場向けに商品を生産する製造業者や農民にも影響を及ぼす。高い関税は、国内法に定められているのであれ、条約によるのであれ、一方には不利となり、他方にとっては有利となる。それと同時に、高関税は軍事産業や国家防衛体制を整えるという国家の利益にも直接的に関係するのである。

外交政策と国内政策が表裏一体であるという事実を無視したり、特殊利益団体のもつ政策への影響を軽視することは、実情を誤ることであり、外交政策に誤解をもちこみ、個別具体的な行動事案において失敗するリスクを招く結果となる。意図的にこのような行動に出ることは、国民に対する意識的な欺瞞を働くことだ。

外交政策の重大性と、政策にどのような知識や解釈が反映されるかということのはらむ危険性を考えれば、当然のことながら政策の立案者たちの経験、知恵、そして実証済みの力量が最も重視されるべき問題となる。政策立案者たちは果たして合衆国と諸外国の歴史や慣習、諸制度等に精通しているか？　重大問題について外国の代表に対応する立場にあったことがあるか？　公人として政治の道を心得た態度をとってきたか？　人間の本性を見抜く洞察力や交渉の技術の持ち主であることを示してきたか？　政治制度の一員として働くにあたって細やかな心配りができることを実践してきたか？　力というものの限界と可能性を見極めるセンスがあることを実証してきたか？　合衆国の幸福に最大の関心を持っているということを、自ら証明してきたか？　それとも、世界観の構築を担う者たちは言葉や文書、封印に用いる蝋をもてあそぶ机上の哲学者なのか？　それも、あるいはアメリカ文明以外のなにかに心を傾けているような人物なのであろうか？　国際情勢の中で合衆国の国家としての行動の第一義的目的を達成するのに最善の外交政策を、いくつもの矛盾する政策の中から選ぶに際して問うべき試金石がここにある。

「外国市場」主義は幻影

アメリカの外交政策は、その歴史の遺産として、互いに相容れない要素——大陸主義、帝国主義、国際主義——が緩やかに混じりあったものとなった。この三つの方針はいずれも、程度の差こそあれ、特殊の利害関係者や一部の知識階級からそれぞれに支持された。世界情勢に危機があるごとに外国の出来事をめぐり合衆国内で激しい論戦が続けられる中で、各派はアメリカの民心をとらえ、政策の方向性を支配すべく、宣伝や様々な通信媒体を用いて策動してきた。世論調査においては政策の風向きはさまざまに転じ、意外な展開も示してきた。

しかし、正式な選挙や議会の論争という形で繰り返し試されるたびに、世論の主体は常に結果的に大陸主義を支持してきた。合衆国の軸足を大陸主義から帝国主義や国際主義に揺り動かそうとした政治家たちが一時的には勝利を得たことはあっても、その試みが完全に成功したことはない。彼らの努力に対して国民は総じて強い抵抗感を示し、エキセントリックな行動をとった後は、その都度、均衡を取り戻し、地理的基盤に立ち戻る強い傾向を示してきた。

アメリカの歴史において、支配階級のエリート層がアメリカ国を大陸主義という軸足から引き離し、表向きにはアメリカの産業に繁栄をもたらし、アメリカの国威を盛んにするような諸外国や地域との関係を求めて世界的冒険に向かわせたことが二度ある。最初が一八九八年[6]であり、二度目は一九一七年[7]だ。しかしながら、国民の大多数は二度ともその進出に反対し、その偽りの約束に誤りを見出し、大陸主義の軌道に立ち返ったのだった。帝国主義は利益をもたらすことも、栄誉をもたらすことも、安全をもたらすこともできなかった。国際主義はヴェルサイユにおいて破たんした[8]——国際連盟のもとにおける勢力争いによって、また戦争のプロパガンダが暴露されたことによって、そして歴史から抹消しえないもろもろの残忍な事件によって。

帝国主義や国際主義に反対する国民の根本的な決意は再三再四、示されてきた。それはフィリピン地域からの撤退を規定した条文の中に、列強が存亡を賭して争っている地域で貿易に従事するというもっともらしい権利を放棄したことで、アメリカの船舶や旅行者が交戦地域に立ち入ることを禁じた中立法に、グアム島を一大海軍基地とすることを議会が拒否したその行動によって、中国とのとるにたらない貿易をめぐって大戦争に突入することに明らかに消極的なその姿勢によって、そして国内経済の危機をアメリカの「過剰品」を海外に厄介払いする——つまり外国人にくれてやる——という人為的手段によらず、国内的措置によって克服しようとする粘り強い努力という形で、示されたのである。

コブデンとブライト[9]の「国際的自由貿易」の概念に基づく幾多の現実離れした政策上の冒険を試みた後、アメリカ国民が直面したのは、その種の自由の発展ではなく、異なる原則に基づいて行動する国家の数が着実に増えたという事態だった。国際的自由貿易はせいぜい部分的に行われたにすぎず、その方向性を目指す傾向は覆されたのだった。

ドイツとイタリアとロシアと日本は全体主義的性格の統制経済に移っている。フランスとイギリスとその他の諸国は管理と「組織化」の方向に転じた。合衆国が全力を尽くしてこれらの諸国に通商を強要し、外国との貿易ルートを拡張しようとしたとしても、諸外国の政府――資本主義、ファシズム、共産主義の政府――にとって、それぞれの生活問題を国内での直接行動によって解決するという、どうやら圧倒的に魅力的な決意を前に、大した成果は上げられなかっただろう。アメリカ文明は全く余儀なく、その本来の姿に立ち戻らされたのである。

遅々としてではあったが、次第にはっきりと、帝国主義や国際主義の「外国市場」主義は幻影だということが理解されていった。これは外国貿易が非難され、望ましくないとみなされたということではない。むしろ、国内で入手できない産物をアメリカが必要とする範囲の中で求める分には、そうした貿易が望ましいことは十分にみとめられたのである。ただ、それはアメリカの産業や農業の高成長に不可欠な購買力の成長余地がまさにこの地にあること、成長は国内で新しい富を創出することにかかっているということなのだった。それはまた国内に遊休工場や遊休労働力、遊休資源を抱えることで年間二百億あるいは三百億ドルが無駄になっていることと比べれば、三〇億や四〇億ドル相当の外国貿易は比較的少額なものだということであり、アメリカの企業が発展を目指すべきフロンティアは大陸内にあるのであって伝説化されたインド諸国やライン川、ドナウ川、〔ポーランドの〕ウィスワ川にはないのだということであり、そしてわれわれの周りにある、まさにこの地にこそ偉大な文明に必要な材料がそろっているのだということだった。最大の課題は、この大陸において壮大な努力によって達成されるべき目標として浮上した文明の構想を、ヨーロッパやアジアの長年に続く合従連衡に巻き込まれることも、帝国主義を頼みとすることもなく実現するために、男女を問わずすべての人たちが共有する価値観の力や知性をどのようにして科学技術や創意工夫、民間の活動力、そして公営企業に結集するかなのだった。

この大陸主義はアメリカをして「隠遁」国家にしようとするものではなかった。草創期の共和国で提唱された当初から、そのような不可能な考えが採り入れられたことはなかった。それはアメリカ文明がヨーロッパからの伝承を活かしてきたという明白な事実を、アメリカ文明が西洋文明の一部であるということを、かつ西洋文化と東洋文化の双方と不断に接触してきたことを否定するものではなかった。それはヨーロッパやアジアの戦争が合衆国に「影響を及ぼす」あるいは「関係がある」ものだという明白な事実を否定するものではなかった。それはヨーロッパや中国（またインドやエチオピア）の受難に「無関心である」ことを意味するものではなかった。実際のところ、あらゆる歴史を通じて、地球上のすべての地域における人類の災難――戦争や飢饉、革命、迫害、地震などから生じる災難――に対して、これほど気前よく富をつぎ込んだ国民はほかにいないのである。

そうした戦争や苦難との関係でいえば、大陸主義は単に、アメリカが自国の利害関係と支配の及ぶ地域以外の生活を救済し、再建し、保全する力には限度があるという事実を承認するということにすぎない。つまり合衆国が単独であれ、あるいは何らかの連合体の一員としてであれ、欧州やアジアに平和を強制し、両地域において民主的で平和的な政府が樹立されることを請け負い、そのような政府が永続するのに不可欠な社会的、経済的な支援を提供する力をもたなかったという厳然たる事実を認めることにすぎないのだ。道義の問題について言えば、大陸主義者は他の国々やその国民に対する責任が存在することを否定するものではなかった。むしろ逆で、彼らは合衆国の物質的、経済的、政治的制約を十分に考慮したうえで、共和国を大惨事につながるような災いから守るという崇高な責務を全うするために、そうした責任が果たされることに賛同したものだった。この考え方が絶対的な道義に求められる滅私的精神において欠けるところがあったとしても、国際社会によって示されてきたほかの多くの事例と比べれば、確かに価値のあるものだと主張できるのだった。

大陸主義は、国内の重大な経済的、社会的危機を克服し、アメリカ文明の最も優れた特色をさらに強化することに関心と精力と英知を集中させることを意味する以外に、厳密に解釈すれば、かつての正しい、節度ある外交に立ち戻ることを意味した。国民やメディアが外交問題を議論し、中立法の許す範囲内で特定の国や政党や党派や主義主張を支持する自由は一般に広く通用する真理として受け止められた。同様に、アメリカが自国の平和を守るのであれば、合衆国が外交関係を維持しており、平和的状態にある外国を、その国がよい国であれ悪い国であれ、非難し罵倒することは慎むのが公人の、特に国全体を代表して発言する大統領と国務長官の務めであるのも道理だ。

正しい政策というものもまた、公人に以下のようにあることを求めるのだった。他国の習慣や道徳について無益で冗長な論議をするのは避けるように、抗議をする場合は品格ある表現でするように、外国政府との必要な交渉においてはできる限り簡潔、丁寧に語り、かつ書くように、陸海軍の力で強要できる見通しのないようなことは大言壮語しないように、国際関係は自制心をもって対処するように、そして広く認められている外交慣例に従って控えめな態度をとるように、つまり柔らかい口調で話しながら万一に備えるための準備を怠らず、最後の手段として戦争に訴えようというときまでは怒りは抑えるように。当局者のそのような行動は、合衆国政府をして海外におけるはかり知れない憎悪から免れ、全世界の苦難に悩まされている人々に対してそうすることが妥当な場合には権限をもって奉仕し、協力を提供することを可能にし、その結果として外国の尊敬のみならず情愛と賞賛をも勝ち得ることにもつながるだろう。

合衆国がこの政策を終始一貫して遂行すれば、世界の他の諸国に平和をもたらすことに有利に働きこそすれ、決してこれを妨げるものではない。

（抄訳＝丸茂恭子）

注

(1)一九一四年六月にオーストリアの皇太子がサラエボでセルビア人青年に暗殺されたサラエボ事件を受けてオーストリア＝ハンガリー帝国(首都ウィーン)はセルビアによる陰謀だとして最後通牒を突き付けた。さらに翌月にはセルビアに宣戦布告、これがきっかけとなってヨーロッパ各国間に巡らされていた同盟や協商関係が連鎖的に発動され、第一次世界大戦が始まった。

(2)第二次世界大戦中のナチス・ドイツによるユダヤ人などに対する大量虐殺。一九三〇年代から四〇年代にかけてユダヤ人だけで約六百万人がナチス占領下で殺戮され、当時のヨーロッパのユダヤ人人口の実に三分の二が殺されたことになるという。

(3)第二次世界大戦直前の一九三九年八月にドイツとソ連(現ロシア)の間で電撃的に調印された条約。相互の不侵略、締約国の一方が第三国と戦争状態に入った場合に他方はこれを援助しない、締約国はいずれも他方を対象とする国家の連合に参加しない、などと定めた。

(4)一定の任地をもたず、外交使節として各国を巡回する特命全権大使。

(5)ジョージ・ワシントン(一七三二―九九)初代大統領は一七九六年九月の離任演説で、合衆国は外国の紛争に不介入の方針をとるべきだと訴えた。外国の領土を得るために自国の領土を失ったり、自国の運命がヨーロッパの野心や対立、利権、気まぐれや移り気に巻き込まれるようなことは不必要であり、賢明ではないと説いた。

(6)アメリカ―スペイン戦争または米西戦争。スペインの植民地だったキューバの独立運動を契機にアメリカとスペインの間で戦われた戦争。アメリカが勝利し、フィリピン、グアム、プエルト・リコを米国領とした。

(7)第一次世界大戦でアメリカがドイツに宣戦布告し、連合国側で参戦した。

(8)一九一九年六月、ベルサイユで第一次世界大戦処理のための国際協調主義に基づく講和条約が結ばれたが、一九二九年に世界恐慌が起き、一九三三年にナチス政権が成立したことなどによって、このベルサイユ体制は崩壊した。

(9)リチャード・コブデン(一八〇四―六五)とジョン・ブライト(一八一一―八九)。ともにイギリスの政治家で自由貿易運動の主導者。特に一八四六年に国産穀物の保護を定めた穀物法の廃止を実現したことで知られる。

2　ビーアドの衝いたアメリカの「独善」

——アメリカはどこへ向かっているのか

開米 潤

はじめに

「戦争が単に偶発的あるいは偶然に起きたのではなく、一〇〇年以上にわたって極東に関してアメリカが外交交渉やさまざまな外交活動を行ってきた結果であり、この共和国にとって新しい、危険な時代の幕開けがきたのだと信じて疑わなかった[1]」。

アメリカ人の歴史家、チャールズ・ビーアドは一九四一年十二月八日（米東部時間は七日）、日本軍が真珠湾を攻撃したとのラジオニュースを聞いて、こう思ったという。

ほとんどのアメリカ国民にとって日米開戦は予期せぬ出来事だった。ルーズベルト大統領がそれまで「アメリカが戦争に巻き込まれることはない」と何度も公約していたためだ。だから、戦争が日本軍の〝奇襲〟という形で衝撃的に始まると、アメリカ国民の怒りのボルテージは一気に高まり、米社会を厚く覆っていた反戦気分が瞬く間に打ち払われた。

しかし、ビーアドは違っていた。そうした派手な外観に一切惑わされず、冷静に事件の本質をとらえていた。戦争は百年以上にわたる米極東外交の帰結であって偶然ではない。つまり戦争は起こるべくして起きた。そして、共和国にとって新しい、危険な時代の幕開けが来た――。これがビーアドの見立てだったが、実に意味深長な言い回しである。

日本の真珠湾攻撃によってこじ開けられた「危険な新時代」とはいったい何を暗示しているのだろうか。ビーアドが六三年前、亡くなる直前に遺したアメリカ国民への最後のメッセージを手掛かりに「今、アメリカとは何か」を考えてみたい。……

「共和国」の原点

チャールズ・ビーアドは日米戦争を早い段階で予見していた。それは戦争が実際に始まる一六年前のことだった。その当時、日米関係は移民問題で大きく揺れていた。一九二四年、米連邦議会が排日移民法案を可決し、日本からの新たな移民を事実上、締め出したことが原因だった。さらに移民の国アメリカの世論はこれにとどまらず、すでにアメリカ社会に帰属していた日本人への排斥でも沸騰、それを受けて、日本でも激しい反米感情が巻き起こった。

そんな最中にビーアドは有力誌に「日本との戦争[2]（War with Japan）」という論文を発表したのだ。実に刺激的なタイトルだったが、その中身はそれとはまったく逆で、日米戦争の妄想にとりつかれ浮足立っていたアメリカの世論に対して、日米戦争などあり得るはずはないと戒めたものだった。ただ、当時の国民が怯えていたように、万が一、将来、日米両国が戦争となるにしても、移民問題が原因となるのではなく「中国問題」での対立がきっかけである――と主張したのだった。その後、歴史はまさにその通りに動いた。

ビーアドはそれより前の一九二二年と二三年の二回、関東大震災を挟んで日本を訪れている。東京市長だった後藤新平（二度目の来日時は内相）の招きに応じたのだ。殊に一回目の来日時の帰途、台湾、満州、中国、朝鮮と巡回旅行して、現地の実情をつぶさに視察し、極東の現実を自身の目で確かめたことでアジアへの意識が高まった。日本とのかかわりを持つようになって、欧州史家、アメリカ史家、憲法史家というキャリアから大きく脱皮し、ビーアドは真の意味で、世界史大の〝文明史家〟に成長したともいえる[3]。

日米戦争が実際に始まると、自らの予言が的中したこともあってか、ビーアドの問題意識は一段と刺激された。そこで「日米戦争はなぜ始まったか」に焦点を絞って新たな調査を始めた。まず、真珠湾攻撃に関する出来事についての資料を少しずつ集め始めたが「単に歴史の重大事件としてではなく、偉大な歴史の中の、あるいはまったく新しい局面を人類に示す」[4]ためにはそれなりの検証と考察の時間が必要だった。加えて、真珠湾攻撃に至るまでのルーズベルト外交の裏側に、ある種の〝作為〟を鋭く嗅ぎ取っていたビーアドであっても、戦争がすでに始まった以上、アメリカ社会に及ぼす影響を配慮せざるを得なかった。多くの若者が戦地に送り出されていく日常の中、同じアメリカ人として国家の統一を乱す行為を――仮に真実を暴き出したとしても――行うわけにはいかなかったからだ。

このため、それまでのように敢然とルーズベルト政権に立ち向かうことを控えた。その代りに案出したのが、この期間を利用して、アメリカの「原点」を見つめ直し、戦争熱に浮かれているアメリカ市民にもう一度、それを訴えることだった。そうした問題意識の下に書かれたのが『共和国』で、一九四三年に出版された。日本語訳が出たのは戦後の一九四九―五〇年（松本重治訳、社会思想研究会出版部）である。

ちょうどそのころ、戦争はすでに二年近く経過していた。その先行きも、アメリカにとって明るい兆しが次第に見え始めていた。とはいえ、依然として、戦争を遂行するため、多くの健全な市民生活が犠牲を強いられていたままだった。そんな日常に反発するかのようにビーアドはこんなことを考えていた――戦争という異常な事態に遭遇している今だからこそ、アメリカ建国の理念とアメリカが戦争中、内外に訴えた「民主主義」「立憲政治」「四つの自由」[5]といった大義が空虚なスローガンになったり、そうした高邁な思想が単なる絵空事に陥ったりしないようその実質をいかに守って行くか、市民ひとりひとりがいかにそれらを自己のものとして行くかを考えるのが大切である、と。だから、こうした問題意識が存分に注がれたこの『共和国』という作品は、アメリカ共和国の根幹をなす様々な理念を、憲法前文、条文、そしてその制定の経過、その後の歴史に即して論じたものとなった。本の中では、ビーアドが講師役を務め、架空の市民数人と議論を深める座談方式がとり入れられており、プラトンの対話篇を彷彿させるのも大きな特徴で、まさに市民のための憲法入門書だった。

合衆国憲法の経済的解釈

合衆国憲法の解釈に関して、ビーアドはすでに独特の方法論を構築していた。それは一九一三年に出版した『合衆国憲法の経済的解釈』(日本語版は池本幸三訳『アメリカ古典文庫11 チャールズ・A・ビーアド』研究社、一九七四年)で初めて示されたものだった。これはそれまでとかく神聖視されがちだった憲法の制定過程にメスを入れて経済的な側面から分析し直し、合衆国憲法起草者の意図を極めて批判的に記したものだった。経済的な側面とは憲法起草者の職業、資産など個人的な利害関係を示している。例えば、彼らが保有する個人資産は国債であったり、金銭貸し付けであったりした。また、中には大農場の経営者や沿岸部に多大な投資を行っていた有力な産業資本家もいた。つまり憲法起草者はそれぞれがそれなりの経済的利益を背景にした人々だった。

もし、そうした人々だったら、一般的にどんな行動をとるか。人間心理への深い洞察を踏まえて、普通の人間である憲法起草者がなぜ、憲法起草を必要としたのかを探ったのだった。つまり、彼らの経済的な思惑から憲法起草の意義を類推しようとしたのだ。ビーアドによると「合衆国憲法の制定運動は連合規約のもとで不利益をこうむってきた動産的な利益を有する四集団によって開始され実行された」という。そしてその四集団とは「すなわち、貨幣、公債、製造工業、通商・海運である」。四つの集団に属する人々が自らの不利益を挽回するため憲法起草行為に走った可能性が高い、というのだ。

ビーアドにとって、合衆国憲法が偶像崇拝され、その起草者、すなわち建国の父たちまでもが個人崇拝の対象とされることは許しがたいことだった。いかに優れた憲法であっても「不磨の大典」ではあり得ない。また、人類史に残るような憲法会議であっても神々の集まりでは決してないし、そのはずもない。普通の人間がフィラデルフィアに集まり、自らの経済的利益や思惑でもって、憲法会議に臨んだ。仮にそうだったとしても、何ら不思議ではないし、それが人間というものである。ビーアドの分析は一九一三年時点で活用できる限りの資料を駆使して得たものだが、それが絶対的に正しいもの、いわば真理であるなどと彼は思わなかった。むしろ、憲法制定過程で見逃しがちな経済的側面（実利的な側面）を抽出することで、アメリカ市民に経済的な解釈という新たな方法論を提示し、単純かつ盲目的な合衆国憲法礼賛、建国の父祖崇拝に陥らないよう警告を発したものだった。

だが、先駆をなす作品というのはとかく軋轢を呼ぶ。この本もその例外ではなく、世論の猛反発を生んで、今日に至っており、様々な批判的分析の書も出ている。その代表的な作品が *Charles Beard and the Constitution: A Critical Analysis of "An Economic Interpretation of the Constitution"*（Robert E. Brown, Princeton University Press, 1956）。著者のロバート・ブラウンは、ビーアドが一九一三年時点で収集した憲法制定会議参加者らの個人的な資産状況などのデータを、一九五六年時点で、それこそひとつひとつ調べ直し、ビーアドが下した結論は大げさすぎると指摘している。

確かにビーアドの『経済的解釈』は統計的なデータがきちんと整備されていない時代のものだった。ビーアドもそのことを十分に意識し、そういうものであると断ったうえで、自らの考えを組み立て、公にしている。四〇年後にデータを調べ直した結果、必ずしもビーアドの指摘通りにはなっていないからといって、ビーアドの問題提起を一刀両断してしまう姿勢はいかがなものか。ただ、ロバート・ブラウンが行ったビーアドの経済的解釈批判も後年、全面的に否定されており、現代に至るまで、きちんとした評価が定まっていない。

ビーアドにとって経済諸現象は歴史を動かす起爆剤であった。なぜなら、人間は経済的な動機で動く動物でもあるからだ。しかし、経済が重要な分析手段となりえても「一般化を求め過ぎるのは大変危険なことだ」と自らを戒めていた。ビーアドの議論は経済決定論であるとの批判がある。確かにビーアドはマルクスの影響を受けたが、マルクス主義には陥らず、経済決定論の盲目性は断固として拒否した。ビーアドの伝記を編纂したハワード・ビールによると、ビーアドは「私は経済的な動機ですべてが説明できるなどとは言っていない。もちろん思想は大事だ。

道徳的概念もまた重要だ。私はただ、人を行動に駆り立てるさまざまな動機の中で衣食住の確保が歴史的にみて常にもっとも重要だと言ってきたのであって、そう言ったにすぎない」と語るのを直接、聞いたことがあるという[6]。

ビーアドはここで理論を提示したのではなかった。憲法生成過程を経済的に解釈した場合にどのような推論を得ることができるか。ひとつの方法論を示したに過ぎない。それが結果的に神格化された憲法論議を現実に引き戻した。だから、当時のアメリカ人にとっては衝撃的だったのであり、数々の批判にさらされながらも、いまだに市民の記憶に残っている[7]。

孤高の人の戦い

『経済的解釈』を発表してからちょうど三〇年後、アメリカはナチス・ドイツや日本の軍国主義との戦いに直面することになった。この戦いに立ち向かっていくにはどうすべきか。強大な軍事力を背景に静かに忍び寄って来る敵に対して、こちらも軍事力を早急に整備し、世界のあちらこちらで物理的に対抗するだけでいいのか。アメリカ世論が分裂し沸き立っているのを眺めながらビーアドはここでも〝孤高の人〟を貫いた。

世論は風に左右される。権力者のほんのちょっとしたさじ加減でまるっきり正反対の流れができるのが世論だった。もちろん、その危険性を、誰よりも知悉していたビーアドだったが、アメリカの歴史の表層がざわついているときだからこそ、何よりも、建国以来のイデオロギーに立ち返って、精神的に自らを防御することのほうが大切であるように思えた。そのイデオロギーとはもちろん、合衆国憲法に基づく政治だった。換言すれば、非常時の今だからこそ、アメリカ共和国の原点である、この原理を擁護することがもっとも重要である、と考えたのだった。

ビーアドによると、立憲政治の原理は「一つの永遠の持続的原理であります。それは、専制政治の権威主義的な原理に対立する理念ないし理想として、常に存在する[8]」もので、専制政治に対抗する理念として位置付けられている。さらにその立憲政治の「要諦は、権力の制限にあるのです。デモクラシーの権力（人民の政治的支配力――『アメリカ共和国』訳者注）に対しても制限があるのが立憲政治なのです。この制限は、特別多数によってでなければ改正のできない憲法の条章に明記されていますし、のみならず、それはまた、政府の組織のしかたそのものにも、表われているのです」[9]。ここではナチス・ドイツや軍国主義日本といった、今、迫り来る国外の勢力に対してだけでなく、アメリカ内部に対しても、立憲政治を守ることの大切さを説いている。それが「デモクラシーの権力に対しても制限がある」ということの意味だ。戦争という異常時だからといって「デモクラシーの権力に対する制限」が失われると、いかに民主的な国家であっても、あっさりと専制政治に陥ってしまう危険性を訴えているのだった。

世界大恐慌とそれに続く第二次世界大戦はアメリカの立憲政治も大きく後退させた一大事件だった。正義の戦いを勝ち抜くためとの理由で、ルーズベルト大統領は自らに強大な権限を認めるよう国民と連邦議会に迫り、次々とそうした政策を立法化させていった。「デモクラシーの権力に対しても制限がある」のが立憲政治であったが、ルーズベルトの行為は明らかに憲政の常道から逸脱していた。ビーアドにとってニュー・ディール政策は当初、対外伸長ではなく、国内改革に力を入れることによって、国を強化する政策と映ったため高く評価していた。それが結果的にアメリカ経済を「大恐慌」のどん底から立ち直らせるきっかけとなればいいと考えたからだった。だが、ニュー・ディール政策の方向性が国内改革にとどまらず「大海軍設立構想」などに向かい出すと、それに伴ってビーアドの態度も大きく変わっていった。そしてついにある事件でふたりの関係の悪化は決定的となった。

それは連邦最高裁判所がルーズベルト大統領のニュー・ディール政策の多くに次々と違憲判断を下したことがきっかけだった。

これに業を煮やした大統領も対抗手段を打った。それは最高裁判事（定員は九人、判事の任期は原則として終身）の首をすげ替えようとする大胆なものだった[10]。立憲政治の番人である最高裁判事を、自分の言うことを聞かないからといって、その職から追い出そうとする――これはまさに強権的であり、専制政治そのものだった。ビーアドには戦時だからといって看過できるものではなかった。そのとき、ビーアドはワシントンやリンカーンといった国家の非常時に大統領職にあった父祖たちを思い起こしていた。ルーズベルトの行為は彼らの意図を完全に蔑ろにする行為に見えたのだった。以後、ビーアドは在野における反ルーズベルト勢力の中核をなしていくことになる。

その背景には次のような歴史的なエピソードがあった。十八世紀後半、独立戦争を指揮したワシントン（初代大統領）は戦後のあり方をめぐって国論が分裂する中、自らを蚊帳の外に置いた。自分を新しい国家の国王あるいは独裁者にしようとする勢力の諸提案をことごとく拒絶し、戦争が終わると一切の権限を捨てて故郷に戻った。独立後の政治形態をどうするかという全国的に展開された論争の解決は「提案、討論、そして一般人民による採択という手続によってなすべきだ[11]」と熱心に主張した。それが結果的に立憲政治を打ち立てる重要な布石となった。また、南北戦争時の大統領だったリンカーンも同じように「憲法を無視してしまい、南部連合を弾圧するためには、一切の憲法的拘束に妨げられることのない強力そのものの戦争を遂行せよ、という急進的共和党員の提議を、かれ（リンカーン――引用者注）は拒否した[12]」という。

ふたりの大統領は戦争という異常時にあっても、立憲政治という共和国の原点から決して逸脱することはなかった。だが、ルーズベルトの場合はどうか。最高裁判事を更迭しようとしたルーズベルトの姿勢に不信感を抱いたビーアドは、「アメリカは戦争に巻き込まれることはない」などと何度も主張していた大統領の表向きの顔の裏側にある危うさ――建国の理念である立憲政治を貶める危うさ――を鋭く嗅ぎ取り、真珠湾攻撃に至るまでの経緯を詳細に分析し直すことで、なぜ戦争が始まったのかの真相を突き止めようとした。

その成果が『ルーズベルトの責任』であった。それによると、ルーズベルト大統領は憲法を遵守すると国民に誓いながら、それを裏切った。例えば、秘密の目的を推進する法律（武器貸与法）を成立させるため連邦議会と国民にその法律の趣旨（戦争に巻き込まれないようにするための自衛的な法律である）を偽った。また、そのようにして法律が施行されたとして、その後も、その法律のもとで実施を目指す目的と政策について正しく伝えなかった。さらに言えば、大統領は詭弁家の法律家に密かに法案をまとめさせ、大統領の権力と任命権を行使し、憲法上、連邦議会が本来、大統領に委任することができない権力（交戦権）を曖昧な表現で大統領に付与する法律を成立させた。また、大統領はそのような法律を成立させた後、事前に宣言した通りに反戦政策をとると公言しながら公式発表に完全に矛盾して宣戦布告なき「武力行使」（ドイツ潜水艦に対する攻撃）を始める計画を立て、実行した。そして、大統領はある外交政策を公式に発表しておきながら、それと正反対の政策を秘密裏に遂行し、特定の外国政府（日本）が米国に対して先に発砲するよう仕向けるための外交や行動を推進、そうすることで連邦議会にその憲法上の権限に基づいて宣戦布告を決議するよう事前に求める必要を回避した――と。[13]

そして、こう結論付けた。

「アメリカ共和国は、その歴史において、いま、合衆国大統領が公に事実を曲げて伝えておきながら、密かに外交政策を遂行し、外交を樹立し、戦争を開始する制約のない権力を有する、という理論に到達した」[14]。

合衆国憲法の父、ジェームズ・マディソンが百年以上前、アメリカの政治は一九三〇年ごろに試練を迎えるだろうと予言したことを引き合いに出して「マディソンが予見した状況そのものではないものの、試練はまさに到来した――そしてわれわれの共和国をシーザーから守ってくれる神はいない」。実に刺激的な言葉でこの本を締めくくったのだった。確かに大統領権限はルーズベルト時代を境に急速に拡大した。しかし、それがそのまま戦後に引き継がれるとしたらアメリカ共和国はどうなるのか。そうした時代こそ、ビーアドが恐れていた共和国にとって新しく、危険な時代の幕開けだった。そのことに思いを巡らせたとき、ビーアドの脳裏に共和制ローマを終わらせ、自らが終身独裁官となって帝政の礎を築いたジュリアス・シーザー（これは英語読み、ラテン語読みではガイウス・ユリウス・カエサル）が忽然と浮かんだ。

「そしてわれわれの共和国をシーザーから守ってくれる神はいないのである」。それはアメリカの市民への警鐘だった。

冷戦、ベトナム戦争、テロとの戦い――アメリカはどこへ

ビーアドの政治的立場は「孤立主義」[15]と呼ばれるものに近い。ビーアド自身は「大陸主義」と標榜している。もともとアメリカの対外政策の基本的スタンスには大陸主義、帝国主義、国際主義の三つがあり、それらがしばしば複雑に絡まり合って影響を及ぼしあってきた。ただ、政治家がその都度どういう方針をとろうとしても、国民は原則として大陸主義を求め、アメリカ大陸以外の問題に合衆国が深く関与することに反対してきた歴史的経緯があるという。[16]しかし、第二次世界大戦で国際主義が台頭、そして戦争に勝利すると、戦後もこれが世論と政治をリードするようになった。アメリカが連合国の勝利に決定的な役割を演じたことで国民の間に「世界はアメリカを必要としている」との感情が強くなったためだ。戦後、アメリカが世界の警察官として世界の秩序維持に努めるようになったのもその表れだった。

アメリカは確かにドイツ、日本を打ち破った。が、それらに代わってソ連が新たな敵として立ちはだかり、瞬く間に世界政治のもう一方の雄として君臨するようになった。主戦場となったヨーロッパは疲弊していた。戦争で大半の国々が壊滅的な損害をこうむり、そうした中、共産主義勢力が静かに伸張。特にフランスやイタリアでは共産党が国民（イタリアではとりわけ農民層）の支持を獲得しつつあった。イギリスにも、もはや力は残っておらず、かつての大英帝国の面影はなかった。いずれにしても西欧諸国の中で単独でソ連に対抗できる勢力は残っておらず、ヨーロッパの安全保障はアメリカ頼みとなった。

ソ連は欧州だけでなく、アジアなど世界各地でアメリカへの対決姿勢を鮮明にし、アメリカはそれを何とか封じ込めようとした。戦後の世界は米ソがそれぞれ新たな世界秩序を求めて真っ向から対立する構造となった。それが結果的に世界を、アメリカを盟主とする資本主義・自由主義陣営とソ連を盟主とする共産主義・社会主義陣営とに分裂させた。これが「冷戦」である。

アメリカが戦後、積極的にヨーロッパに関わっていくことを約束したのが、ルーズベルト大統領（一九四五年四月死去）の後を受け継いだトルーマン大統領によって一九四七年三月に行われた一般教書演説であった。トルーマン大統領はイギリスに代わってギリシャとトルコの防衛を引き受けることを宣言したのだ。その際、大統領はもし、ギリシャとトルコが必要とする援助を受けなければ「ヨーロッパ各地で共産主義のドミノ現象が起こるだろう」と述べ、共産主義陣営への対決姿勢を明確にした。これは「トルーマン・ドクトリン」[17]と呼ばれるようになった。また、同じ年の六月、ジョージ・マーシャル国務長官がハーバード大学で、ヨーロッパ復興計画（マーシャル・プラン[18]）を発表、西欧諸国への大規模援助を行うことを約束し、その後、順次、実行していった。こうして「トルーマン・ドクトリン」と「マーシャル・プラン」は戦後のアメリカの対外姿勢のモデル政策となっていった。

米ソが水面下で対立した冷戦下、世界各地の紛争はことごとく米ソ両陣営の「代理戦争」の様相を帯びた。中でも、ベトナム戦争（一九六〇—七五年）はその顕著な例で、アメリカが南ベトナムを、ソ連、中国が北ベトナムをそれぞれ支援、双方で泥沼の戦いとなった。その詳細については省くが、アメリカは結果的にこの戦争に敗れ、撤退を余儀なくされた。この戦争でアメリカは約五万八千人の戦死者と約二千人の行方不明者を出した。米社会に深刻な影響をもたらした。ケネディ政権とジョンソン政権で国防長官としてベトナム戦争を指揮したロバート・S・マクナマラは回顧録[19]で、ベトナムにおける失敗の最大の要因は「われわれがその地域に住む人たちの歴史、文化、政治、さらには指導者たちの人柄や習慣についてわれわれの深刻な無知を反映していたことだ」としている。さらに

「ベトナム問題について決定を下そうとしたときに（自分たちの周りには）東南アジアの専門家がまったくいなかった」とも述べている。戦争をする相手のことをまったく理解せず、力任せで押し切れば簡単にやっつけられる――と考えていたわけで、戦後のアメリカがいかにおごり高ぶっていたかの証左であろう。

ビーアドはこうしたアメリカが陥りやすい〝独善〟についても鋭い洞察力を示していた。「合衆国は今や世界的な大国であり……間違いなく、世界の中の強国であり、それ相応の義務を持つ。しかし、合衆国の軍事力や経済的資源に裏づけられた力の及ぶ範囲は限られる。……アメリカ大陸という本拠から離れれば離れるほど効率は低下する。そして政府がその力の限界を超えれば超えるほど、この国を大きな惨事に導く可能性がある――すなわちアメリカ陸軍、海軍、空軍の勝利できる圏内を超えた欧州やアジアにおける戦争での手ひどい敗北である[20]」。まさにこの通りだろう。

ベトナム戦争の敗北はアメリカの威信を大きく傷つけた。しかし、もう一方の大国、ソ連も、その後、アフガニスタン侵攻で失敗[21]し、それがきっかけとなって〝ソ連帝国〟の屋台骨が軋んでいくことになった。そして一九八九年十一月、いわゆるベルリンの壁が崩れ、東西冷戦は終わりを告げた。ソ連自身も二年後の一九九一年十二月、崩壊した。

冷戦が終わると、それまで世界各地で抑制されていた紛争が活発化するようになった。特に、アフリカ、中東、東欧、中央アジアなどの旧社会主義国家の途上国では内戦が頻繁に発生、その地域の不安定化が進んだ。急速に進んだ経済のグローバリゼーションが世界的に貧富の差を拡大したのも地域の不安定化を助長する要因となった。このため、貧困や紛争で苦しむ地域では、その地域に根差した伝統的な生活態度や価値観、慣習を再評価する動きが広がった。特に、パレスチナ問題を抱える中東では反シオニズム・反米感情が台頭するようになった。アメリカはこうした国々、あるいは地域の憎悪の対象となり、危険地域にある大使館などがテロに見舞われるようになった。

そして、二〇〇一年九月十一日。「同時多発テロ」が起きた。これはイスラム過激派が旅客機四機をハイジャックしニューヨークとワシントンに向かわせ、世界貿易センタービルや国防総省ビルなどに突っ込ませたもので、約三千人の死者が出たのは記憶に新しい。当時のジョージ・W・ブッシュ大統領はイスラム過激派の拠点であるアフガニスタンやイラクに対して有志連合国とともに報復攻撃を決意、断行した。

この「テロとの戦い」を指揮したドナルド・ラムズフェルド元国防長官は回顧録[22]で「自由と安全を守るためにわれわれは攻撃的になる必要がある。弱さは攻撃を誘うからだ。アメリカは長く困難な戦いをあくまで貫く意志と勇気を失ってはならない。意志を失えば、アメリカはどんな戦いにも勝ちはしない」。アメリカはその存在をかけて戦い続けなければならない、と強く主張しているのだ。同じ国防長官でありながら、マクナマラに見られた悲壮感は微塵もないが、ベトナム戦争から数十年の時を隔てて、再び、アメリカに独善と傲慢さが蘇りつつあることを示している。

ビーアドはこうも述べている。

「過去何世紀にもわたって散在する、膨張し過ぎた帝国の残骸がまさに現代に教訓を提供するとするならば、それは絶対的権力を追い求めることは腐敗をもたらすだけでなく、やがて破滅をもたらすということだ[23]」。

ソ連との戦いに勝ち、世界の超大国となったアメリカ。いわば絶対的な権力を得た唯一の世界国家は「テロとの戦い」を強力に推し進めている。強大な軍事力を背景に「パワー・ポリティクス」を追求すればするほど、世界の周辺部で不信や恨みを買うことになる。それがまた、「テロ」の温床となる。

この目に見えない敵に直面して、最強国家アメリカは世界でもっとも危険な国家となった。このパラドックスをどう考えるか。

だが、アメリカにとって見えない敵はこれだけではない。普段はアメリカ社会の奥深くに身を隠していて、いざとなると急激に頭をもたげる敵――それは大統領強権を是認し立憲政治をないがしろにする国内勢力のことであり、時として、この理念の共和国を独善と驕りに導く勢力のことである。

そうした勢力の出現を、建国の父たちはもっとも恐れた。そして、ビーアドは「絶対的権力は腐敗だけでなく破滅をもたらす」と述べた。アメリカは今、どこへ向かおうとしているのだろうか。

注

(1)『ルーズベルトの責任――日米戦争はなぜ始まったか』上巻第九章注(1)。
(2)雑誌『ネーション』一九二五年三月二十五日号。詳細は本書「日米関係の核心は中国問題である」(二三九頁〜)を参照。
(3)Ellen Nore, *Charles A. Beard: An Intellectual Biography* (Southern Illinois University Press, 1983) の "Voyages to the Orient" の章にビーアドが極東旅行を終えた後に友人に対して手紙を書いたことが紹介されている。その中で、彼は「……日本や中国は合衆国やその他西洋諸国と違っている。(初めての旅行を経験して)私は変わった。もう二度ともとに戻らない」と述べ、自身の中で意識改革が進行した喜びを告げている。
(4)『ルーズベルトの責任』上巻第九章注(1)。
(5)フランクリン・ルーズベルト米大統領が一九四一年の年頭教書で提唱した、①言論と意志表明の自由、②信仰の自由、③欠乏からの自由、④恐怖からの自由――を指す。その後の大西洋憲章や国連憲章の基礎となった。
(6)Howard K. Beale 編著 *Charles A. Beard: An Appraisal* 所収の Beal 著 "Charles Beard: Historian"(本書「歴史家、チャールズ・ビーアド」(二五四頁〜))。
(7)ロバート・ダウンズ『アメリカを変えた本』(斉藤光・本間長世訳、研究社、一九七四年)では『経済的解釈』がトマス・ペインの『コモンセンス』などと並んで、アメリカ社会に大きな影響を及ぼした二五冊の中に選ばれている。
(8)『アメリカ共和国』第二話「……この憲法を制定する」。
(9)同第三話「憲法のもとにおけるデモクラシーと権利」。
(10)合衆国憲法では連邦最高裁判所の判事は大統領が指名、任命することになっているが、上院の同意と助言が必要となっている。ルーズベルト大統領はニュー・ディール政策関連の立法に次々と違憲判決を出した最高裁判所に強く反発、判事人数の増員（定員は九人、判事の任期は原則として終身）を試みた。これをコート・パッキング計画と呼ぶ。七十歳に達しても引退しない判事ひとりについて大統領にひとりの新たな判事を任命する権限を与えるというもので、最大一五人まで人員を増加できるものとされた。この法案は連邦議会の承認を得られなかったが、これに驚いた最高裁は判例を変更、ニュー・ディール政策を合憲とする判決を下した。

(11)『アメリカ共和国』第四話「立憲主義を実践例証したワシントンとジェファソン」。

(12) 同第五話「立憲主義を実践例証したリンカーン」。

(13)『ルーズベルトの責任』下巻第一八章。

(14) 同右。

(15) 孤立主義は第二次世界大戦前までアメリカ合衆国が原則とした外交政策。第五代大統領のジェームズ・モンローが一八二三年、連邦議会で行った演説で、アメリカがヨーロッパ諸国に対して南北アメリカ大陸とヨーロッパ大陸間の相互不干渉を提唱したのが最初。これはモンロー主義と呼ばれ、孤立主義の元祖となった。ただ、元々は初代大統領ジョージ・ワシントンが離任する際の告別演説で「世界のいずれの国家とも、永久的な同盟を結ばずにいくことこそ、われわれの真の国策である」と述べたことが原点となった。アメリカが権益を持っている南北アメリカ大陸以外の地域については不干渉を原則とした。

(16) ビーアド『アメリカの外交政策』（早坂二郎訳、岡倉書房、一九四一年）。

(17) 一九四七年、トルーマン大統領が連邦議会で発表した外交方針。ギリシャ、トルコ両国への軍事・経済援助を議会に要請、世界的規模での反ソ反共政策を提唱した。その主張はマーシャル・プラン、北大西洋条約機構（ＮＡＴＯ）などに受け継がれた。

(18) アメリカが戦後、欧州諸国のために推進したヨーロッパ復興計画。無償もしくは低金利で経済援助を行うことで、発展途上国やヨーロッパの敗戦国を早急に復興、東ヨーロッパの共産主義勢力を食い止めようとする狙いがあった。全欧州を対象としていたが、反ソ・反共主義を前提とした計画であったことから実際には西欧諸国を対象として行われた。巨額な援助金は西欧諸国の経済復興に大いに貢献した。しかし援助額の約七割がアメリカの余剰農産物やその生産品の購入に当てられ、結果として、アメリカの国力を強化した形となった。

(19)『マクナマラ回顧録——ベトナムの悲劇と教訓』(仲晃訳、共同通信社、一九九七年)。
(20)『ルーズベルトの責任』下巻第一八章。
(21) 一九七九年十二月、ソ連軍がアフガニスタンへ侵攻した事件を指す。ソ連は七八年に調印した友好協力善隣条約に基づき、共産主義政党であるアフガニスタン人民民主党が打ち立てた政府の要請に応じての派兵としたが、反政府派の激しい抵抗と強い国際的非難に遭遇し八八年に全面撤退した。
(22)『真珠湾からバグダッドへ』(江口泰子・月沢李歌子・島田楓子訳、幻冬舎、二〇一二年)。
(23)『ルーズベルトの責任』下巻第一八章。

3

日米関係の核心は中国問題である

1 忘れられたアメリカ人

丸茂恭子

二〇〇四年、創立二五〇周年を迎えたアメリカ東部の名門、コロンビア大学は記念事業の一環として、専用のウェブサイトを開設した。その中に大学ゆかりの「時代の先駆者」たち一五〇人の名前が刻まれている。

SF作家アイザック・アシモフ、投資家ウォーレン・バフェット、元大統領フランクリン・ルーズベルト……。世界的に名の知れた政治家、学者、実業家、芸術家、運動選手がきら星のごとく並ぶ中で、一人の歴史家の名前がある。

——チャールズ・オースティン・ビーアド（一八七四—一九四八）歴史家。一九〇四年、博士号。一九〇四—一七年と三九年、当校教員。四四年、名誉文学博士号。

このチャールズ・ビーアドと日本との関係は実に深いのだが、今日、それはほとんど忘れられている。ビーアドがいかに日本を愛し、日本社会の発展に大きな功績を残したか。

「忘れられたアメリカ人」——その人と業績を追った。

「日本の復興」という類まれな日本論

チャールズ・ビーアドは一九二三（大正十二）年、アメリカの月刊誌『レビュー・オブ・レビューズ』十月号に「日本の復興」という論文を発表している。実はこの論文が掲載されるほんの少し前の九月一日、日本の関東地方南部を大地震が襲った。死者・行方不明者の数は一〇万五千人余、家屋の全壊数が一〇万九千戸、焼失戸数は二一万二千戸と、まさに未曾有の被害をもたらした。いわゆる関東大震災の影響で帝都・東京、世界有数の生糸貿易港・横浜港は甚大な被害を被って廃墟と化した。

日本の被災状況を伝え、復興支援を呼びかける報道が世界に溢れた。日本に対する世界的な同情が集まる中で、ビーアドの「日本の復興」という論文は日本の惨状を哀れむありふれた報告ではなく、首都が崩壊した気の毒な日本への救援を呼びかける、通り一遍の文章でもなかった。ビーアドはそれを一歩踏み越えて、

「日本とアメリカは関東大震災の復興支援を通して、互いに理解を深め、商業や金融取引上の結びつきを強めることができる」

と訴えたのだった。

当時、日本とアメリカとの関係はすでに緊迫し始めていた。日本が世界の大方の予想に反して日露戦争に勝利してから一八年。この間、台湾と朝鮮半島を植民地化し、満州にも権益を拡大。それだけにとどまらず〝帝国主義的膨張〟を強めていこうとしていた大日本帝国に対してアメリカ政府は警戒心を強めるようになっていた。日露戦争を日本側に有利になるよう尽力してくれたアメリカの親日的な姿勢はそこには微塵もみられなかった。そうしたアメリカの反日的姿勢は国際政治の場では一層露骨になっていた。

例えば一九一八年に終結した第一次世界大戦の戦勝国が利権調整のため集まったワシントン会議(一九二一年十一月—二二年二月)。ここでのアメリカの最大の狙いは日本の軍事力を制限し、日本の台頭をいまのうちに抑え込もうというものだった。日露戦争の勝利で満州・朝鮮半島からロシア勢力を駆逐した日本は極東アジア・太平洋地域では突出した軍事大国となり、殊に日本の海軍力は自らの権益であるフィリピンをも脅かす存在になっていたからだ。今のうちに日本の海軍力を封じ込めておく必要がある——それがアメリカの冷厳な国際政治上の権益感覚だった。

ただ、アメリカが日本に対する警戒感を次第に増大させていった裏にはアメリカの国内問題もあった。アメリカ市民の間ではそのころ、カリフォルニア州を中心に日系移民の排斥運動がいよいよ激しくなっていたのだ。そして一九二四(大正十三)年七月、連邦議会で、排日移民法が可決、成立した。移民の国、アメリカで事実上、日本人移民を締め出したこの法律が日本人の体面をいかに傷つけ、反米感情をあおったか。これはのちの太平洋戦争につながる遠因になった。そうした「排日移民法」が成立する前夜、日米間の緊張がピークに達しようとしていたさなかに、ビーアドは論文の中で、世論に抗して、日本を対等なパートナーと認め、アメリカ人に日本を理解するための努力を求めたのだった。

「アメリカの基準からすると、日本は豊かではない。しかし、日本には人材があり、知性があり、産業があり、不屈の精神があり、計り知れない痛みや犠牲に耐える力がある。私たちは日本の文化、経済、東洋における独特な位置づけ、そして、その権利と義務から生じている特殊な問題についてのまじめで慎重な科学的研究にもっと目を向けることで日本を、そして私たち自身を助けることになる。アメリカでは東洋に関してあまりにもプロパガンダが横行してきた——私たちは情報と理解をもってこれに代えなければならない」。

「日本人は何千人という単位で私たちの国の政治や経済の制度について学びにやってくる。アメリカの研究者も、これまで長きにわたってヨーロッパに出かけていったように東洋に足を運ぶべきである。私たちはヨーロッパ文明に対してしてきたのと同じように、日本文明についても公平で客観的な分析を行うべきなのだ。日本はアメリカに日本を弁明する者も伝道する者も必要としていない。しかし、日本を理解しようという真摯な努力は必ず、(日本人に)ありがたく思われるだろう……」。

ビーアドはさらに、アメリカは緊急の救護活動ばかりでなく、病院や公衆衛生業務の復旧にも手を貸し、日本が発行する復興債券を購入すべきだとも主張している。「日本が欲しているのは施しではなく、自力で復興資金を賄うことだ」と日本の立場に理解を示した。そして「震災によって戦争の不安は遠のいたのだから、あとはアメリカの投資家が知識不足を改めて、金融市場で日本を公正に扱うべきなのだ」とも力説した。また、日本の有識者はおしなべて英語を身につけていると説明したうえで、図書館の蔵書回復に力を貸すべきだとも呼びかけた。なぜなら「英語という言語が私たちを必然的にイギリスと緊密に結び付けているように、この同じ言語が日本人にとって第一外国語であるため彼らと私たちを結びつけている」という理由からだった。つまり、ビーアドは日本の有識者がおしなべて英語を理解している、と指摘することを通じて、日米関係を「英米関係に伍する」関係として扱ったのだった。実に日本の事情に通じた歴史家らしい思慮に満ちた意見であった。

ビーアドはこの論文で、アメリカ人に対して自身の主張「日本への理解を深める」ことを無条件に受け入れて欲しいと正面から言っていない。日本の社会や経済活動についてそれまでの米社会で蔓延していたプロパガンダ(悪意に満ちた政治的宣伝)に惑わされることなく、アメリカ人は「何よりも事実、事実、そしてさらに事実を客観的、科学的に検証、考査すべきだ」と述べ、しっかりとした学問的な日本研究を通して日本への理解を深めていくことが大切である、とやんわりと訴えたのだった。そうした知的努力を継続して行うことが「誤解」に基づく愚かな行動を阻止する唯一の方法だ、と考えたのだった。――

天の授けたる最上の適任者

おそらく、欧米の学者のなかで、当時、ここまで日本に対して深い理解をもっていた学者はほぼ皆無だったに違いない。関東大震災という世界的な大災害が日本に降りかかったゆえにという側面は否定できないが、ビーアドの慈愛に満ちた日本論はやはり当時にあって、異例だった。アメリカの歴史学界を代表するビーアドをしてそこまでさせたのにはそれなりの理由があった。ビーアドと日本の関係は実は関東大震災の数年前に遡るのだ。

——一九二〇（大正九）年十二月、大疑獄事件に揺れた「東京市」（当時の東京は東京府下にあり、現在の東京都よりもかなり小規模な行政単位だった）の新市長に大物政治家、後藤新平（一八五七—一九二九）が就任した。後藤が東京市政を立て直すにあたって手本にしようと考えたのが、アメリカ・ニューヨークだった。ちょうどそのころ、後藤の女婿、鶴見祐輔（一八八五—一九七三）がニューヨークに留学しており、現地の調査を依頼した。鶴見が調査をして、東京市政を立て直すのに頼むべき専門家として白羽の矢を立てたのが、ニューヨーク市政調査会専務理事のビーアドだった。鶴見の報告を受け、後藤はニューヨークに倣って東京にも市政調査会を創設することを決断。そして関東大震災の前年に当たる一九二二年、後藤は発足して間もない「東京市政調査会」の顧問として、ビーアドを日本に招へいしたのだ。

後藤新平はすでに内閣総理大臣の有力候補に度々名前が挙がるほどの大物政治家だった。一八九八（明治三十一）年、台湾総督だった児玉源太郎によって民政長官に抜擢され、後藤は期待にこたえて大活躍をした。後藤の手法は徹底した調査に基づいて現地の事情に即した統治を行うことだった。台湾での行政手腕が中央でも高い評判を呼んで一九〇六年、今度は南満州鉄道（満鉄）の初代総裁に登用された。満鉄は日露戦争に勝利した結果、獲得したものだが、鉄道を運営する会社であると同時に日本の帝国主義が中国大陸にさらに伸びてゆくための一大橋頭堡であり、日本の政財界、軍部の輿望を担って設立された植民地運営会社であった。

この経営でも多大な成果を挙げた後藤はその後、国内に戻ると各内閣で逓信、内務、外務の大臣を歴任した。逓信相と内務相は鉄道行政や警察、公衆衛生、地方行政などを管掌し地方公共団体との関係が深まる要職で、それを何年もやると、いつのまにか全国の地公体に対して大きな影響力を持つようになる。そこでいかに能力を発揮するか。それが次の「宰相」の座を射止める試金石となった。後藤は逓信大臣を一九〇八―一一年と一九一二―一三年の二期にわたって任され、一九一六―一八年は内務大臣を務めたことで地方自治の実態にも精通した第一人者となった。これほどの実力者だった後藤があえてビーアドを呼び寄せた狙いはどこにあったのか。鶴見によれば二つあった。一つは東京市政に関してより実地に即した助言をあおぐことであり、もう一つ――こちらがより重要だったが――ビーアドが「世界的な大学者である」という事実の「多大な宣伝価値」で日本人の都市問題への関心を喚起することにあった。

来日時の後藤新平とビーアド

こうして一九二二年九月十四日、ビーアドは横浜港に降り立った。この日から半年間、ビーアドは東京市政府の権限から予算制度、税制、公益事業、交通事業、社会政策、公衆衛生事業のあり方、細かいところでは都市としての景観の問題や番地のつけ方に至るまで、ニューヨークのみならずロンドン、パリ、ベルリンを研究した成果を踏まえて、東京を調査・研究した。そしてその合間を縫って東京市内のみならず全国五都市を回り、都市行政について三十数回の講演を重ねた。多くの新聞取材にも応じ、講演や調査の合間を縫っては新聞にエッセイを寄稿した。日本について学び、日本に助言をし続けたのだった。

そうした献身的な努力を続けたあとに『東京市政論（原題　東京の行政と政治）』として提言をまとめたのだった。東京での活躍ぶりと東京市政に及ぼした功績は本書「帝都復興は市民の手で」（二二四頁〜）で詳述するが、ビーアドはこのときの経験を通じて、日本と日本人、特に、後藤新平という人物に非常な信頼と大きな期待を寄せるようになった。また、離日する前、後藤が経営した台湾と満州、さらに中国、朝鮮半島を三カ月かけて回ったことも、行政家・後藤新平の手腕に対して敬愛の念とも呼べるほどの高い評価を増すことにつながった。

ビーアドは九カ月におよぶ東洋の長い旅を終えて一九二三年七月、アメリカに帰着すると早速、「日本の調査の政治家」という論文を『レビュー・オブ・レビューズ』九月号に発表した。これはビーアドが目の当たりにした素直な後藤新平論である。

「ヨーロッパやアメリカの国政あるいは地方政治の舞台に圧倒的に多いタイプの政治家を、大物であれ、小物であれ、知る者は（近代社会の諸問題は調査研究によってのみ解明されるという）この理念が西欧世界でどの程度、実現されたか、自ら判断されるがよい。しかし、日本がこの概念に相応しい政治家を、少なくとも一人は輩出したことは疑いようがない」。

「（後藤が）成功する限り、日本は世界に先んじて国政や自治体の最も広義の行政に科学的調査研究を体系的に取り入れることに成功するだろう」。

後藤新平に対する最大の評価である。

一方、後藤新平のチャールズ・ビーアド論も一九二三年、関東大震災後に出版されたビーアドの『東京市政論』の序文にある。それを原文のまま引用してみよう。

「文化研究者の最大要件は、真理探求の燃ゆるが如き情熱なり。情熱なきの徒は、共に当世の時務を談ずるに足らず。市政の要目は、水道鉄管の厚さと、市制の条文とにあらず。都市生活者たる人類の、生活向上に対する人道的感激なり。これあって、初めて、彼は能く紛糾錯雑せる都市行政中に、終始一貫せる理想を洞見することを得べし。

いまこの要求を移して、我が友ビーアド博士を観る、博士は実に、天が東京市政を検討攻覈《こうかく》すべく、吾人に授けたる最上の適任者なり。東京市政論一巻、未だ都市行政の各部門を尽したりと謂はず。況んや、博士多年の造詣に至っては、その九牛の一毛にだも及ばず。然れども、読者心して行間不立の文字を心読せば、博士が人格識見の全幅に横流することを看取すべし」。

文語体でわざわざ紹介したのは後藤新平の真意がふつふつと伝わってくるからである。「天が東京市政を検討攻覈(攻究の意)すべく、吾人に授けたる最上の適任者なり」。後藤がいかにビーアドを信用したか理解できよう。また、後藤によると、二人が国政、市政を論ずるとき、「情意、渾然として相統合し、想華、融然として相吻合す(その思いは全く同じで考えが完全に通じ合い、気持ちは和み、しっくりと一致する)」。

まさにふたりは肝胆相照らす仲であった。

ロックフェラーの支援

ビーアドは「日本の調査の政治家」に続いて『レビュー・オブ・レビューズ』十月号に、日本での経験について、個人的な感想も交えた文章を寄稿する予定だった。しかし、この二本目の原稿が編集部に渡された直後に関東大震災の報がアメリカにもたらされた。九月一日の震災から四日目。第二次山本権兵衛内閣の内務相（後に帝都復興院総裁兼務）を任された後藤はビーアドの再来日を望む電報をアメリカに送ったのだ。これを七日に受け取ったビーアドは、すぐに必要な資料を集めてシアトルから出航、十月六日には横浜に到着した。ビーアドの住むアメリカ東部からシアトルのある西海岸まで鉄道で当時、約一週間かかった。シアトル—横浜間の航海が二週間前後。片道だけで一カ月近くかかった時代に、ビーアドは後藤の電報に接してからわずか一週間ほどで慌しく日本に向けて出立したのだった。

この二回目の渡航費用はニューヨーク市政調査会が全額出した。ただ、実際の資金の出所は実は別にあった。影のスポンサーの存在——これが日本の復興に果たしたビーアドの重要な役割に新たな光を当てることになる。

ニューヨーク市政調査会はロバート・フルトン・カッティング理事長が日本の罹災を知ると、ただちに後藤新平あてに人的支援の申し出を打電していた。すると、数日後にビーアドの来日を請う電報が届いたため早速ビーアドを派遣した。しかし、市政調査会には総額五—六千ドルに上る支出を賄うカネがなかった。この突然の事態にまず手を上げたのが、鉄道王エドワード・ハリマンの未亡人だった。ハリマンは当時、満鉄の共同経営で一時合意したことで日本でも知られていた。ハリマンは市政調査にも強い関心を寄せていた。その遺志を未亡人が継いでこの分野での社会貢献活動を続けていた。未亡人がまず、二五〇〇ドルを市政調査会に寄付し、これにカッティング理事長が五百ドルを上乗せした。それでもまだ、必要経費の半分が足りなかった。そこでニューヨーク市政調査会はさらに後援者を探し求めた。

この寄付要請に応じたのが、大富豪ジョン・D・ロックフェラー・ジュニア（ロックフェラー二世）だった。

ロックフェラー家と一族が設立した慈善団体・教育機関関連の文書を管理するロックフェラー・アーカイブ・セ

ンターに残された書簡[1]によれば、援助依頼が届いてから約二週間で二五〇〇ドルの小切手が送付された。当時、マンハッタンの新しい路線バスの運賃が五セント（現在のバス代は四五倍の二・二五ドル）で計画されていたことを思えば、大変な金額が短期間に動いたことになる。

ビーアドが後藤、ひいては日本に寄せた信頼は『レビュー・オブ・レビューズ』の読者のみならず、市政調査会の面々やロックフェラー、ハリマン未亡人といった多くの有力者にも伝えられていたのだ。実際、ロックフェラー・アーカイブ・センターによると、ビーアドは一回目の来日の後、ロックフェラーに対して日本の公衆衛生事業などを援助するよう、強く促していた。

ロックフェラーはこのとき、ほかにも日本に巨額の寄付をしている。例えば震災直後の赤十字社の呼びかけに応じて二〇万ドルを拠出した。翌年には東京帝国大学図書館に四百万円（ドル建ての額は不明。当時のレートが一ドル＝二・五円とすると一五〇万ドル程度とみられる）を贈った。聖路加国際病院は崩壊した病棟の再建に対する支援を受けた。もちろん、金銭的な支援だけではなかった。ロックフェラー財団傘下の北京協和医学院（現・精華大学医学部）は震災後まもなく東京帝大から八人の研究者を受け入れ、研究が続けられる環境を提供した。図書館や病院などロックフェラーが手を差し伸べた機関はいずれもビーアドが「日本の復興」で対象に挙げた支援先ばかりだ。

東京帝大や聖路加国際病院などそれぞれの組織もロックフェラーに対して独自の働きかけを行っていた。そもそも寄付の理由や支援先の決定要因が一つしかないことは稀である。ビーアドがニューヨーク市政調査会専務理事としてロックフェラー二世と面識があったとはいえ、どの程度の影響力を持っていたかは定かではない。ただ、ロックフェラーは東京帝大図書館に寄付をするにあたって資金使途は大学側の自由裁量としながらも、一つの希望を伝えた。「私の希望としては（中略）私の寄贈する資金によって、図書館の建物の完成だけでなく、図書を購入するためにもかなり多くの資金を供給できればと思っています」。これもビーアドの提言と合致している。また、当時、神奈川県の外事課長として横浜港で支援物資の受け入れにあたっていた後の東京市長、安井誠一郎は、大震災の復興債の「約半分はアメリカがこなしてくれるという腰の入れかただった」と書き残している。(2)

さらに言論で日本を応援した人物がいた。「日本の調査の政治家」と「日本の復興」を掲載した『レビュー・オブ・レビューズ』の編集者、アルバート・ショーだ。ショーは同誌に毎月、「世界の動向」という二〇ページ前後の巻頭コラムを連載しており、十月号では日本を冒頭に取り上げた。それを要約すると、

――日本人は独立独歩の人々であり、震災でも財務の健全性は大して損なわれなかったが、アメリカは友情のために日本を支援すべきだ。両国の間で誤解に基づく敵対関係に陥りそうな時期もあったが、いまは解消された。日本は金銭以外の援助の申し出も多いことに特に感激している。アメリカの技術者、建築家、医師、鉄鋼・木材の専門家などが申し出ている実際的な支援は、日本が欧米とは異なる独自の事情に沿った形で、しかし現代のニーズを満たす都市を再興するのに活かされるだろう。日本の復興にかかる費用の大部分は、軍事費を抑えることによって賄われるのだ。――

ビーアドに比べると、これは断然、アメリカ寄りなのは当たり前のことだが、日本脅威論が台頭していた当時の情勢を勘案すると、相当、日本に好意的な内容には違いない。『レビュー・オブ・レビューズ』の発行部数は約二三万部。日刊紙『ニューヨーク・タイムズ』の三三万部弱には及ばないが『ワシントン・ポスト』の五万五千部よりはるかに多く、雑誌では現在も発行されている週刊の『ネーション』や『ニュー・リパブリック』の一〇倍近かった。二百ページ前後の誌面の半分近くは宝飾店ティファニーをはじめとする高級品や海外旅行、高利回り投資などの広告で、富裕層の知識階級を購読者とする有力誌だった。ショー自身、セオドア・ルーズベルト元大統領の親友として追悼本の寄稿者にも名を連ねたほどの人物だった。その人の名物コラムがアメリカの識者層に持つ影響力は決して小さくなかっただろう。

アメリカ歴史学に光明もたらした学説

このように、アメリカの各方面の有力者がその意見を尊重したチャールズ・ビーアドとはどのような経歴の持ち主だったのか。

チャールズ・オースティン・ビーアドは一八七四年十一月、アメリカ中西部インディアナ州の裕福な共和党系農場経営者の次男に生まれた。クエーカー派の高校を出たビーアドは数年間、父親が買収した新聞社で経営と編集を経験した後、地元のディポー大学に進学した。一八九八年、大学を卒業したビーアドはイギリス・オックスフォード大学大学院に留学。オックスフォードでは大学に通う傍ら、労働者に教育の機会を与える運動にも参加し、ラスキン・ホール（現ラスキン・カレッジ）の創設に大きな役割を果たした。

若きビーアドは異国の地で活動家として活躍しながら著述家としての才能も開花させた。一九〇一年一月にロンドンで処女作『産業革命』の出版をしたのだ。これはイギリスの産業革命を初めて体系的に研究した作品の一つで、新書本より若干大きい、百ページほどの本だが、一九〇二年三月には早くも第二版（改訂版）が出された。のみならず、一九〇六年、一九一一年、一九一八年と再版が続き、同書は著者の生前だけで一〇回版を重ねたのだ。処女作からしてこの売れ行きである。ビーアドの作品は実によく売れた。一九五四年に出版されたビーアド追悼集によると、その段階で著作の発行部数は一一〇〇万部を超えていた。しかもこの統計には日本語訳版の大半が含まれておらず、ほかにも外国語版の売り上げが反映されていない可能性がある。さらに一部の本は現在も復刊が続いているのだ。学術書の世界では異例の快挙である。

一九〇二年、留学生活を終えてイギリスから帰国したビーアドはコロンビア大学大学院に進んだ。一九〇四年に博士号を取得すると同時に講師に採用された。当時のコロンビアといえば政治学のチャールズ・メリアムや経済学のエドワード・セリグマンらを輩出した社会科学の輝ける殿堂だった。同僚の教授陣にも政治学のジョン・ウィリアム・バージェス、人類学のフランツ・ボアズ、哲学者ジョン・デューイをはじめ多彩な人材が集まっていた。先輩同僚に恵まれた環境で、ビーアドは年一冊以上のペースで著作を発表していった。とりわけ一九一〇年の『アメリカの政府と政治』、一九一二年の『最高裁判所と憲法』は代表的な教科書として必読書とされた。教師としての人気も高かった。一九〇七年に助教授に昇進して二年後、大学の学部長が退任することとなった際、大学新聞の後任選びの企画記事で圧倒的な支持を得たという逸話が残されている。一九一一年にはロックフェラーとの縁につながるニューヨーク市政調査会の行政研修所の初代所長に迎えられた。四十歳を前に行政の第一人者として遇されていたのだった。

しかし、ここまでは所詮、専門家の世界の話だ。ビーアドの人生を振り返ると、その真骨頂は世間を巻き込んで物議をかもし、結果として学問の世界のみならず、広く社会の意識を変えたところにある。最初の〝実績〟は一九一三年の著書『合衆国憲法の経済的解釈』が巻き起こした大議論だ。この本でビーアドは、アメリカ合衆国憲法の制定過程には経済的闘争もあり、その結果として憲法は制定者を含む資本家の私有財産を擁護する意味合いがあったことを検証したのだった。実際、この本が出版されるとすぐに賛否両論が激しくぶつかり合った。反発がいかに凄まじかったか、一九八六年版の序文[3]によると、「ウィリアム・タフト元大統領は千人以上の名士を前に〝暴露的探求〟とこき下ろした」「『ネーション』は書評欄で本書を〝第一級の重要性〟を持つ〝先駆的研究〟と評しながら、後日、論説欄でこれを指弾した」「シアトルの公立学校で禁書とされ、公立図書館では閲覧禁止の閉架図書に指定された」……。

『合衆国憲法の経済的解釈』が世に出たころのアメリカでは工業化が急激に進展していた。また、十九世紀末に「フロンティア」が消滅した結果、「富が集中した資本家と不満の膨らむ労働者」あるいは「急速に発展する都市と焦燥感を強める農村」という対立軸が鮮明化し、労災補償制や一般国民による合衆国上院議員の直接選挙制といった社会立法をめぐる論争が激しく繰り広げられていた。特に、共和党では現職だったタフト大統領を領袖とする保守派と前大統領のセオドア・ルーズベルトを擁した進歩派が対立。後者が新たに革新党を創設した結果、共和党員の票が分裂して、一九一二年の大統領選挙で民主党のウッドロー・ウィルソンに敗れるという騒動が起きたばかりだった。

そうした時代状況の中で、この本は革新党員や左翼には賞賛される一方、タフトをはじめとする保守的な共和党員から苛烈な非難を浴びたのだ。それでなくても建国の歴史というのはどの国にあっても神聖化されがちだ。アメリカでもジョージ・ワシントンやベンジャミン・フランクリン、ジェームズ・マディソン、アレクサンダー・ハミルトンら建国の父は、半ば神のように崇められていた。彼らが国民の権利を代表してつくりあげた憲法は一五〇年足らずの歴史の浅い国の、一種の統合の象徴でもあった。憲法や建国の父たちと経済的利害を結びつけること自体、冒瀆的行為としてアメリカ国民に大きな衝撃を与えたのだ。多くの保守的な人々が行ったこの本に対する最大の批判は、ビーアドが「連邦憲法会議代表者が自らの〝経済的利欲〟を満たすために憲法を立案したとして憲法の父祖たちを告発した」点に集中した。当時のビーアドの上司、コロンビア大学のマーレイ・バトラー総長や後に大統領となるウォーレン・ハーディングもその例外ではなく、特にハーディングは先の序文によると「我々の崇敬する愛国者たちの墓を、死体を喰うハイエナのように汚した」「卑劣な嘘とひどいこじつけ」という激しい言葉でビーアドを糾弾した。

非難の砲弾が次々と自分めがけて飛んでくる中にあっても、ビーアドは一切ひるむことなく「浅薄な批評家が、本書を読まないで（中略）軽々しく憶測してきた」とばっさりと切り捨てた。なぜならビーアドには強い自信があったからだ。ビーアドはこの本の中で「建国の父たち」への賞賛もしてはいないかわりに非難も全く加えていなかったのだ。ビーアドが示したのは「経済的利益が政治を左右する一つの条件である」という単純な事実であった。今でこそ当たり前になっているこの大前提が「憲法の制定過程」にあったことを世に広く知らしめたのだ。

後年、イギリスの政治学者ハロルド・ラスキは二十世紀前半においてターナーの「フロンティア理論」とともに「アメリカの歴史学に光明をもたらした学説はアメリカ憲法の起草と承認をめぐる過程の事情に関するビーアド教授の著作だ」と絶賛した。[4] しかし、そうした高い評価がビーアドの学問になされるには少なくとも数年を待たなければならなかった。

ビーアドの思いをよそに、この本は当時、実に様々に利用された。まったく新しい憲法の制定の必要性を裏付けるものとした社会主義者もあれば、逆に新しい「社会立法」への攻撃を正当化する材料とした保守派の最高裁判事もいた。ビーアドは一九三五年に出版された第二版の序文に「おそらく本書ほど、本来の意味合いをまったく超越して、持論とか目論見を正当化するのに用いられた憲法の書物はなかっただろう」と書いている。

「大学は百貨店あるいは工場以下」

すっかり渦中の人となったビーアドだったが、それでも一九一五年にはコロンビア大学の正教授に昇進した。その間、多くの著書や共著も発表した。やがては政治学部の主任教授を務めるようにもなった。『合衆国憲法の経済的解釈』で物議をかもしたものの、ビーアドは学者としても教育者としても順調にキャリアを伸ばしていったのだった。ところが、この安泰な生活を捨てて一九一七年十月九日、突如、コロンビア大学を辞任してしまった。

辞任の直接のきっかけは二人の同僚教授が過去に発表した徴兵反対論を理由に罷免された事件だった。アメリカはこの年、ドイツに宣戦布告して第一次世界大戦に参戦した。国中が戦争熱に浮かれていた。これが反戦論に対する弾圧やドイツ系アメリカ人に対する差別につながってコロンビア大学にもその風潮が及んだ。二人の教授が免職された以外にも政治学部講師が同じように職を追われた。ビーアドが特に問題視したのは、いずれの場合も、学問の専門家であり教育者である教授や講師の人事に〝門外漢〟の理事が総長を通り越して横槍を入れてきたことであり、総長もそうした越権行為に与しないまでも、見て見ぬふりをしていたことだった。解雇された側には反論の機会すら与えられなかった。

ビーアドはその後、『ニュー・リパブリック』誌に寄稿して、こうした行為によって「大学は百貨店あるいは工場以下に貶められるのだ」と糾弾し、ことは学問の自由以前の問題だ、と断じた。当時のビーアドは参戦論者であった。理事会の査問を受けても何ら咎められることはなかった。それにもかかわらず自ら大学を辞めたのだ。これは明らかに大学当局への抗議である。この異常事態を『ニューヨーク・タイムズ』紙は辞任と同じ日の新聞一面で大きく報じた。「コロンビアを辞職——理事会を強く非難」という記事の見出しのすぐ下にはすべて大文字で「言論の自由が争点」とあり、バトラー総長に宛てたビーアドの辞表の全文が掲載された。政治学者リチャード・ホフスタッターは、

「ビーアドはアメリカで学問の自由の問題をめぐり、被害者に同情して辞任した初めての学者では決してなかった。しかし、ビーアドは特に風当たりの厳しいときに辞任したのだ。まして有力大学の経営陣に反旗を翻し、彼らに対する自らの主張を世界中が分かる言葉で伝えたのはビーアドが初めてだった。このような非常に勇気ある自己主張によって、アメリカの学問の自由の伝統は築き上げられてきたのである」

と述べている(5)。

ビーアドはこのとき、四十二歳。後の半生を、組織に依存せず、一研究者、一歴史家として執筆・講演活動に捧げた。

The New York Times.

NEW YORK, TUESDAY, OCTOBER 9, 1917.—TWENTY-TWO PAGES.

QUITS COLUMBIA; ASSAILS TRUSTEES

Professor Charles A. Beard Says Narrow Clique Is Controlling the University.

FREE SPEECH THE ISSUE

Resignation Grows Out of Expulsion of Professors Cattell and Dana.

Charles A. Beard, Professor of Political Science at Columbia University, resigned from the university yesterday, giving as his reason that the institution had fallen under the control of a small and active group of Trustees, who, although "without standing in the world of education," "reactionary and visionless in politics," and "narrow and mediaeval in religion," had throttled freedom of expression among its educators.

His action was partly the outgrowth of the expulsion by the university last week of Professors James McKeen Cattell and Henry Wadsworth Longfellow Dana for disseminating doctrines of disloyalty in the war, and partly the result of a disagreement that had existed between Professor Beard and some of the Trustees of the university since last Spring. Professor Beard had made an address at that time at a Community Centre conference at the Hotel Astor, in which he protested against the repression of independent views and in which he was quoted as saying that if the nation could not bear to hear some malcontent say "To hell with the Stars and Stripes!" it was doomed to failure. The alleged quotation was later said to have been discussed by the same special committee of Trustees which ultimately demanded the resignations of Professors Cattell and Dana.

Professor Beard was recently credited with having publicly resented the expulsion of the two professors, as were also Professor James H. Robinson of the Department of History and Professor John Dewey of the Department of Philosophy. Both of these two last-named professors expressed regret last night over the resignation of Professor Beard, and Professor Robinson added that some protest would probably be taken to the Trustees "in a dignified way" against the repressive methods recently adopted at the institution.

No Question of Pro-Germanism.

Professor Beard, as did also Professor Robinson, insisted that there was no question of "pro-Germanism" in the controversy; that he was heartily in favor of a vigorous prosecution of the war against Germany, but that the opinions of those who did not agree with this program and the war could not be "changed by curses or bludgeons."

This is the letter Professor Beard wrote to President Nicholas Murray Butler of the university:

Oct. 8, 1917.

Nicholas Murray Butler, President
Columbia University:

Dear President Butler—

Having observed closely the inner life at Columbia for many years, I have been driven to the conclusion that the university is really under the control of a small and active group of trustees who have no standing in the world of education, who are reactionary and visionless in politics, and narrow and mediaeval in religion. Their conduct, to use the language of a resolution adopted last Spring by one of the most important Faculties, "betrays a profound misconception of the true function of a university in the advancement of learning." How widespread and deep is this conviction among the professors, only one intimately acquainted with them can know.

If these were ordinary times, one might more readily ignore the unhappy position in which the dominant group in the Board of Trustees has placed the teachers, but these are not ordinary times. We are in the midst of a great war, and we stand on the threshold of an era which will call for all the emancipated thinking that America can command. As you are aware, I have, from the beginning, believed that a victory for the German Imperial Government would plunge all of us into the black night of military barbarism. I was among the first to urge a declaration of war by the United States, and I believe that we should now press forward with all our might to a just conclusion. But thousands of my countrymen do not share this view. Their opinions cannot be changed by curses or bludgeons. Arguments addressed to their reason and understanding are our best hope.

Such arguments, however, must come from men whose disinterestedness is above all suspicion, whose independence is beyond all doubt, and whose devotion to the whole country, as distinguished from any single class or group, is above all question. I am convinced that while I remain in the pay of the Trustees of Columbia University I cannot do effectively my humble part in sustaining public opinion in support of the just war on the

Continued on Page 3.

ビーアドのコロンビア大学辞職を報じる『ニューヨーク・タイムズ』紙
（1917 年 10 月 9 日付）の一面（部分）

ただ、コロンビア大学との縁が永遠に切れたわけではなかった。それから歳月がだいぶ流れた後の一九三九年、ビーアドは一学期だけだったが、コロンビア大学の客員教授を務めた。一九四四年には名誉文学博士の称号を贈られ、復活を果たした。

そして、辞任劇から百年近くを経た今日、ビーアドは「コロンビアゆかりの時代の先駆者」に選ばれた。二五〇年の長い歴史の中の、たった一五〇人の一人に、大学のあり方を公然と批判して大学経営陣に辞表をたたきつけた人物が選ばれたのだ。

ビーアドが生涯、貫いた「学問の自由」。その伝統が、アメリカには今なお、しっかりと生きている証である。

注

(1) Rockefeller Family Collection, Record Group 2, Series D, Box 40, Folder 318.
(2) 安井誠一郎『東京私記』都政人協会、一九六〇年。
(3) *An Economic Interpretation of the Constitution of the United States*, Free Press, 1986.
(4) Harold J. Laski, *The American Democracy*, The Viking Press, 1948.
(5) Richard Hofstadter, *The Progressive Historians*, Alfred A Knopf Inc., 1968.

2 帝都復興は市民の手で——ビーアドのメッセージ

阿部直哉

「かつて首都は強大な力を持つ国王や皇帝によってその栄光と富を象徴するためにつくられたものだった。一方、現代の都市は一般の市民の住む街でもあり、都市の性格を最終的に決めるのは市民である。現代の都市は市民にさまざまな機能、恩恵を提供し得るが、これを可能にするもしないも市民次第だ。市民が公共の利益のために個人の利益を犠牲にできるかどうか。都市の命運はその都市の人々の手中にある。これが現代の都市計画の精神なのだ」。

これはチャールズ・ビーアドが九〇年も前に行われた講演で、東京市民に直接、語りかけた言葉である。

「Build your own town（都市は市民自らがつくるものである）[1]」

こう題された講演は六分弱と短いものだ。しかし、残されているその音声から、ゆっくりと聴衆に語りかけるビーアドの真摯な姿が蘇ってくる。そして、この簡潔で、力強い一句に、ビーアドが伝えたかったメッセージが込められている。……

市政の腐敗に立ち向かう

チャールズ・ビーアドが初めて日本にやってきたのは大正十一（一九二二）年九月十四日だった。この日の午前八時、横浜港の埠頭にビーアド一家を乗せたプレジデント・ジャックソン号が接岸すると、待ち構えていた弟子の早稲田大学教授、高橋清吾、後藤新平・東京市長の女婿、鶴見祐輔、東京市関係者らがデッキへと駆け上がった。そんな彼らに向かって、ビーアドは開口一番、「私は東京市のためになることでしたら私の持っている、ありったけの力を尽くして働きたい」(2)。長旅の疲れも見せずに笑顔でこう述べたという。

ビーアドが日本にやってきたのは後藤市長に招かれたからだが、その背景には東京市の汚職があった――明治二十二（一八八九）年五月、東京に市制が施行され、しばらくすると市と市会をめぐる汚職事件が目立つようになった。汚物掃除請負人指定事件、量水器購入事件、水道鉄管納入違約金事件……。大正九（一九二〇）年には瓦斯料金値上げ許可事件などが発覚、市会議員の不正行為も繰り返された。東京市道路工事をめぐる疑獄事件では専修大学の創始者で学者肌の田尻稲次郎市長が引責辞任に追い込まれた。そんな異常事態に田尻の後を受けて東京市長に就任したのが後藤新平だった。後藤はこのとき、すでに大政治家である。明治四十一年、第二次桂太郎内閣で逓信大臣として初入閣して以来、内務大臣、外務大臣などを歴任、次の宰相との呼び声が高かった。そんな中央政界の大物が腐敗にあえぐ東京市の建て直しを請われ、引き受けたのは大正九年十二月十七日、田尻辞任からほぼ一カ月後のことであった。

東京市長に就任した後藤は、すぐさま汚職や不正にまみれた市政の刷新に成功したニューヨーク市政の研究に没頭した。後藤はかねてよりあらゆる角度から国政を科学的に調査・研究する必要性を訴えてきたが、まずは地方行政での実験とばかりに東京市政を調査研究する専門機関を創設することを決断、そうして発足したのが「東京市政調査会」（一九二二年二月）だった。ニューヨーク市政の刷新がニューヨーク市政調査会の活動によるところが大きいことを自らの研究で見抜いた〝科学者政治家〟後藤ならではの英断だった。しかし、調査会という、いわば「器」をつくってはみたものの、それで汚職が根絶できるわけではない。東京市政調査会で次に何をなすべきか。あれこれ思案のあげくに白羽の矢が立ったのがニューヨーク市政調査会専務理事を経験したことのあるビーアドの招へいだった。

ニューヨーク市政も、十九世紀後半から二十世紀初頭にかけて汚職にまみれていた。汚職の根源にはタマニー協会という選挙マシーンの存在があった。日本でいえば、地方政界と中央政界の間を行ったり来たりして権益をむさぼる〝政治ゴロ〟集団のようなものである。元々は民主党の一派閥から出発したにすぎなかったが、次第に党勢拡大と称し新規の移民に買収や過剰なまでの饗応を繰り返す集票マシーンとして暗躍、その結果、ニューヨーク市政を牛耳る一大勢力に拡大した。権力の集中化と巨大化は必ず腐敗を生む。この格言通りに市政は腐敗を極めた。〝タマニー・ホール〟。この言葉を聞いたらニューヨーク市民なら誰でも顔を曇らせる。まさに買収の代名詞として今でも語り継がれている。

そんな悪の権化、タマニー協会と徹底的に対決し、市政からその影響力を排除するのに大きな役目を果たしたのがビーアドだった。後藤はそんな勇猛果敢な硬骨漢に東京市の刷新を託そうとしたのだった。後藤がビーアドに目をつけた裏には鶴見祐輔の存在が見逃せない。鶴見は後藤の女婿だが、鉄道省のホープ的な官僚で、当時は一時休職して、ニューヨークに留学していた。その鶴見に後藤がニューヨーク市政の研究をして直ちに報告せよ、と命令。岳父の意を受けて鶴見が専門家の間を駆け回るなどして必死になって原因を追究していると、ニューヨーク市制刷新の最大の功労者、ビーアドの存在を知ったという。鶴見はある日、ビーアドを訪ねた。そして率直に尋ねた。「私たちは何をすべきですか」。

そのとき、ビーアドから得た助言を含めて、鶴見が後藤に書き送った大正十（一九二二）年一月二十六日付の書簡が残っている。表向きの形式は私信だが、まるで報告書のようにしっかりとしていて、そこからは鶴見の熱意が十分に伝わってくる。鶴見はその冒頭、ビーアドの助言を次のように簡潔にまとめている。

「Accounting Form を厳密にして、収支をチェックして監督に使《ママ》すること。米国において特有の発達を有したるビジネス・メソッドを政治行政の上に運用すること」[3]。

Accounting Form とは公的会計制度のことを示しているものとおもわれる。現代流にいえば東京市の会計制度を刷新し、私企業の会計制度のように、支出と収入を徹底的にチェックし、それを透明化することをさしていようか。

ビーアドはまた、鶴見との最初の面談で、ニューヨーク市政調査会会長、ルーサー・ギューリックに話を聞くように薦めたという。余談だが、このギューリック会長も日本と関係が深い人物である。実はルーサーの父、シドニーは宣教師として日本に二五年間滞在した親日家で、京都帝国大学や同志社大学で教鞭をとったこともある。ルーサーは大阪で生まれた。鶴見の後藤宛の手紙にも「ギューリック氏は牧師ギューリック氏の令息に之有り。日本松山に幼少時代を暮らしたる経験あり、為に東京市政の刷新に関しては、他人事ならざるべき熱心を示され」[4]とある。シドニーは一九一三年にアメリカに帰国したが、日本が日露戦争を経て台湾、朝鮮、満州に権益を拡大していく中で両国関係が険悪化していくことに心を痛めていたひとりであった。日系移民への差別を憂慮し、カリフォルニア州で排日移民法案に対する反対運動を展開したが、排日移民法が結局、一九二四年に成立すると、今度は子供を通じて両国の相互理解を深めようと、ひな祭りに人形を贈ることを米市民に呼びかけた。一九二七年、全米から集まった一万二千体の人形が日本に贈られ、その返礼として、同年十一月には日本側から市松人形五八体がアメリカに渡ったというエピソードがある。ちなみにルーサーはコロンビア大学大学院でビーアドに師事。ニューヨーク市政調査会では、ビーアドの後任として行政研究所所長に就任した。ふたりは固い絆で結ばれた師弟関係でもあった。

さて、鶴見は早速、ニューヨーク市政調査会を訪ねて、ルーサー・ギューリックに調査会設立までの経緯や運営方法などを聞いた。こうした情報（前述の後藤宛書簡）を東京に送付すると、折り返し電報が届いた。

「東京にも市政調査会をつくりたい。後藤のたっての希望で、ビーアドを東京市政調査会顧問として招きたい」(5)。鶴見は大正十一（一九二二）年二月、ビーアドに手紙を出した。三月末、一通の電報が鶴見のもとへ届いた。そこには「九月十四日に一家全部連れて東京に行く　チャールズ・ビーアド」とあった。

東京市政論

ビーアドは着任早々、仕事に取り掛かった。毎日午前九時から夕方遅くまで当時、東京・丸の内にあった東京市政調査会のオフィスで仕事に没頭した。東京市内の視察、大阪や京都、名古屋など全国の主要都市に赴き、精力的に講演もこなした。前田多門や田邊定義（いずれも後に東京市政調査会会長）らがサポート役として協力した。当時、東京市助役だった前田はビーアドの精勤ぶりを「質素なサンドウィッチを採りつつ、食事中もときにはタイプライターを打つという有様であった。また市政の実情を知るために、諸施設を実地見学することにつとめたのであって、当時市において衛生事務の責任を担っていた私は博士を導いて下水工場をはじめ、随分汚い糞尿処理施設、塵芥処理場なども見てもらったものである」(6)と回想している。東京滞在中、ビーアド一家はホテルではなく、京浜電力専務の佐々木久二の自宅（下落合村）に寄宿していた。佐々木は普選運動を推進して憲政の神様と謳われた政治家、尾崎行雄の女婿である。日本の生活に憧れていたビーアドの、日本家屋に住んで、出来る限り日本式の生活に浸ってみたいとの希望を配慮した。大正十一年九月九日付『東京朝日新聞』によれば、一家の滞在先を求めているとの記事を読んだ佐々木が「市外落合不動谷の小生住居或いは狭からんも博士御家族のため御使用下さるれば幸甚、勿論

日本滞在中のビーアド一家
（写真提供：DePauw University Archives and Special Collections）

失礼乍ら家賃は無用、微力乍ら東京市政のために尽くしたき意をお酌みとりあって」と申し出たという。

ビーアドが東京や大阪など主要都市で行った講演は計三五回に及んだ。出席者の延べ人数は一万人を超え、ほとんどの場合、講演や演説内容が全訳または抄訳され新聞などに掲載されたため、実際には数百万人の耳目に触れたと推測されている。講演のほとんどは市民に市政参加を呼び掛けた啓蒙的な内容だった。例えば、大阪市での「大都市の挑戦」（大正十二年二月二十一日）という演題の講演では次のように述べている。

「市政事業は大政治家の資格を有する人々でなければ成功することが困難である。われらは賢明にして公共的なる男女市民の後援と誠実にして有能なる吏員の後援なしには市政は成功するものではないという事実を忘れてはならない。都市の挑戦は市民や市会議員に対するものであると同時に、それは全市民―否―全国民に対するものである」[7]。

ビーアドの活動は最終的に一冊の報告書として結

実した。それはタイプライター紙で二〇一枚にも上る大作で、東京市政調査会が邦訳して『東京市政論（原題　東京の行政と政治）』（一九二三年十二月）として出版された。これに先立ちニューヨークでも、*The Administration and Politics of Tokyo: A Survey and Opinions*（一九二三年十月）として公刊されている。

この『東京市政論』で、ビーアドはまず、東京市の行政権を拡張すべきである、と強調している。そのころの東京市は一五特別行政区からなっていたが、東京府の傘下にあった。その東京市の市域を拡大し、東京府の残存部を隣接の神奈川県に編入して〝大東京〟を構築するとともに、府制を廃止して、東京府の権限はすべて東京市に移管すべきだというもので、実に先鋭的な提言だった。権限の移譲は財源の移譲を伴う。これでなければ完全な自治とはいえない。そこでビーアドも東京都の財源問題に紙数をだいぶ費やしている。東京市が直接、税金を徴収する場合の税制は不動産税を中核とすべきであり、それを導入するにあたっては「科学的な土地の評価性《ママ》を早急に整備すべきである」とも指摘している。ほかに、下水道網の完成、街路清掃、街路舗装事業、交通規制、美術委員会による建築規制、社会福祉の充実と公衆衛生など個別テーマで改善すべき事柄を列挙している。

当時、外国人に助言を求める必要はないとか、ビーアドは多額の報酬を受けたので日本贔屓になっているなどと揶揄する声もあった。だが、決してそうではなかった。「実に厄介な人で、金をやろうと言っても金を受け取らない。勲章も受けない。陛下にもお目にかからない。ああいう人は扱いに困る」。後藤がこう嘆いたようにビーアドは半年間の滞在中、何ら謝礼・報酬を求めなかった。そればかりか、周囲が大正天皇に謁見させようとして躍起になっても断り続けた。天皇に会って勲章を授与されると断れなくなる、というのがその理由だった。そうした頑な姿勢にはビーアドなりの〝深謀遠慮〟があったようだ。帰国して日本のよさを伝えたいと思っているのに、金品や勲章を受け入れてしまったならば、そうして厚遇されたから日本を高く評価するのだと言われかねない。それを警戒したのだ。「自分がアメリカに帰って日本を弁護しようとしても、日本から報酬や勲章を貰っていたのでは自分自身の言葉に権威がなくなる」。鶴見にこう漏らしたという。後藤新平をして「古武士のような人」と言わしめた所以である。

関東大震災

実はこの『東京市政論』はあやうく〝幻の書〟となるところだった。日本での仕事が終わると、ビーアド一家は大正十二年三月中旬、神戸から台湾に渡り、その後、上海から北京を経て、満蒙方面に向かった。ほぼ三カ月間の旅行だった。そうしてアメリカに帰り着いたのが七月初めだった。九月初めには英文で二百ページの完成原稿が出版社の手にあった。この間、ビーアドは雑誌の論文なども執筆しており、実に精力的だった。しかし、九月一日、日本は関東大震災に見舞われ、本を取り巻く状況が一変したのだ。ビーアドも出版社のマクミランに対し「本書は状況が変わったため有効でなくなった」としてその出版を中止するよう要請したが『東京市政論』の英語版初版は一九二三年十月に出た。マクミランは出版社序文で「日本の当局筋から寄せられた多数の本書出版の要望」を受けて「作者が不在でなければ加えたであろう変更をしないままに出版した」[8]としている。普通であれば世には出ない本だったが、アメリカの専門家の見解を学びたいという日本側の熱意が、あり得ないことを可能にしたのである。

関東大震災で東京は一瞬にして阿鼻叫喚の巷と化した。相模湾を震源とするマグニチュード七・九の直下型地震だった。死者・行方不明者一〇万五千人、全壊家屋一〇万九千戸……。人々は絶望との闘いを強いられることになった。大震災は情報伝達も混乱させた。九月二日、総理大臣に就任したばかりの山本権兵衛や内務大臣の後藤新平の安否について混乱に乗じての暗殺や震災による圧死など様々な揣摩憶測が流れた。様々な流言飛語が飛び交い、社会不安が広がったため、政府は戒厳令を出した。社会主義者の川合義虎、平沢計七ら一〇人が刺殺された亀戸事件や、アナーキスト（無政府主義者）の大杉栄、その妻伊藤野枝らが殺害された甘粕事件が起きたのもこのころで、世の中全体に重苦しい空気が漂っていた。

ビーアドはニューヨーク郊外ニュー・ミルフォードの自宅で九月二日、日本で起きた大震災の報に接した。彼はただちに行動を起こした。まず、後藤宛てに、

一、新路線を設定せよ

二、路線内の建築を禁止せよ

三、鉄道停車場を統一せよ

この三カ条からなる復興案を打電した。一方、後藤は五日、ビーアドに再来日を要請する電報を打った。「震火災のため東京の大部分は破壊せられたり。徹底的改造を必要とす。出来得れば直ちに来られたし。短期の滞在にてもよし」。震災で近代都市としての機能が全壊した東京の通信設備がようやく復旧したのが五日。ビーアド宛の後藤の電文は日本政府がアメリカに打電した復旧後第一号の公電だった。

ビーアドは夫人のメアリーとともに九月二十三日にシアトル発のプレジデント・ジェファーソン号で出帆、十月六日、横浜港に入港した。冷たい秋雨のなか焦土と化した東京の地を再び踏むことになった。午後三時過ぎ、後藤は夫妻を宿泊先の帝国ホテルに訪ねた。再会を喜び合うのも束の間、後藤は復興に向けた調査・提言を要請した。前回は日本家屋での生活を体験したいと希望したビーアド夫妻だったが、さすがに今回はそうするわけにもいかない。被災者たちの心情を慮り、テントと食糧一カ月分とを携行し、築地あたりにテントを張って罹災者ともに生活しながら働こうという覚悟を決めていた。だが、後藤のとりなしでホテル住まいに落ち着いた。後々まで「哀れな罹災者を思うと気が咎めて仕様がない(9)」。こう気にかけていたという。

「帝都復興の産婆役」。再び日本にやってきたビーアドをマスコミはこういって持て囃し、何かとビーアドのもとに押し寄せた。記者に囲まれたビーアドは全壊の東京・横浜を再建するために何が一番必要かと問われ「救済事業

でなくて何であろう。都市計画は重大事業には相違ないが、それよりも先に罹災者を救う応急事業が施されねばならぬ。しかして応急事業も一時的のものではいけない。その成否はやがて新しい都市成立の上に重大なる結果を齎すものである」[10]と答えている。また、救済事業に関連し「都市計画について私は理想論者ではない。東京市が今日とらねばならぬ第一の仕事は調査である。即ち罹災地に於ける人口の移動、食糧配給状態、残存産業の状態等を精密に調べる筈である。これは都市の建設を画する上に最も重要なことで、この調査なしに都市計画を立てることは絶対に不可能である」と訴えた。

十月八日、ビーアドは東京市政調査会の理事会に出席、そこで一九〇六年のサンフランシスコ大地震と一九一六年のギリシャ・サロニカ大地震での善後策の報告について意見を述べ、大地震の概要、応急援護、復興方法、復興事業の手段、弊害、都市計画上の経験などについて言及した。十月十九日には横浜を訪問し、被害状況を視察。サンフランシスコ大地震のケースを引き合いに「市民に与えられたる言葉は死せる人には涙、苦しめる人には救い、健やかなる人は稼げの三つであった」。こういって横浜市関係者を激励した。

大幅に減額された帝都復興計画

再来日から約一カ月後の十一月十二日、ビーアドは後藤に「帝都復興意見書」を提出している。実地視察を踏まえたビーアドの意見は政府や東京市のそれと目の付け所が明らかに違っていた。行政側が重要とみていた焼け跡整理などの課題は一切、問題視せず、将来の東京と横浜をいかにすべきかに重点が置かれていた。東京と近距離にある良港の横浜港を修築して利用すれば東京築港という二重投資を回避できる。横浜港を中心に帝都を復興することは両都市間の住宅地区と工業地域のバランスを考慮する必要があるというところに大きな特徴があった。まさに慧眼である。

提言内容は多岐にわたっていた。例えば①鎌倉を大東京市の公園とし横浜を東京市の港務部とする。その上で川崎を大東京市に合併することが可能であれば良策である、②将来的に工業地域が横浜方面に発展するため東京築港には賛成できない。東京と横浜とは経済上の立場は一市のように密接にしなければならない、③高架鉄道は地価を低価にするので地下鉄道の建設が望ましい、④新東京の道路拡大はすべて無料で土地を収用し、帝都としての面目を保つべきだ。⑤復興の総経費は市三割、利益税三割、国家四割の負担で、可能であれば市は二割か一割の少額負担になったほうがよい、⑥新東京の建築は欧風にせず、日本固有の案を採用すべき、⑦そのために市は美術建築委員会を設け、これに国家が権力を付与しなければならない、⑧警視庁が市街建築の許否権を握るのはよくない、⑨市内にある公園の近くに小規模の公園を多数有するほうがよく、全面積の百分の五くらいにすべきだ——といった具合だ。

ビーアドが提出した「帝都復興意見書」に基づき、政府が立案した東京復興三〇億円計画は結果的に大幅に縮小されてしまった。その背景を一言で言えば、日本にそれだけの国力がなかったということである。一九二三年度の国家予算は一三億八九〇〇万円。日本経済は第一次世界大戦の大戦景気のおかげで一時、輸出主導で活況を呈していたが、大戦が一九一八年に終わると暗転、再び、輸入超過の苦しい時代に陥った。そこに震災が重なり、経済基盤が崩壊したのだ。膨大な復興予算（原資）を支える〝打ち出の小槌〟はなかった。こうして帝都復興の予算は政府原案から大蔵省との折衝を経て、大幅に削られ、その後の帝都復興審議会でも、私有権保護などを理由に五億七千万円規模に縮小され、さらに帝国議会では地方に支持基盤を持つ政友会の反対に遭って最終的には五億円を割り込んでしまった。日本の国力に被害総額六〇億円以上とされた経済的打撃は巨大すぎたのだ。

一方、その要因に政治的な利害関係をみる専門家もいた。柴田徳衛は論文「ビーアド博士の財政思想とその系譜」（『チャールズ・A・ビーアド』）で、復興審議会と臨時議会の執拗な反対が原因と主張している。「復興議会における反対論の立役者は官僚政治の孤塁を守る伊東己代治（貴族院議員、枢密院の重鎮）であった。……彼の論は『復興』に対する『復旧』論の提唱である。その提唱の裏には地主としての彼自身の利害関係が隠されている。……しかしながら、反対論が伊東己代治の地位と閲歴を背景にして唱えられたとき、後藤新平の立場は不利であった」とし「政友会はその復興院の存在すら『御祭騒ギ的ノコト』として無用視したのである」としている。

こうした複合的な要因が重なり、規模縮小に繋がった感は否めない。しかし、根本には日本人にビーアドの思想が早すぎたということも見逃せない。行政学の第一人者、蠟山政道は東京帝国大学助教授時代だった当時、東京市吏員講習所におけるビーアドの「市政府の諸問題に関する六回の講義」（大正十二年二月二十一―二十七日）を聴講し、ビーアドの薫陶をじかに受けた一人だ。その蠟山は「せっかくビーアドさんが日本に来て、日本を愛され、日本人をアプリシエート（評価）しようとしても、先生の思想は早すぎた」[11]と振り返っている。

帝都復興計画の縮小にビーアドは大いに失望した。東京市民に対する公開状を新聞紙上で発表した。そこでは狭隘街路を一掃すべき、全市を少なくても四区域に分割し一つは防火用、その他は避難道路用にすべき、二流以下の道路を拡張するより公園広場の確保に力を尽くすべき、高速度交通機関を深く考慮して計画すべき、新帝都計画実施の経費は受益者の間に負担を分配すべきと、あらためて市民に奮起を促した。

これに対し、十一月二十三日付の『国民新聞』は一面トップで「総ての事業は之れを計画する智恵のみにては成就しない。必ずや之れを断行する勇気を必要とする。勇気とは勿論義を見て進んで之れに当たる事である。（中略）帝都復興計画が少しも意に満たないにも拘らず、東京市民は我事でないような顔をして済ましている。是では如何なる智慧も、どんな忠告も、河童の屁である」として復興計画の大幅削減を痛烈に批判した。作家の田山花袋も『東京震災記』で「今では復興というより復旧に重きを置かれるようになったので、以前の東京とはそう大して違わない東京が出来上がって来そうになって来た。これは残念なことだった」[12]と嘆いた。

國民新聞

大正十二年十一月二十三日

國民評壇

智慧と勇氣

ビアード博士の公開状を讀みて

短歌

國民俳句

新刊批評

ビーアドの公開状を一面トップで報じる『国民新聞』
（1923年11月23日付）

ビーアドが後藤に宛てた十一月三日付の手紙がある。

「世界の眼が日本に注がれている。亡くなった一〇万人の男女や子供たちの泣き叫ぶ声がする。……世界の目は後藤に注がれている。死者の声が彼の耳に木霊する。なぜか。この危機のときに、後藤が内務大臣であり、帝都復興院総裁だからである。……次の惨事を防ぐのに必ず必要な措置を議会や内閣が受け入れるのを拒否するのであればあなたは総理大臣に辞表を提出して職を辞すべきである[13]」。

後藤に最後の奮起を促した内容だった。

それから一二日後の大正十二年十一月十五日、ビーアド夫妻は横浜港からプレジデント・ピーアス号で帰国した。東京駅での別れ際、後藤が「博士の御来朝は帝都復興に強い精神的感激を与えました」と挨拶すると、ビーアドは「あなたの御厚意はいつまでも忘れませぬ」。こう述べたという。そのとき、後藤の瞼はにじんでいた。

帰国後まもなく、ビーアドは『アワー・ワールド』（一九二四年四月号）に「後藤と東京の復興」という論文を発表した。これは震災に関するビーアドの最後の論文である。半年前に発表した論文（雑誌『レビュー・オブ・レビューズ』、本書「忘れられたアメリカ人」〔二〇六頁～〕で紹介）と同じように日本に対する理解は相変わらず深い。日本では都市行政が真新しい分野で未熟だが、後藤新平をはじめとした都市行政関係者に熱意が溢れていると賞賛した上で「新日本は一日にしてならない。大事業を徐々に、しかも完全に大成するという態度で臨むことを信じている」と結んでいる。

注

（1）ディポー大学資料。

（2）『財団法人　東京市政調査会四十年史』東京市政調査会、一九六二年。

（3）後藤新平記念館（岩手県奥州市）所蔵の資料。
（4）後藤新平記念館（岩手県奥州市）所蔵の資料。
（5）鶴見祐輔『正伝　後藤新平　7』藤原書店、二〇〇六年。
（6）『チャールズ・A・ビーアド』東京市政調査会、一九五八年。
（7）東京市政調査会編『ビーアド博士講演集』東京市政調査会、一九二三年。
（8）Charles Austin Beard, *The Administration and Politics of Tokyo*, The Macmillan Company, New York, 1923.
（9）Mary Ritter Beard, *The Making of Charles A. Beard*, Exposition Press, New York, 1955.
（10）『東京朝日』、『国民』、『東京日日』など当時の新聞報道、以下同じ。
（11）『チャールズ・A・ビーアド』東京市政調査会、一九五八年。
（12）田山花袋『東京震災記』博文館、一九二四年。
（13）後藤新平記念館（岩手県奥州市）所蔵の資料。

そのほか、大曲駒村『東京灰燼記』（中公文庫、一九八一年）、『朝日新聞の記事にみる東京百歳』（明治・大正）（朝日新聞社、一九九八年）、*CHARLES A. BEARD : An Observance of the Centennial of his Birth*（DePauw University, 1974）を参考とした。

3 日米関係の核心は中国問題である

開米 潤

一九二五（大正十四）年三月、アメリカの雑誌『ネーション』（三月二十五日号）にある論文が掲載された。「日本との戦争？・（War with Japan?）」。たった三語のタイトルだが、表紙の真ん中で大きな扱いを受けている。

『ネーション』は当時、アメリカでもっともリベラルと評された雑誌であり、政治、外交問題と真正面から取り組む、いわば硬派ジャーナリズムの旗手だった。ホワイトハウスさえ毎週、その論調を気遣ったといわれる権威ある雑誌が〝日本特集〟を組み、この論文を巻頭に据えた。「日本」「戦争」「排斥」という言葉が雑誌全体で躍動し、それこそ今にでも戦争が始まりそうな雰囲気だが、実際の日米開戦はそれから一六年後のことである。

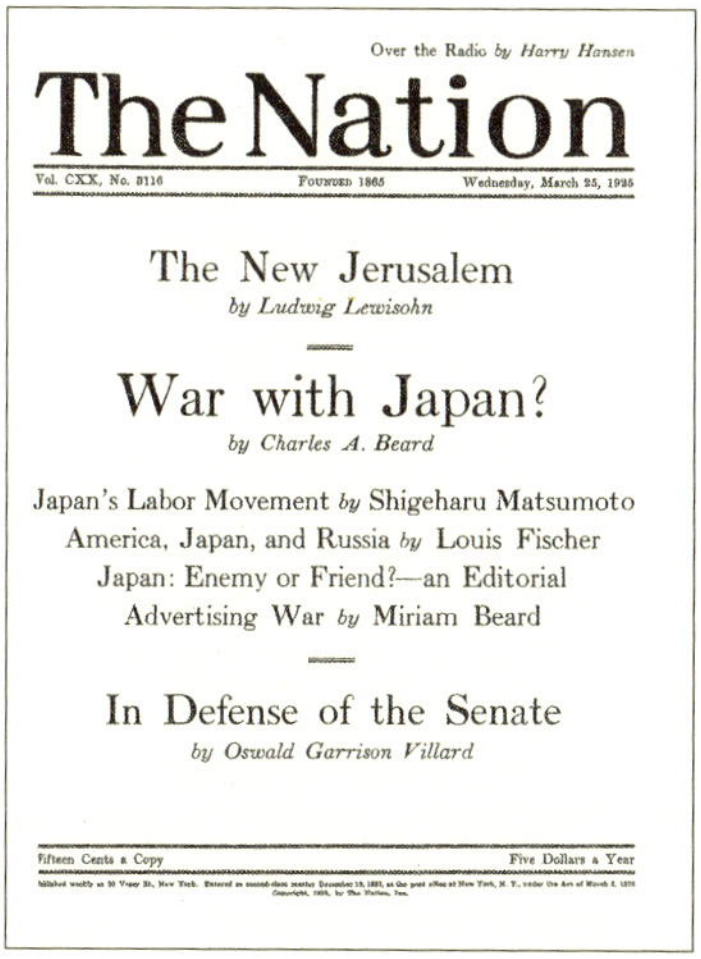
Over the Radio by Harry Hansen

The Nation

Vol. CXX, No. 3116 FOUNDED 1865 Wednesday, March 25, 1925

The New Jerusalem
by Ludwig Lewisohn

War with Japan?
by Charles A. Beard

Japan's Labor Movement by Shigeharu Matsumoto
America, Japan, and Russia by Louis Fischer
Japan: Enemy or Friend?—an Editorial
Advertising War by Miriam Beard

In Defense of the Senate
by Oswald Garrison Villard

Fifteen Cents a Copy Five Dollars a Year

『ネーション』(1925年3月25日)表紙

雑誌は時代的風潮の産物である。それを勘案すると、日米関係が当時、最悪の状態だったということなのだろう。この論文の筆者がチャールズ・ビーアドだった。このとき、五十一歳。米アカデミズムですでに確固たる地位を築き、円熟の域に達していた。
しかし、常に冷静沈着だったビーアドがなぜ、こんなセンセーショナルな論文を書いたのだろうか。

日本人移民問題と排斥法の成立

一九二五年――。第一次世界大戦の終結から六年、アメリカは世界の大国として歩み出していた。工業生産はすでにヨーロッパを抜き、対ヨーロッパでアメリカは純債権国となった。強大なドルの力を背景にアメリカ資本が世界各地へ勇躍していった。国内的にも大変動期にあった。高度情報化社会かつ大衆社会が到来したのだ。大量生産方式の発達で安価な自動車が出回った。広大な国土を疾駆し、誰もがどこへでもさっと行ける身軽さが受けて大衆は競い合うようにしてクルマを購入、そして、新たなライフスタイルが生まれた。これを後押ししたのが全米で五百以上も開局したラジオ局だった。家で、クルマで、仕事場で、人々はラジオから流れてくる軽快な音楽に釘付けとなった。最先端の科学技術が牧歌的な香りのいまだに残る南部や中西部の田舎町をも大きく変えたのである。

こうなると政治も変容を迫られた。大衆の意思がどこにあるのか。政治家は世論調査の動向を気遣い、大衆の顔色を伺うようになった。大統領といえども独断で政治を動かせなくなった。カリフォルニア州で始まった反日移民運動が瞬く間に全米各地に飛び火したのも社会の大変動と無縁ではなかった。アメリカ市民は極めて高い自治・独立意識を持つ。そんな市民の憤懣にいったん火がついたら、連邦政府といえども抑え切れるものではなかった。そして、ついに一九二四年、連邦議会で新移民法が可決、成立した。新法はまもなく施行され、これで日本からの新規移民は事実上、締め出される格好となった。

だが、日本移民をめぐる大衆運動はそれだけで収束しなかった。全米各地で日本人に対する嫌がらせが頻発し、排斥運動はそれ以前よりも激しくなった。日本人が米社会で激しく糾弾されている様子が、太平洋を渡って、実に刺激的な形で、日本側に報じられた。それを受けて今度は日本で猛反発を生んだ。同胞へのいわれなき仕打ちに対する義憤。それと人種差別意識や劣等感とが交じり合って日本人の心の中で激しい化学反応を引き起こしたのだ。それがさらに米社会に伝播していって新たな怒りや偏見を呼び起こした。太平洋を挟んだ両岸は憎悪のスパイラルの渦中にあった。日米戦争が取り沙汰されたのも決して妄想ではなく「今そこにある危機」の表れだった。日米開戦のタネがこのとき撒かれたと言えなくもない。太平洋戦争後、昭和天皇は日米戦争の原因を側近から尋ねられて、こう述べている。

「加州（カリフォルニア州）移民拒否の如きは日本国民を憤慨させるに十分なものである……。かかる国民的憤慨を背景として一度、軍が立ち上がった時に、之を抑えることは容易ではない(1)」。

米移民問題が宮中の奥深くまで達していたことを示すエピソードである。

ファナティックな世論へ挑戦——日本人移民はずっと「問題でなかった」

いずれにしろ、ビーアドが「日本との戦争」という論文を発表したのはそんな状況下だった。ビーアドは類まれなる予見性を随所に示してきたが、実証主義的態度を重んじる学者でもあった。それは事実を一つひとつ丹念に調べ上げ、帰納的に結論を導く方法論のことだ。簡単に言えば、自分の目で見て、耳で聞いたことしか信じない態度ということになろうか。

もちろん、結論を導く思考の過程で他人の見解や意見にも謙虚に耳を傾けるが、最終的な判断を下すのは自分自身で確認したファクトである。自身がどんなに不利な状況に陥ろうとも実証主義にもとづく思想的頑固さを終生貫いたのが彼の学問スタイルでもあった。だから、根拠のない話を鵜呑みにすることなどなかった。「日本人がアメリカを侵略する」「日本がアメリカとの戦争を準備している」。これらは妄想に過ぎず、耳を傾けることはあっても、決して付和雷同することはなかった。

だが、ビーアドはある危機感を抱いていた。極度にファナティックになっている世論に対してである。今のうちに沈静化しなければ取り返しのつかないことになる。どうすればいいのか——。考えた挙句に思いついたのが、とりあえず相手の尻馬に乗って自分も騒ぎ立てるフリをすることだった。煮え滾《たぎ》っている狂信的な世論に冷水を浴びせても、かえって怒りを煽るだけだ。それなら大衆の憤怒に迎合するフリをすればいい。それがあの刺激的なタイトルの意味合いだった。顔を真っ赤にして叫んでいる大衆からヤンヤ、ヤンヤの喝采を浴びそうなタイトルをつければ耳目を集めることができる。そのうえで一つひとつ噂話を潰していって説得を試みる。まさに深謀遠慮だった。要するにあのセンセーショナルなタイトルは多くの人々を釣るための疑似餌だった。そして、米社会全体に伝染しているデマゴギーとその源に真っ向から挑むことにしたのだった。

例えばこんな調子だ。日本人移民がアメリカ社会に脅威を与えているという主張にまずは「そんな根拠はまったくない」と静かに語り掛けた。そしてこの広いアメリカ社会のどこを探せばそんな証拠があるのか。バカバカしい、といわんばかりに噂を一蹴。むしろ、実際の状況はまったく逆であり、一九〇七年に結んだ「日米紳士協定」[2]以来、日本政府は「この協定とその後の修正条項によって自国の労働者の合衆国への流入を抑え込むことに真剣に取り組んでいる」と日本政府を擁護した。さらに「日本政府がその義務を厳密に遵守していないという批判がしばしば聞かれるが、もし、そうであるなら、東京で発行されたパスポートに押印するアメリカ領事館に何か重大な問題があるに違いない。紳士協定そのものが、日本が移民問題をめぐって合衆国と争うことをまったく望んでいない証拠であり、日本人の侵入を防ごうとするアメリカ側の要求に日本が積極的に応えようとしている証でもある。日本は制約を一段と厳しくするために協定を修正する用意もあった。それだけではない。日本は移民に定員を設ける協定(quota Arrangement)[3]を受け入れる意向も表明していた。合衆国には年間一五〇人、あるいはそれ以下の日本人しか入国が認められなくなるはずだった」。

そこまでしても日本政府はアメリカ側の意向に応じる腹だったのだ。だから、われわれにとって日本の移民はずっと前から「問題ではなかった」。それなのに「日本との戦争」がまことしやかに流れている現実。むしろ、その問題の根は自分たちの側にある。なぜなら――そうした噂を流してうまい汁を吸おうという不純な動機を持ったヤカラが自分たちの中にいるからだ。そんなヤカラの口車に乗って、普通のまじめなアメリカ市民が「日本人よ、出て行け」とシュプレヒコールをあげることが「不思議でならない」。こう痛烈に皮肉った。そのうえで、「日米戦争」という根も葉もない影に怯える大衆に向かって、なぜ、それがあり得ないのか、ビーアドは学者らしい、科学的な態度でもってそれを示した。

「日米間には様々な力の不均衡がある。日本本土の人口は約五八〇〇万人。合衆国の人口はその二倍だ。日本は現在、鉄、鋼のほとんどすべてを、また、戦争を行う大きな原動力、例えば飛行機、ジャイロスコープ〔姿勢制御装置〕、貨物自動車の大部分を諸外国に依存している。合衆国は国内に鉄と鋼の無限の供給力をもっており、また、生命と財産を破壊するためのあらゆる技術的な手段を支配している。日本は貧しい国だ。一方、合衆国はこの地球上でもっとも裕福な国家である。合衆国は日本が完全に破綻してもなお百年間、戦争を続けるだけの資金を賄える。日本の外国貿易の要は絹である。合衆国はその最大の顧客だ。戦争となればこの貿易は破壊され、日本の国内経済を壊滅させるだろう」。

さらに続けた。「日本人がいかに勇敢で、恐れを知らない民族」であっても「現代の戦争は素手による戦いではない。科学技術と政治経済学を駆使する戦争」である。それぐらい「アメリカの知性ある軍人で知らない人はいないはずだ」。だったらなおさら「日本が合衆国の脅威である、われわれを相手に戦争の準備をしている」などと心から思っている人が本当にいるのだろうか――。すべてこんな調子であった。

日米関係の核心は中国問題である

このようにビーアドの日本人移民問題に関する世論批判は非常に厳しかった。だが、これだけにとどまらなかった。彼の批判の先にはもっと重要な論点があった。それは、外の喧騒に耳を傾けている間、彼の脳裏を過ぎった、ある疑念に関しての論点だった。打ち消しても、打ち消しても、蘇ってきた疑念。その正体もまた、「日本との戦争」という亡霊だった。もちろん「移民問題」が戦争に発展することはあり得ない。だが、待て。だからといって将来、本当にアメリカと日本との間に戦争が起こらないと言い切れるのか。

後藤新平の招きで三年前、日本を初めて訪れ、日本人の本当の姿を知った。日本からの帰路、台湾、中国本土、満州、朝鮮半島をつぶさに見て回り、極東の現実――列強が入り乱れて利権を貪る無法地帯――を理解した。実地観察で得た知識を基にビーアドは日米関係のあり方を考え、その将来を真剣に憂えた。その結果得た結論が、もしかしたら……だった。では、その原因は何か。必死に考え、日米関係の本質を掴んだ。

「日本との間で激しい論争を引き起こしている問題の本質は実は移民問題ではない。それに怒った日本人による侵略の懸念でもないし、報復のための戦争を準備しているなどという情報に基づくわれわれの懸念でもない。日米関係の核心的な問題は中国である――中国との貿易とそこから生じる利益の問題である」。

「日米関係の核心的な問題は中国である」――ページ数にして二枚強しかないこの時事論文でビーアドはこのフレーズを四度、繰り返した。日米関係を左右する問題の本質は中国であり、もし、将来、日米開戦があるとすれば中国問題が原因である。読者よ、皮相的な現象に怒り狂って、本質を見失ってはいけない。極東で今、何が起きているのか、直視せよ――ビーアドはこれを言いたかったのだ。

確かにそのころ、極東をめぐる国際情勢は大きく揺れ動いていた。ちょうど二〇年前の日露戦争でアメリカは終始、日本の支持に回った。日本の国力ではとうていかないそうもない相手との戦争。セオドア・ルーズベルト大統領はそれを見抜いていた。出来る限り日本側に有利な形で、しかも、早い時期に講和条約を結ばせる。日本とロシアとの間に立ってロシア皇帝を脅したり、賺《すか》したりしながら講和のタイミングを見計らった。

だが、アメリカが〝お人好し〟だったわけではない。極東からロシアの影響力をそぎ落とす。それがアメリカの狙いであり、冷厳な外交戦略だった。もし、日本が負ければどうなるか。満州から中国華北、朝鮮半島にかけての極東地域はロシアの手に落ちることになる。そうなってしまうと、アメリカの出る幕はなくなる。かの地に眠る利権を北方の巨人に独り占めさせるわけにはいかない。そう判断したからだった。その意味において、ルーズベルト大統領の外交戦略はまさに徹底していた。

ところが――。日露戦争で日本がかろうじて勝利を収め、満州における日本の権益が確立されると、日本が態度を硬化させた。満州開発をめぐるアメリカの提案に耳をいっさい貸さなくなった。当時、アメリカの鉄道王、エドワード・ハリマン(4)は満州、殊に南満州鉄道（満鉄、日露戦争の勝利で日本がロシアから獲得）に目をつけて日本に共同経営を持ちかけてきた。ハリマンは自らの鉄道網で世界を一周する野心を抱いていた。明らかに満鉄共同経営案は日本が獲得した満州権益の分け前に与ろうとするものだった。露骨過ぎる、と思いながらも、日本側には打つ手がなかった。井上馨、伊藤博文、桂太郎、渋沢栄一がこの提案に賛成、桂首相がハリマンと仮契約を交わした。日露戦争で国力を消耗し、国家財政は危機に瀕していた。戦争には勝ったものの、ロシアの大軍は依然、満州北方に陣取っていた。ロシアの反撃も警戒しなければならなかった。だから、満州の鉄道経営をアメリカと一緒にやれば資金面での心配はいらないし、アメリカという新興の大国の後ろ盾を得ることでロシアの反撃を未然に防ぐことができる。そう考えたのだ。

しかし、事はそう簡単に運ばなかった。外相の小村寿太郎がポーツマス条約の調印を終えてアメリカから帰国すると、この仮契約に猛烈に反対したのだ。戦争で多くの兵士の命を失い、総額二〇億円という国費を費やした。それほどの犠牲を払って得た満州権益をアメリカと共有することは絶対に許されない。小村の真っ当すぎるほどの論理が桂ら重臣たちの打算を抑え込んで、結局、日本政府は仮契約を取り消してしまった。日露戦争まではあれほど冷静な判断を的確にしていた日本の元老、重臣たちにも、戦勝によるおごりが芽生えていた。小村の主張は正論である。が、日本の国力はすでに疲弊していた。首相の桂がもし、小村を説得できていたなら……。このあたりから日米関係はギクシャクしだした。ハリマンの一件で、アメリカの中国進出の目論みが大きく挫折した。今度は日本が中国権益を独占してしまうのではないかという猜疑心がアメリカ側に生まれた。

アメリカが戦争に勝利して得るものは何か

極東情勢は目まぐるしく変化していた。日本は、アメリカと手を切ると、ロシアに歩み寄った。そして日露両国は中国、殊に、満蒙地域における権益からアメリカを排除しようとする動きに出た。[5] アメリカの猜疑心はこれで日本に対する不信感へと大きく変わった。それとほぼ同時並行的にアメリカ国内で日本人移民問題が起きた。移民問題がファナティックなまでに日本人排斥運動へと発展したのも、こうした事情が裏にあったからだ。しかし、アメリカは極東で、表向き、中国の自主独立、中国市場の門戸開放、機会均等を謳って〝善人外交〟を行っていた。その善人ぶりに米世論はすっかり騙されていた。その嘘を見抜いて、アメリカの極東外交は「偽善である」と糾弾したのが、ビーアド論文だった。

「最近、明らかになったロシアの外交文書からフィランダー・ノックス[6]が国務長官だった当時、持論のドル外交のシステムを極東に持ち込んだことを知った。満州、モンゴル、東清鉄道、その他の経済的利益を確保することが、ノックス氏が示していた情深い心遣いの目的であった。帝政ロシアが崩壊する直前に結ばれた日露間の秘密協約を促進したのはまさにこのワシントンの亡霊だった」。

さらに続けて、

「ポール・ラインシュ教授[7]は北京にある公使館を中国におけるアメリカの貿易商人と資本家の支援を行うための事務局とみなしていた。また、彼は、必要なら武力を使ってでも、日本を中国本土から追い出す計画に合衆国を積極的に関与させようとベストを尽くした。これと同じ中国における貿易と利潤についての動機が、山東問題[8]をめぐる論争が行われている最中に日本に対してなされた激しい非難の核心にあった」。

平和主義者であり、孤立主義者であったビーアドにはこうした帝国主義的野心と偽善を許すことはできなかった。それを国民に知らせ、社会へ警鐘を鳴らすことが、歴史家としての自分の使命であり、この論文のもうひとつの狙いだった。かといって、〝理想主義〟ばかりに浸っていたわけではなかった。冷厳なる現実を直視する眼力は誰よりもあった。アメリカ内外で頻発している日本との確執という現実がいずれどこかで日米の衝突をもたらすことをすでに予見するようになっていた。日米戦争はどうしても避けられないのか。もし、そうであるとすれば、自分たちアメリカ人に何をもたらすのか。快楽か、不幸か。富か、流血か。ビーアドは将来の姿を示して、アメリカ人にもう一度、考えなおすことを求めた。

もし、日米戦争があればその勝利者は誰か。もちろん、アメリカである。少なくとも計算の上ではそうなる。では、アメリカが日本に勝利するとして、われわれアメリカ人は何を得るのか――。ビーアドの感性はまさに研ぎ澄まされていた。

「アメリカは最終的に台湾とその周辺の諸島、南満州鉄道、その他の価値ある資産を得るだろう。そしてわれわれは韓国、満州、モンゴルへの『道義的責任』を負うことになる。アメリカは間違いなく、満州は中国に返還するよう指示するだろう。日本の愚は犯さないはずだ。だが、確実にアメリカ文明の前哨地が中国の東清鉄道の沿線にそって設けられ、シベリアへ侵入する基礎が築かれる。韓国はフィリピンと同じ慈愛あふれる統治下に置かれることになる。アメリカは二十一カ条(9)の七倍もの要求をつきつけてでも中国貿易を支配することになるだろう」。

これが、われわれが得る〝何か〟の本質なのである。そして〝われわれ〟の大部分は戦争の危険を避けられる。何千人もの黒人少年たちを招集し、彼らに白人の負担を一部肩代わりさせて、有色人種の台頭を抑止できる。これは真実だ。しかし、「物事はそんなに単純なのか」。ビーアドはそう疑問を投げ掛けた。「今はそうでも、ゆくゆくはそうはいかなくなるかもしれない」。イギリスはアメリカが太平洋の女王となり、中国の支配者となるのを、手を拱《こまね》いて見ているか。ロシアはアメリカ企業の支配下でいつまでも無力な存在であり続けるか。燃えさかる家を隔離することはできるか。長江や瀬戸内海で発生した大火事がヨーロッパに飛び火したらどうなるか。

「戦争を始めることは、戦争を終えることよりも、あるいは、その結末を予知することよりも簡単なことだ。そうなってからも、利権や快楽は、流血、富、熱狂、ヒステリーとうまく帳尻が合うだろうか。誰が債券を保有し、利潤を獲得し、配当を受けるのか。誰が命を差し出し、税金を払うのか。戦利品は苦痛に値するのか。チャンスは短い。こうした疑問を呈することは憲法上、許されている。それが今なのだ」。

弟子たちとの平穏な日々、忍び寄る影……

このビーアドの論文を、当時、ビーアドの周辺にいて、貪るようにして読んだひとりの日本人青年がいた。彼はこのとき、「日米関係の核心的問題は中国にある」ことを悟った。

その青年とは後に同盟通信社上海支局長となって「西安事件(10)」をスクープした松本重治(11)である。松本はこのとき、二十五歳。東京帝大大学院に在学していた彼は一九二三年末に渡米。イェール大学で経済学を学んでいた。アメリカでの生活にもようやく慣れ、コネチカット州ニューヘイブンにある大学から毎週末、同じ州内にあるニュー・ミルフォードのビーアドの自宅を訪れていた。松本によると、ビーアドの家にはアメリカ人の学生や世界中から留学生が集まり、様々な問題について議論を上下していたという。

実はビーアドの論文が掲載された『ネーション』の同じ号に松本の処女論文も載っている。表紙のビーアド論文のすぐ下に松本の名前と論文のタイトルが書かれてある。松本はこのとき、日本の労働運動について執筆した。日本の労働運動の草分け的な存在である鈴木文治[12]を中心に労働運動の歴史を簡単に紹介したものだが、その末尾でこう述べた。

「最近の日本人排斥法は私たちの国民的プライドをひどく傷つけたが、それが日本の労働運動の成長に深刻な影響を及ぼしたとは言えない。なぜならば、運動は感情に動かされているものではないからだ。しかしながら、私たちの労働運動が今後、健全に発展するかどうかはひとえに国際的な平和維持にかかっているのだということを強調しておきたい」。

正義感に溢れた、いかにも青年らしい、みずみずしさの中に、ビーアドの影響を見ることができる。松本はその年の夏、アメリカを離れてヨーロッパへ向かったため、ビーアドとの実際の付き合いはわずか半年ほどだったが、ビーアドの教えを生涯忘れることはなかった。戦後、ビーアドの代表作の一部が日本でも出版されることになるが、翻訳者としてそのほとんどの作品に松本は名を連ねた。

さて、その松本をビーアドに紹介したのが鶴見祐輔[13]だった。鶴見は後藤新平の女婿で、ビーアドを日本に招き寄せるに際し、一役買ったことはすでに述べた[14]。

鶴見は一九二四年二月、勤務先の鉄道省を休職（事実上、退職）、五月の衆議院総選挙に出馬したが落選した。するとまもなく、ビーアドから「アメリカの大学で講演せよ」との電報が届いて、急きょ、渡米していた。

鶴見には貴重な体験があった。一九一一（明治四十四）年八月から翌年の五月まで、当時第一高等学校長だった恩師、新渡戸稲造[15]が第一回日米交換教授として渡米した際に随行したことがあるのだ。新渡戸はこの際、全米各地に出向いて、日本人移民を排斥する愚をアメリカの一般国民に向かって切々と訴えたが、その姿を傍らで眺め、胸が一杯になることがしばしばあったという。新渡戸の講演はこのとき、一六六回に及んだ。

一四年前のそんな師と自分をダブらせて、ビーアドが機会を設けてくれた大学での講演を通じて、今度は自分がアメリカ人の偏見と戦って日本人や日本文化への理解を求めようと覚悟を決めていた。鶴見はビーアドの好意に甘えて自宅に間借りし、大学で講演する原稿を書いてはビーアドにそれをみせ、添削してもらうなど指導を受けた。

当時、ビーアドは後に出版する大著、*The Rise of American Civilization*（Macmillan, 1927.『アメリカ文明の興隆』、関連した続編を含めると全部で四巻）を執筆していたが、その忙しい合間を縫って、鶴見の原稿のチェックにも余念がなかったという。ビーアド家に滞在している間、午後のひと時、一家との団欒で連邦議会を通過した新移民法に話が及ぶと、

> 「ビーアドさんはひどく激昂した。正義観の熾烈な博士は顔色を変えて痛憤した。私の講義の目的は『現代日本』といふので、日本の実相を政治外交経済文化の各方面より叙述して、最後に移民法の日本国民に与へたる衝撃を素直に赤裸々に説くことであった。それを話すと、ビーアドさんは卓を叩いて賛成した。そしてその文句は用心深く、しかしながら最も強烈でなければならぬと力説した[16]」。

「日本との戦争」のビーアドの姿そのものであった。鶴見はそれから一年半、全米の各大学で講演をしたり、新聞に原稿を書いたりして、アメリカでの暮らしを続け、帰国した。

鶴見はその後も何度か渡米した。ときにはビーアドの自宅を訪ね、互いに久闊《きゅうかつ》を叙《じょ》した。ビーアド一家はいつも暖かく迎え入れてくれた。鶴見が書いた小説『母』（大日本雄弁会講談社、一九三〇年）が英訳され、アメリカで出版されることが決まると、ビーアドに序文を依頼した。もちろん、ビーアドは快くそれを引き受けてくれた。また、そ

の書評が『ニュー・リパブリック』の一九三二年五月四日号に掲載されたが、ビーアドの強い推薦があったに違いない。ビーアドはこのころ、かなりのペースで同誌に時事論文を発表しており、まるで〝客員論説委員〟のようであった。

ビーアドと鶴見、松本といった日本の次代を担う〝弟子〟たちとの間の暖かい交流はその後も続いた。しかし、少しずつだが、暗鬱な影が忍び寄ってきた。

一九二四年移民法以来、日米関係は悪化の一途をたどった。日本の国内情勢がファッショ化しだすと、あれほど日本を愛し、日本を弁護してくれたビーアドの態度も徐々に変化していった。そしてビーアドが日本と決別する事件が起きた。

注

（1）寺崎英成、マリコ・テラサキ・ミラー『昭和天皇独白録　寺崎英成御用掛日記』文藝春秋、一九九一年。

（2）一九〇七年、第一次西園寺公望内閣の林董外務大臣とトマス・オブライエン駐日米大使との間で日本移民を制限するための協議が始められ、その結果、一九〇八年二月、日米政府間協定が結ばれた。これが「紳士協定」である。日本政府は以後、アメリカへの移民を自主的に制限することになった。紳士協定によって就労のみを目的とする日本人渡航者は旅券発行が停止されたが、観光客、学生、在留者の家族は引き続き自由に渡航することができた。以後、一〇年間は日本人移民の純増数（新規渡米者マイナス帰国者）はほぼ横ばいに転じた。が、規制には必ず落とし穴がある。紳士協定の「在留者の家族は渡航可能」という〝抜け道〟を活用する形でその後、盛んになったのが「写真結婚」による日本人女性の渡米だった。在留邦人は独身男性の比率が高く、若い女性の〝需要〟が旺盛で、彼らと彼らの親戚などとの間で写真や手紙だけで縁談を成立させ、花嫁が旅券発給を受け、アメリカに入国するケースが増えた。しかし、見合結婚の習慣のないアメリカ人にこの結婚形態は奇異に映り非人道的な慣行だとしてカリフォルニア州を中心に激しい攻撃にさらされた。その背景には独身男性が妻帯しやがて子供も生まれる（出生児は自動的に米国市民権を得る）ことで日系人コミュニティーがより一層発展することへの危機感があった。人種差別の非難は免れないが、米側にも「日本人コミュニティーの閉鎖性」への反発というそれなりの〝事情〟があった。結局、日本政府は写真結婚による渡米を一九二〇年に禁止した。一方、アメリカでの「単純労働者から脱却し、定着を図ろうとする日系人」への警戒感はその土地利用への制限となって具体化していった。一九一三年、カリフォルニア州でいわゆる「外国人土地法」が成立、「帰化不能外国人」の土地所有が禁止された。「帰化不能外国人」とは要するに「アメリカ人」に絶対にならない人たちを指した。こうした移民が法人組織を通じて土地を購入したり、米国で誕生した自分の子供（米国市民権を得ている）に土地を所有させて賃借する土地利用方法が駆使されたりしたが一九二一年の土地法改正でこれらの法的な抜け道はすべて否定された。

（3）一九二四年移民法に先立つ一九二一年、米連邦議会は「移民割当法」を可決した。一九一〇年の国勢調査における国別の移民者数を算出、以後の移民はその割合に比例した数で認めるとしていた。ところが、この基準だと、東欧・南欧系に有利となるため反発が出て、一九二四年移民法では一八九〇年に基準が改められた。一八九〇年の国勢調査を基準にすると、日本の新規移民割当数は年、一四六人となるはずだった。

（4）**エドワード・ヘンリー・ハリマン**（一八四八―一九〇九）　ニューヨーク出身の銀行家であり実業家。ユニオン・パシフィックなどの鉄道を経営。日露戦争に際し、戦費を調達するために渡米した高橋是清に対し、同じユダヤ系の銀行家、ジェイコブ・シェフとともに多額の資金を引き受けることを承諾、これが結局、日本の戦費調達を助けた。ポーツマス条約が締結されると日本にやって来て、多額の財政支援と引き換えに満鉄の共同経営を日本に申し入れた。

（5）日露間では戦後、日露協約が結ばれた。それは日露両国の中国における権益を互いに認め合ったもので、第一次から第四次まである。第一次は一九〇七（明治四十）年七月三十日に調印。公開協定では、①日露間及び両国と清国の間に結ばれた条約を尊重すること、②清国の独立、③門戸開放、④機会均等の実現を掲げた。その一方で、秘密協定では日本の南満州、ロシアの北満州での利益範囲を協定した。また、ロシアの外蒙古、日本の朝鮮での特殊権益も互いに認めた。第二次は一九一〇年七月四日調印。フィランダー・ノックス国務長官が提案した南満州鉄道の中立案の拒否を協定し、両国の満州における権益を再確認した。第三次は一九一二年七月八日に調印。辛亥革命に対応するため、内蒙古の西部をロシアに、東部を日本にそれぞれ利益を分割することを協約した。第四次は一九一六（大正五）年七月三日調印。第一次世界大戦における日露の関係強化と第三国（特にアメリカ）の中国支配阻止、極東における両国の特殊権益の擁護を再確認した。

(6) **フィランダー・ノックス**（一八五三—一九二一）　ウィリアム・タフト（共和党）政権下で国務長官（一九〇九—一三年）を務めた。その前のセオドア・ルーズベルト（共和党）政権下では司法長官（一九〇一—〇四年）。ノックスは世界的な法律事務所、リード・スミスの創業者の一人。ドル外交を最初に始めた。

(7) **ポール・ラインシュ**（一八六九—一九二三）　アメリカの政治学者で、外交官、反日家で知られる。一九一三年、ウィルソン政権下で北京公使となった。一九一九年まで在任、その後、北京政府（清朝）の最高顧問として活躍した。ラインシュは大日本帝国を、悪の体現者、自由と民主主義の敵、そして将来のすべての世界紛争の原因と見なした。対華二十一カ条の要求の際には北京政府の外交部と絶えず連絡をとり、日本政府の裏をかく手段について助言を与えた。日本に対抗することのみを目的に、アメリカの投資を中国に誘致することに努めたが、シームス・カレー商会の北京政府との鉄道借款が失敗すると、ラインシュは「日本は世界戦争を利用して中国を財政的に従属国にしようとしている」という反日キャンペーンを始めた。旅順大連回収運動の第一人者。

(8) 第一次世界大戦で連合国側に立った日本は参戦を決意するとすぐにドイツの権益だった山東省、青島などを攻略、占領した。パリ講和会議とヴェルサイユ条約によって、山東省の権益はそのままドイツから受け継ぐことが決まった。しかし、大戦の最中に行った対華二十一カ条の要求で中国側の反感を買い、ヴェルサイユ条約が締結される前に学生を中心とした反日運動が起こった。これが名高い五・四運動である。

(9) **対華二十一カ条の要求**　第一次世界大戦の最中の一九一五年一月、日本政府（大隈重信内閣）が中華民国政府に対して突きつけた要求と希望。第一号要求は山東省についてで、ドイツが同省にもっていた権益を日本が継承することなどが盛り込まれている。これらの要求は当時、ドイツ、フランス、イギリス、ロシアの要求と大同小異だったが、日本の要求を受けとった中国政府（袁世凱政権）はアメリカのポール・ラインシュ公使やドイツのヒンツェ公使らと相計って国内世論を扇動し、日本の要求を誇大に吹聴して反日感情を誘発したといわれている。

(10) **西安事件**　一九三六（昭和十一）年十二月、中国・西安郊外の温泉地で、中国国民党のトップ、蔣介石が国民党軍司令官、張学良に拉致・監禁された事件。蔣は二週間にわたって「内戦を停止し共産党との和解」を求められたが、説得に応じず。結局釈放されたが、この間に共産党の周恩来と会談するなどしたため、後の「第二次国共合作」への布石となったといわれている。

(11) **松本重治**（一八九九—一九八九）　同盟通信常務理事編集局長の時に終戦を迎え、同盟解散とともに退社。戦後、民報社を設立、社長兼主筆に就任するが、公職追放にあってまもなく退社。追放解除後に財団法人国際文化会館の設立に携わり、国際交流の礎を築いた。

（12）**鈴木文治**（一八八五―一九四六）大正・昭和期の政治家であり、労働運動家。一九一二年、労働者の地位向上を目指して一四人の同志とともに「友愛会」を創設。その後、渡米してアメリカの労働組合の実情を学び、次第にストライキ権を要求するなど対決色を強めていった。日本の労働運動の草分け的な存在である。

（13）**鶴見祐輔**（一八八五―一九七三）大正・昭和期の政治家であり、著述家。一九二八年の総選挙で初当選。米内光政内閣で内務政務次官。一九二〇年代後半から一九三〇年代に掛けて太平洋問題調査会の主要メンバーとしても活躍。戦後、公職追放されるが、解除後、一九五三年の参議院選挙で当選。第一次鳩山一郎内閣で厚生大臣に就任した。

（14）本書「帝都復興は市民の手で」（二二四頁〜）を参照。

（15）**新渡戸稲造**（一八六二―一九三三）札幌農学校の二期生で、内村鑑三とともに日本を代表するキリスト者。米・独留学後札幌農学校教授をへて、後藤新平の招へいで台湾総督府の技師となった。一高校長、東京帝大教授、東京女子大学初代学長などを歴任、人格を重視した教育を実践した。著書『武士道』などで国際社会の日本理解に貢献したほか、国際連盟事務局次長も務めた。

（16）鶴見祐輔『成城だより』第四巻（太平洋出版社、一九四九年）。

4　危険な時代の幕開け

開米潤

満州事変[1]は日本の近代史を大きく変えた事件である。

――関東軍[2]参謀の〝自作自演〟による小さな事件が発端だったが、その後、軍全体が大暴走しあっという間に満州全土を支配、満州帝国という傀儡国家を設立した。ところが、関東軍の野望はそれだけにとどまらなかったのである。

中国・華北地方に触手を伸ばし、本土と分離し、満州国との一体化を図ろうとあの手この手で既成事実を積み上げていった。満州事変から六年後、今度は北京郊外の盧溝橋で、日中の正規軍が軍事衝突を起こした。これを境に関東軍と現地の抗日運動との衝突が徐々に激化し、日本は長くて泥沼のような戦いを中国全土で繰り広げた。

一方、満州国の建設で中国市場に関心を持つアメリカなど欧米列強との対立も深刻化した。その延長線上で、ついに日米が開戦、そして昭和二十年の夏を迎えたからである。……

満州は中国東北部、現在の遼寧省、吉林省、黒竜江省の三省と内モンゴル自治区東部の広大な地域で日本の国土のほぼ一・五倍の大きさだ。高句麗や渤海を建国したツングース系民族の、金朝、後金、清朝を生んだ満州民族のゆかりの地でもあった。

日本との関係は明治期に遡る。日露戦争に勝った日本が満州権益[3]をロシアから譲り受けたのが始まりだった。多大な流血の代償――。元々、こうした国民意識があったところにロシア革命後、共産主義拡大に対する防波堤としての重要性が高まり、日本の生命線と見なされるようになった。これが関東軍を突き動かした論理だったが、この時期、軍が焦燥感を強めた背景にはそれなりの国内事情もあった。

満州事変のあった昭和初期、日本経済は極度の不況に喘いでいた。巷には失業者が溢れ、大卒でもなかなか就職できない時代だった。農村はもっと悲惨だった。急激なデフレで、農作物価格は急低下、売り上げも不振を極めた。東北地方では冷害と凶作が度重なって娘の身売りなどの悲劇も相次いだ。

それでも生活出来ずに中国大陸へ渡る人々も増えた。資源豊かな満州は貧しい人々にとっては光り輝く〝希望の大地〟だったのである。

誰が日本政府を突き動かしているのか

満州事変から三カ月。関東軍が満州原野を席巻しつつあった昭和六(一九三一)年十二月中旬、米誌『ニュー・リパブリック』(十二月十六日号)に、あるエッセイが掲載された。「誰が日本政府を動かしているのか?(Who Runs the Japanese Government?)」。

巻末の投書欄にひっそりとあり、しかも、その分量はわずか一七行だった。ただ、世界中の眼が満州の大地に注がれていた時期だけに、こんなに小粒ながらも、実に〝皮肉〟の利いた一文だった。

その筆者がチャールズ・ビーアドである。

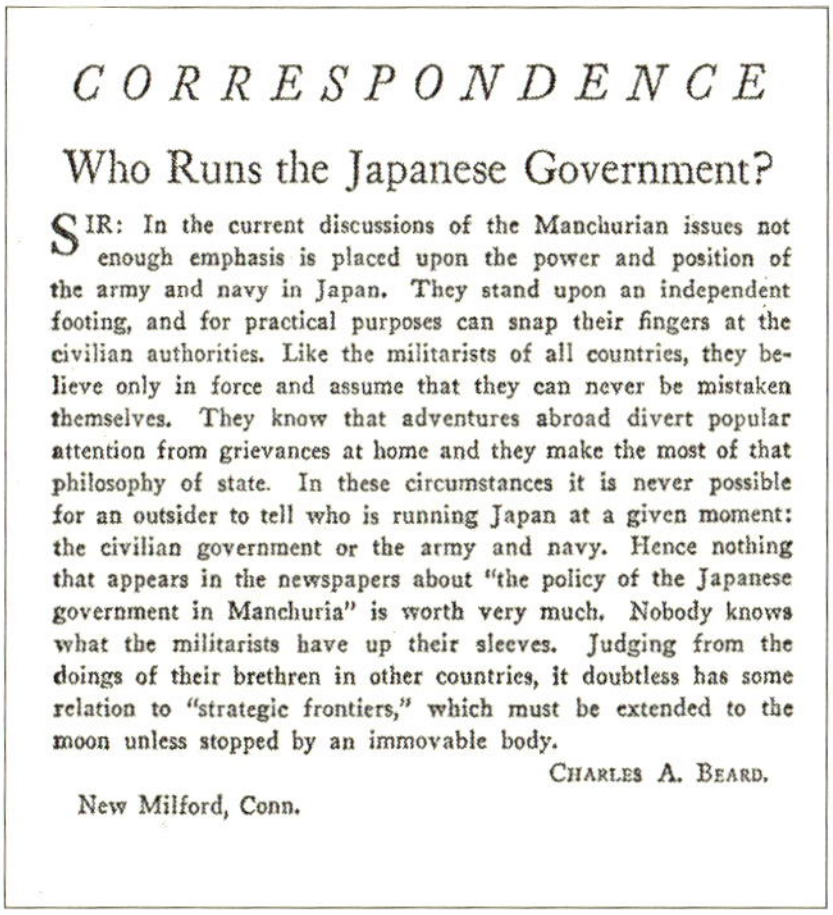
CORRESPONDENCE

Who Runs the Japanese Government?

SIR: In the current discussions of the Manchurian issues not enough emphasis is placed upon the power and position of the army and navy in Japan. They stand upon an independent footing, and for practical purposes can snap their fingers at the civilian authorities. Like the militarists of all countries, they believe only in force and assume that they can never be mistaken themselves. They know that adventures abroad divert popular attention from grievances at home and they make the most of that philosophy of state. In these circumstances it is never possible for an outsider to tell who is running Japan at a given moment: the civilian government or the army and navy. Hence nothing that appears in the newspapers about "the policy of the Japanese government in Manchuria" is worth very much. Nobody knows what the militarists have up their sleeves. Judging from the doings of their brethren in other countries, it doubtless has some relation to "strategic frontiers," which must be extended to the moon unless stopped by an immovable body.

CHARLES A. BEARD.

New Milford, Conn.

『ニュー・リパブリック』
（1931年12月16日号）

「満州問題について行われている最近の議論を見ると、そのほとんどが日本の陸・海軍の力と、その立場を十分に強調していないように思われる。日本の陸・海軍は〔政府から〕独立した権力基盤を持ち、実際のところ、文民官僚たちをあごで使うことができる。各国の軍国主義者もそうであるように、日本の陸・海軍もまた、力のみを信じ、自分たちが過ちを犯すことなどあるはずがないと思っている。彼らは外国で冒険的行為を引き起こすことで国内にうっ積する不平や不安から国民の関心をそらすことができることを知っており、その原理を最大限、有効活用するのだ。そうした状況がある中で、日本の政治を動かしているのは誰か——文民政府か、陸軍と海軍か——を外部の人間が知ることなどできやしない。また、そうした事情であるから、新聞に載っている『日本政府の満州政策』に関する記事は読む価値がないと言ってよい。日本の軍国主義者が極秘裏に何を企んでいるのか。それを知っている人は誰もいないはずだ。彼らの外国の仲間〔ドイツ・イタリア〕がやっていることから判断すると、彼らの狙いは間違いなく『戦略的フロンティア[4]』と関わりがある。そして確固たる組織が食い止めなければ、戦略的フロンティアは月まで延びていくしかないのだ[5]」。

これがエッセイの全訳で、要約すると以下のようになろう——日本政府は軍部に支配されている。その軍部は国民の関心を国内問題からそらすために外国での冒険を引き起こした。それが満州事変である——と。

ただ、冒頭部分には、最近の議論をみると「そのほとんどが日本の陸・海軍の力と、その立場を十分に強調していないように思われる」とある。ここから判断すると、どうやらビーアドは当時、米社会で流布していた議論に何らかの違和感を覚えていたようだ。

満州事変から三カ月も経ったこのころになると、関東軍が中国側から仕掛けられたとどんなに主張していても、海外では満州事変の犯人が関東軍であることは広く知れ渡っていた。最初から疑われ、世界の人々はそこに陰謀臭を嗅いでいた。関東軍には昭和三（一九二八）年六月の張作霖爆殺事件(6)という前科があったからだ。

ビーアドも関東軍の謀略説を耳にしていただろう。『ニュー・リパブリック』誌も毎号、巻頭社説で満州事変をとり上げていた。各号のタイトルは"Manchuria - A Repressible Conflict"（「満州——制止可能な衝突」十月二十一日号）、"The Manchurian Crisis and The League"（「満州危機と国際連盟」十二月二日号）、"Can Japan Be Stopped?"（「日本は止められるのか」一九三二年二月十日号）。局地的に制止可能とみられた事件が、満州危機となり、そして日本の侵略を食い止められるか、と記事のトーンが次第に日本への厳しさを増していることがよく分かる。ただ、なぜ日本が満州を侵略するのかを分かりやすく解説し、あるいは日本の支配構造に焦点を当てて日本の行為を論じようとしたものはほとんどみられなかった。極東と日本の政治状況に関する米ジャーナリズムの認識不足をはしなくも露呈しており、そのためビーアドは投書を出さずにはいられなかったのだろう。

帝国主義からファシズムへ。軍人が跋扈する時代であった。〝一九三〇年代危機〟が世界的に喧伝されていた。ビーアドの視線の先には当然ながら日本でも増殖するこの狂信的なイデオロギーへの警戒感があった。一〇年前、初めて日本を知ったとき、貧しいが、どこか長閑《のどか》な時間が流れていた。そんな日本がこのファナティシズム（狂信主義）にすっぽりと覆われ、変わり果ててしまったことに、今、何とか平和を保っている世界史の明日を感じていた。「彼らの外国の仲間〔ドイツ・イタリア〕がやっていることから判断すると、彼らの狙いは間違いなく『戦略的フロンティア』と関わりがある。そして確固たる組織が食い止めなければ、戦略的フロンティアは月まで延びていくしかないのだ」。世界史の近未来に深刻な懸念を抱くようになっていた。もちろん、それを裏付けるだけの材料が彼にはあった。極東で何が起きているのか。ビーアドは十分な知識を持っていたのだ。満州権益をめぐり、日本、ソ連、アメリカ、イギリス、フランス、ドイツが激しい権力闘争を繰り返している構図も頭の中に入っていた。米政府が自国民と国際社会に向かって中国の「門戸開放」などというもっともらしいセリフを吐いていても、その実体は赤裸々な帝国主義的要求であることを見抜いていた。満州事変で極東の勢力地図が大きく変わり、その結果として、極東史ばかりでなく、世界史がどのような影響を受けるのか。ビーアドの視線のずっと先にあったのはこれだった。

日米関係は劇的に変容し始めていた。[7] 満州事変が起きる六年前の一九二五年三月、ビーアドは米雑誌で「日米関係の核心的な問題は中国である」[8] と述べた。日米関係の将来を、移民問題ではなく中国問題を軸にしてとらえ直す必要性を説き、そして、その先行きを懸念していたが、その懸念は今や現実味を帯びようとしていた。あのときは絵空事に過ぎなかった日米戦争の影が、静かに忍び寄っていた。

これだけ濃密で示唆に富んだ内容の投書だったが、なぜか、それ以上に発展しなかった。ビーアドは多作家であり、生涯作品(七〇冊)の販売総数は全世界で約一二〇〇万冊(翻訳を含む)に達するなど、当時、傑出した人気作家だった。数少ない知日家でもあり、日本論をいくつか発表していた。であればこそ、ビーアドの日本論はジャーナリズムで待望されたはずである。だが、この投書以降、ビーアドの日本論は一切、見られなくなった。日本は〝世界的問題児〟であり、欧米雑誌に露出する機会も多かったはずなのに、である。ビーアドと関係の深かった鶴見祐輔は「満州事件以来、ビーアドさんの日本に対する態度は段々と変わっていった。……軍部の政治的支配が年とともに日本国内で顕著になってくるとビーアドさんは段々と日本の政策に反対の気持ちになってゆかれた[9]」。

ビーアドの思いが日本から離れていったということなのだろうか。

軍の支配なる観念は匡正する必要がある

さて、この投書はある〝余波〟を生んだ。

それは日本の青年がこれを読んで敏感に反応したことによって起こった。その青年とは松本重治である。松本がアメリカ留学中にビーアドの教えを受けたことはすでに述べた。満州事変が起きたころ、松本は帰国し、東京帝大大学院でアメリカ研究に没頭する傍ら東京女子大など複数の大学で教鞭をとっていた。松本が鶴見に宛てた一通の手紙が残っている。昭和七（一九三二）年一月七日付で、その冒頭、手紙を認《したた》めた理由をこう述べている。(10)

「貴兄、今回の御渡米は移民法問題の当時より遥かに重大事なる御使命を帯びせられてのことと拝察……今夕、新着の New Republic の記事を読み、止むに止まれぬ気持に駆られて……満州事変に関して欧米人に説くべき論点に就いての卑見を開陳し、御考察に供したいため筆をとりました……ビヤード《ママ》氏のいわゆる『軍の支配』なる観念は大いに匡正する必要があるかと存じます」。

「新着の New Republic の記事」とはビーアドの投書とみられる。筆者は満州事変が起きた直後からその年の十二月までの、ほぼ三カ月間にわたる『ニュー・リパブリック』誌をくまなく調べた。ビーアドが満州事変に関して「軍の支配」に触れた文章はこれだけだった。翌年一月早々の時点で、松本が「新着の」と言っていることからみてもそうだと推定される。投書が掲載されたのは昭和六年十二月十六日号。その号を日本に運ぶとすると、当時もっとも早い方法が船便で、それでも約二週間以上かかった。その号が日本に届くのは早くても十二月末から一月初めにかけてであり、松本が昭和七年正月の時点で「新着の」と述べたことと合致する。

松本はこの投書を読んで「止むに止まれぬ気持に駆られ」たという。よほどショックを受けたに違いない。原因はビーアドの「軍の支配」という観念にあり、それを「大いに匡正する必要があるかと存じます」とも言っている。

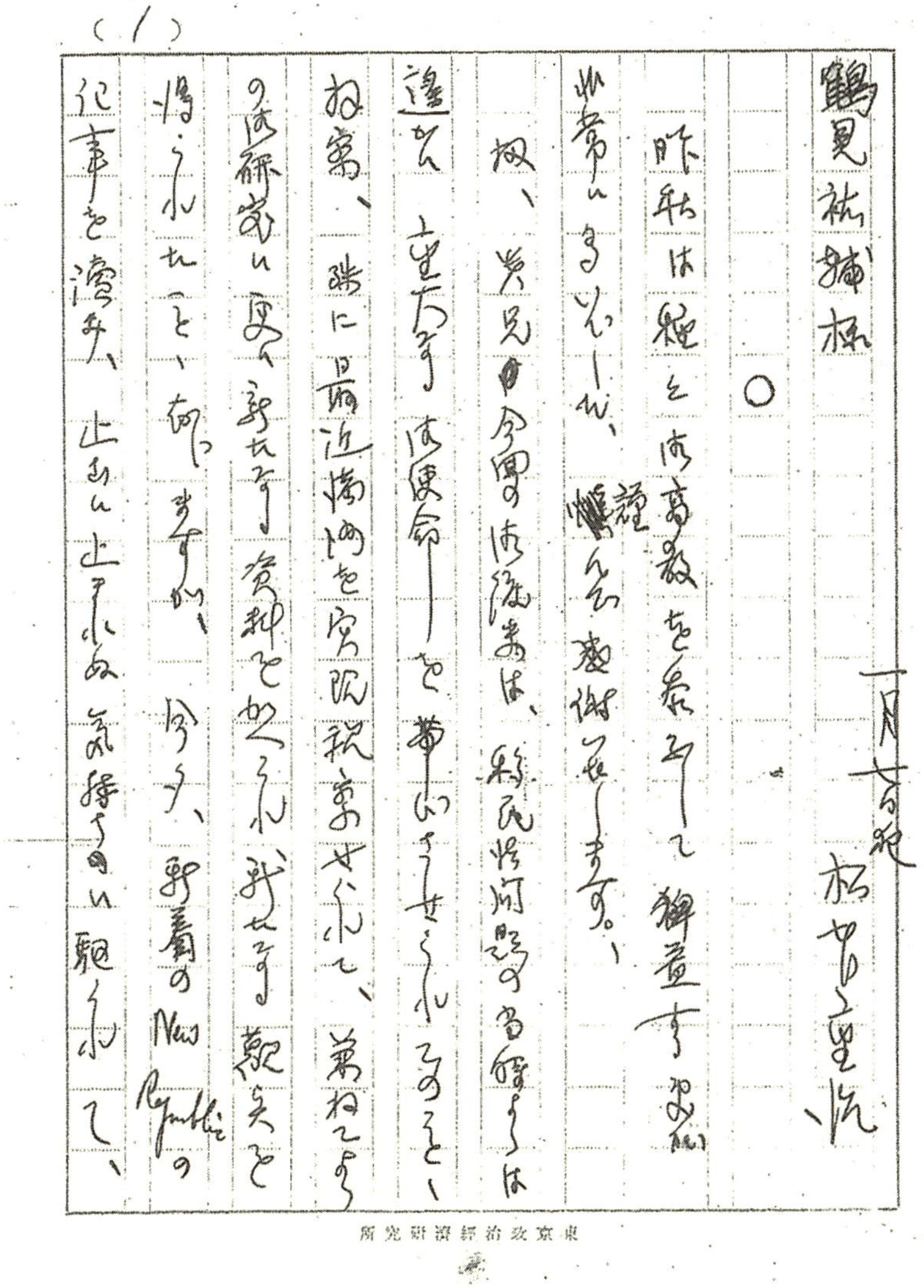
東京政治経済研究所

松本重治の鶴見祐輔宛書簡
（1932 年 1 月 7 日付）

松本はなぜ、「軍の支配」という考え方にそこまで強く反応したのか。鶴見宛ての手紙には、

「軍部と『文民』との間の意見の衝突があったこと、現在でも、ある程度はあることを否定する必要はありません。各国でも既存の事実だからです。問題はなぜ、軍部のイニシアティブに文部が追認せざるを得なかったかにあると思います。……見逃すべからざる一点は国民の大部分が、殊に新聞が軍部を支持した点であります。……国民の意識には既存国際秩序が英米仏の如き列強の特権的地位維持のための秩序であり、平和であるという観念が浸透せることは看過すべきではないと思います。……米国の高関税の問題やワシントン海軍軍縮条約での比率そのものが一種の圧迫的印象を日本に与へ、或いは不合理不公平なる既存領土の分配状態、資源分布状態を追認し、又、或いは労働力移動の自由を阻止して不合理なる生活水準の国際的合理化の過程を阻害する如き感を与へたことはやむを得ない点であります。貴兄のいわゆる『追ひつめられた』日本の国民といふ自己意識が自然、国民の眼を満州の野に××しむるに至ったものと思います」。（××は判読不明）

満州事変の背景には長く続いた日本の大不況があったことはすでに述べた。それに加えて米国の日本製品に対する高関税問題、ワシントン海軍軍縮問題が日本を圧迫しているとの印象を国民に与えたことや、既存の国際秩序は欧米列強のための秩序であり〝持たざる国〟はそれをただ、追認するしかない。そうした国民的な憤りも事変の背後にあったことを松本は見事に活写している。おそらくこれは当時の日本の左、右両翼に共通した認識であり「欧米列強がこれまでアジアで勝手気儘に略奪を繰り返しておきながら、なんだ」と言わんばかりの、いわば愛国心に根差した義憤であったであろう。松本はさらに続けた。

「欧米人は張作霖が関内〔万里の長城の内側〕に入って××が蟠踞する以前の――即ち『保境安民』(11)政策時代の――満州と、張学良時代の今日の満州とが、その対日関係、対日態度に於いて示した相違をまったく知らぬように思われます。『保境安民』とは実質に於いて支那国中ひとつの別天地を作る意であります。欧米の学者も『満

州』だけを支那の他の部分と区別していた。従って『保境安民』時代の満州は対日関係の実質に於いて日本の権益擁護に都合のよきひとつの Buffer state〔いわゆる緩衝地帯〕と見るべきで、その状態が張作霖の晩年と張学良時代になって急激に変化した。もちろん、それは支那の "intelli" の民族主義運動や、その形式的なる『主権国家』理論の援護の下に於いて、です。この変化、非常に急激なる変化が前述の国民意識に反映するとき、自然、reaction として此回の如きことを招来せねば止まなかったとも見られると思います」。

（××は判読不明、おそらく軍閥かとおもわれる）

欧米列強から圧迫を受け「追い詰められた」日本が既得権益である満州へ活路を見出そうとした。それは軍だけでなく一般国民にも共通した心理だった。ところが、その矢先に満州の位置づけとその対日関係、対日態度が劇的に変化してしまった。これがそうした国民意識に反映、結果的に満州事変へとつながり、国民の支持も得た。松本はこう分析しているのだ。

松本は決して関東軍の行動を容認しているわけではない。手紙の末尾で「民族的の活動としても永き目を以てすれば此回の事変は unwise であると信じて疑いませぬ」。ただ、「すんだことはいくら unwise といっても仕方がないから、できるだけ error の少ないようにと考えるのみです」と締めくくっている。満州事変は賢い選択ではなかったが、その背景には万感胸に迫るものがある。だから、恩師、ビーアドの「軍の支配」論には異議を申し立てずにはいられなかった。「欧米列強に追い詰められた日本の止むに止まれぬ行動」。これをどうしたらビーアドら良質の欧米知識人に理解してもらえるか。言うに言われぬ焦燥感が「匡正する必要がある」との強い口吻となった。

鶴見祐輔は訪米前だった。しかも松本の手紙には「貴兄、今回の御渡米は移民法問題の当時より遥かに重大事なる御使命を帯びせられてのことと拝察」とあった。政府はこのとき、満州問題で悪化した日米関係を改善するため、新渡戸稲造を事実上の〝政府特使〟として派遣しようとしていた。この重大な局面で、そうした任務を成し遂げることが出来るのは新渡戸しかいなかった。国際連盟事務次長などを歴任、国際的知名度の高かった新渡戸は〝対米宣伝〟のうってつけの人材であり、政府の切り札でもあった。

新渡戸は鶴見の第一高等学校時代からの恩師である。明治末年、移民問題の嵐が吹き荒れていたころ、新渡戸が第一回日米交換教授として渡米、各地を回って、一六六回にも及ぶ講演をした際にも鶴見が付き添っていた。

鶴見は今回も同じように新渡戸と行動を共にするつもりだった。ただ、自らの著書(『母』)英語版の出版記念会が開かれるのを利用して、自分もアメリカを講演旅行する予定を立てていた。新渡戸訪米を実りあるものとするための事前運動と情報収集の必要があって鶴見は昭和七(一九三二)年一月、新渡戸よりも一足先に渡米、精力的に動き回った。英語で"Dr. InazoNitobe, Father of Japanese Liberalism"という論文を発表、いかに新渡戸が自由主義者であり、平和主義者であるかを訴え〝地ならし〟を行った。しかし、こうした活動を通じて鶴見は次第に焦燥感に包まれるようになった。満州問題を巡ってアメリカ人の反日感情が予想以上に強かったからだ。

排日移民法の成立で「二度とアメリカの土地は踏まない」と誓った新渡戸だったが、悪化の一途をたどる日米関係を黙視できず、政府の要請を受け入れて訪米を決意、昭和七年四月に横浜港を出て、下旬、サンフランシスコに到着した。そのとき、鶴見から新渡戸への一通の手紙が届いた。それまでの情勢報告である。四月二十三日付の手紙[12]には「事態は非常に深刻である」とあった。鶴見の懸念通り、新渡戸の訪米は結局、大失敗に終わった。このときも百回以上、全米各地で講演を重ねたが、新渡戸の声に耳を傾けようとする者はほとんどいなかった。旧知の友人たちにも冷遇され「新渡戸は軍の手先になった」などと陰口をたたかれた。

新渡戸の滞在中、『ニュー・リパブリック』誌(一九三二年五月二十五日号)に「新渡戸博士への公開質問状」というエッセイが掲載された。レイモンド・レスリー・ビュエル[13]というジャーナリストの手によるものだが、新渡戸訪米がいかに大失敗だったかを、このエッセイは如実に示している。それには新渡戸が米各紙のインタビューに答えて日本への理解を求めたり「ウィルソン元大統領(14)は満州における新たな状態の確立を『民族自決』の原則に合致しているという理由から歓迎するに違いない」などと述べたりしたことを踏まえて、

「こうした意見があなたのものだと思うと、あなたの過去のキャリアを知っている人なら胸が張り裂けそうになるに違いない。あなたはクエーカー教徒(伝統的に、国と政府のために武力、暴力を用いることが許されないことを信念としている)であり、学者であり、思想家である。七年間、あなたは国際連盟の高官として国際協調の大義に誠実に尽くされてきた。しかしながら、今日、あなたは日本が連盟規約と不戦条約を侵害していることをまったく意に介していないようです……」。

こう書かれてあった。

現代アメリカへの警告——誰がアメリカをシーザーから守るのか

歴史は急速に回天していた。

五・一五事件、二・二六事件、支那事変、北部仏印進駐、日独伊三国同盟、南部仏印進駐、在英米蘭の日本資産凍結、アメリカの対日石油禁輸、ABCD包囲網、ハル・ノート(15)……。

次々と起こる世界史的な重大事件が複雑に絡み合って昭和十六年十二月八日へとつながっていった。その日の未明(日本時間)、日本の連合艦隊機動部隊がハワイ真珠湾を〝奇襲攻撃〟、日米戦争の火ぶたが切って落とされた。

そのとき、ビーアドは何を思ったのか。貴重な証言が『ルーズベルトの責任』(*President Roosevelt and the Coming of the War, 1941*, Yale University Press, 1948)にある。

「一九四一年十二月七日午後(米東部時間)、真珠湾で起きたアメリカにとっての大惨事のニュースを聞いて、

私はすぐに、戦争が単に偶発的あるいは偶然に起きたのではなく、一〇〇年以上にわたって極東に関してアメリカが外交交渉やさまざまな外交活動を行ってきた結果であり、この共和国にとって新しい、危険な時代の幕開けがきたのだと信じて疑わなかった。今世紀初めに偉大な師、ジョン・バセット・ムーア教授[16]の指導のもとで外交史の研究を始め、これをその後も継続してきた結果として、私は真珠湾攻撃をもたらした外交政策や外交活動の遂行に関して、将来、はるかに多くのことが知られるようになるだろうと確信した[17]」。

真珠湾のニュースを聴いたとき、ビーアドがすぐに思いついた「危険な時代の幕開け」とは一体、何を意味するのだろうか。

ビーアドは満州事変以来、極東で起こっている出来事について、あえて論評するのを控えてきたふしがあったことはすでに述べた。それは日本に対する怒りの裏返しだったのだが、時間の経過とともにその度合いは深まっていった。後藤新平が東京市長だった時代の助役、前田多門は戦争前、異様な経験をしたという。ニューヨークでビーアドに会ったときのことだった。ビーアドがいきなり「君と僕とは今まで親しく交際していたが、あまり日本全体としてのやり方がけしからぬから、公私別ありとのみいうことはできない。日本人たるあなたとはこれ以上交際することはさけたい、絶交してくれということを、面と向っていわれたことがあります[18]」。このように一方的に絶交を突きつけられたというのだ。

だからといって、ビーアドは日本についての思考を完全に止めたわけではなかった。むしろ、この間、極東問題を、歴史の文脈の中で大きくとらえ直す必要があることを痛感し、そのための研究と思索に多くの時間を費やしていた。そうした過程で、彼の脳裏をしばしば過ったのが、アメリカの極東外交に対する疑念であった。そして日米開戦――。政府はこれまでずっと極東で国際正義を追求してきたというが、本当だろうか。政府の激しい日本批判の陰には百年以上にわたる米極東外交の不始末があるのではないか。もし、そうだとすると、日米開戦は偶然の産物では決してない。きっと何か重大な裏がある。ビーアドはそう睨んだ。と同時に、自らの過去を顧みず、国際社会で尊大な振る舞いをしつつあるアメリカの未来に何か不吉な影が忍び寄っていることにも気付いた。

とはいえ、ビーアドの、こうした研ぎ澄まされた〝直観〟を、研究の成果として、具体化させて行く作業は困難だった。戦争が貴重な情報源への接触を許さなかったからだ。ビーアドは自他ともに認める大陸主義者[19]であり、アメリカが外国の戦争に加わることにこれまで強く反対してきた。しかし、戦争が始まってしまった以上、戦争批判を繰り返すのを控えるようになった。それは国家の統合を乱すとの考えから出たものだった。そこで、やむを得ず、この間、ビーアドはアメリカ建国の理念と合衆国憲法の原点を見つめ直す『アメリカ共和国』（*The Republic*, The Viking Press, 1946）[20]という本の執筆に精を出した。それが「危険な時代の幕開け」への思いを一段と募らせることとなった。

一九四五年夏、ついに戦争は終わった。アメリカが参戦することになった経緯についての研究が本格化した。ビーアドの研究姿勢は精緻を極めた。真珠湾攻撃後の政府（大統領委員会）や陸・海軍、連邦議会委員会による真珠湾事件に関する調査報告書を熟読した。それぞれの調査委員会が集めた証拠にくまなくあたり、調査し直した。連邦議会での与野党議員答弁全記録、新聞やラジオニュースなど何万ページにも及ぶ記録を検証していった。そうした努力の甲斐があってついに本を書き上げ、一九四八年四月、出版にこぎ着けた。

戦争終結からすでに三年の歳月が流れていた。その数カ月後には自身の死が迫っていた。妻のメアリー・ビーアドによると、執筆の最終局面は病床で行われ、目の見えなくなったビーアドに代わり、メアリーが口述筆記したという。

アメリカはなぜ、第二次世界大戦に参戦することになったのか。ビーアドの詳細な研究がたどり着いた結論は次のような内容だった。

——ルーズベルト大統領は一九四〇年の大統領選挙で「不参戦の誓い」を繰り返した。「攻撃を受ける場合を除き、アメリカの軍隊を外国の戦争に派遣することはない。アメリカ外交の目的はアメリカの安全と防衛と平和の維持にある」と断言していた。選挙戦が最高潮に達したボストンの演説でも「私は前にも言ったが、それを何度でも繰り返したい。みなさんの子弟は外国の戦争に派遣されることはない」。日米開戦まで国民にはこうした姿勢が示され続けた。ところが、大統領は少数の政権首脳部とともに参戦の決意を固め、極秘の戦争計画を推進していた。ヨーロッパではナチス・ドイツがほぼ全域を支配していた。アメリカは「武器貸与法」に基づきイギリスを支援することを決断、輸送船団を組んで支援物資を運んだ。アメリカ海軍に船団護衛を命じた。ドイツ潜水艦が太平洋上で輸送船団に忍び寄ってきたとき、米軍艦がそれを執拗に追い回し、魚雷攻撃を仕掛けた。それはルーズベルトの賭けだった。ドイツ潜水艦がアメリカの軍艦に反撃すれば、開戦の大義名分が得られるからだった。しかし、ドイツ側はそんな挑発には乗らなかった。ドイツは第一次大戦の教訓から対米戦の〝罠〟に自らが落ちないよう巧みに逃れた。

ドイツ潜水艦を利用して対独宣戦の口実にする戦略は行き詰まった。友邦イギリスのチャーチル首相からはしきりに参戦を求められた。このため、ルーズベルト大統領は焦った。そこで目を付けたのが太平洋だった。日本を経済制裁で締め上げ、挑発し、日本に「最初の一発を撃たせる」。参戦の口実を得るための新たな戦略だった。日本政府との交渉ではあくまで平和を求めている「外観」を装っていた。だが、内実はまったく違っていた。日本の野村吉三郎駐米大使、来栖三郎特使を交渉で「あやしながら」対日戦争計画を巧みに進行させていった。アメリカ情報部はすでに日本の暗号解読に成功していて、政権首脳は日本の動きをつぶさに把握していた。在米日本資産の凍結、石油の全面禁輸、日本の大使らとの交渉の場で度々口にした戦争警告、近衛文麿首相の申し出による「太平洋会談」の拒否、ハル・ノートの手交——着実に開戦への布石が打たれていった。とりわけ、石油禁輸[21]は事実上の戦争宣言に等しかった。なぜなら、日本は石油輸入のほとんどをアメリカに依存しており、それを止められたら「誰だって戦争へと向かうではないか」。

当時、アメリカ側にはこんな情報もあったという。真珠湾攻撃が行われる七二時間前から刻々と日本の機動部隊が「ハワイ方面に向かって急進している」との極秘情報がオーストラリア政府から米政府に寄せられていたというのだ。戦後、米連邦議会の審議で明らかにされたものだった。もちろん、このとき、米政府とオーストラリア政府はともにそのような事実は承知していない、ときっぱりと否定。連邦議会の審議でも、極めて有力な状況証拠は示されたのだが、確証ではなかったために、一笑に付されたままに終わった。

ところが、こうした情報は近年になって実在したことが明らかになっている。そればかりではない。米海軍情報部も当時、最新鋭の海軍無線方位測定器で日本の連合艦隊の位置をつかんでいたという。日本の連合艦隊は徹底した「無線封止」を行ったとされるが、機動部隊間で連絡用に微弱電波を出しており、それらが米側の高性能無線電波探知網に引っ掛かったというのだ。しかも、「日本軍が実施した電報を傍受した一連の記録は真珠湾調査が何度行われても見逃されてきた」というのだ[22]。ただ、そうした情報が最終的にルーズベルト大統領に伝えられ、大統領が実際にそれを読んだかどうか。この証拠は未だに見つかっていない。情報公開を求めても、そうした核心的な問題になると情報開示が拒否されるからだという。おそらく、それらの証拠は永遠に封印されたままであろう。米情報公開法は安全保障に抵触する場合、情報公開を求められても拒否することができるとしている。アメリカにとって真珠湾の悲劇は未だに安全保障上、重要な問題なのである。もし、ルーズベルト大統領が日本の攻撃を事前に知っていたのに何らの対抗措置をとらなかったなら、多くの将兵を殺した責任は大統領にもあることになるからだ。

ビーアドの書はいわゆる「ルーズベルト陰謀説」と呼ばれているジャンルに属するものだ。陰謀説という言葉には〝インチキ臭い〟という意味が込められている。だが、ビーアドが本書『ルーズベルトの責任』で指摘したことは今日、ことごとく証明されている。ビーアドが『ルーズベルトの責任』を書き上げたのは戦争が終わってわずか三年後のことだ。重要な情報が公開されない中で、ビーアドは大胆な推論を試みた。戦勝に沸いていたアメリカで出版されたとき、どういう反応を引き起こしたか。英雄、ルーズベルトを陥れるものだとしてビーアドは糾弾され、版元のイェール大学に対して強力な不買運動もあったという。だが、アメリカではその後も版を重ね、今日でもこの本は物議を醸している。

アメリカは戦争に勝ち、ナチス・ドイツと軍国日本の野望を砕いた。それで得たものはいったい何か。それはソ連という新たな〝怪物〟と冷戦という新たな脅威だった。アメリカ国民には巨額債務だけが残された。戦後、世界の警察官として活動する費用を負担するのもアメリカ国民である。そして、ビーアドの言及は戦争を指導した「大統領」に向かった。アメリカ合衆国憲法は戦争を行う権限を連邦議会に付与している。しかし、ルーズベルトはそれを無視し、参戦を画策した。戦争を通じてアメリカ大統領はあたかも共和国の〝絶対君主〟として君臨するようになった。本当にこれがアメリカ人の求めていたことなのか。

ビーアドは次のように指摘してこの本を締めくくっている。

「アメリカ共和国は、その歴史において、いま、合衆国大統領が公に事実を曲げて伝えておきながら、密かに外交政策を遂行し、外交を樹立し、戦争を開始する制約のない権力を有する、という理論に到達した。

アメリカ合衆国憲法の父、ジェームズ・マディソンは百年以上前、アメリカの政治は一九三〇年ごろに試練の時を迎えるだろう、と予言した。

マディソンが予見した状況そのものではないものの、試練はまさに到来した――そしてわれわれの共和国をシーザー[23]から守ってくれる神はいないのである」。

アメリカにとって危険な時代が幕を開けようとしていた。――

注

（1）**満州事変**　一九三一（昭和六）年九月十八日、中国・奉天（現在の瀋陽市）郊外で、関東軍が南満州鉄道（満鉄）の線路を爆破した事件に端を発し、関東軍による満州全土の占領に至った日本と中国との間の武力紛争。一九三三（昭和八）年五月の塘沽協定締結で、日本は満州を完全に中国本土から切り離すことに成功。中国側の呼称は「九・一八事変」。関東軍が満州全土を占領するのに要したのはわずか五カ月間で、軍事的には大成功を収めたが、この軍事衝突を機に抗日運動が激化。また、満州国建国（昭和七年三月）により中国市場に関心を持つアメリカなど列強との対立も深刻化した。いわゆる、十五年戦争の発端は満州事変を基点としている。関東軍は当初、中国軍の仕業として自衛に基づく行動と主張していたが、実際は関東軍参謀、板垣征四郎大佐と石原莞爾中佐が立案・実行したもので、一方的な侵略行為だった。政府（第二次若槻礼次郎内閣）は事変後すぐに不拡大方針を決定したが、関東軍は中央の意向を無視して作戦を続行、また、朝鮮軍（林銑十郎司令官、後の首相）が独断で越境し、関東軍の傘下に入った。これらは明らかに天皇の大権を干犯する憲法違反行為だった。

（2）中国遼寧省の遼東半島南部にあった日本の租借地である関東州（現在の大連市一帯）と満州に駐留し、関東州の守備と南満州鉄道（満鉄）附属地警備を目的とした旧日本陸軍の部隊。関東州と満鉄は日露戦争の結果、ロシアから獲得した。一九一九（大正八）年に関東都督府が関東庁に改組されると同時に台湾軍、朝鮮軍、支那駐屯軍などと同じように関東軍として独立した。当初は小規模な部隊に留まっていたが、ソ連軍の脅威が認識されたことなどの理由により関東軍は漸次、増強され、一九三六（昭和十一）年には四個師団・独立守備隊五個大隊となった。そして、翌年の支那事変勃発後はさらに兵力を投入されて一九四一（昭和十六）年には一四個師団にまで拡大。さらにこの年に始まった独ソ戦を受け日本陸軍が関東軍特種演習（関特演）と称した準戦時動員を行った結果、一時的に関東軍は兵力七〇万人以上に膨らんだこともあった。

(3) 一九〇五(明治三十八)年九月、大日本帝国とロシア帝国との間で締結された講和条約(ポーツマス条約)では、①日本の朝鮮半島での優越権を容認、②日露両国の軍隊は鉄道警備隊を除いて満州から撤退、③ロシアは樺太の北緯五〇度以南の領土を永久に日本へ譲渡、④ロシアは東清鉄道のうち、旅順—長春間の南満州支線(満鉄)と附属地の炭鉱の租借権を日本へ譲渡、⑤ロシアは関東州(旅順・大連を含む遼東半島南端部)の租借権を日本へ、⑥ロシアは沿海州沿岸の漁業権を日本人に付与——などとなっている。

(4) 一つの国家が新たな領土や天然資源などを獲得するために軍事力を背景に他の民族や国家を侵略するという意味では帝国主義の概念と同じだが、ビーアドがここで使用している戦略的フロンティアというのは独、伊、日など遅れて帝国主義政策をとった新興国家が既存の大国によってそれまでに築き上げられた国際秩序を打破し、領土、安全保障面などで新たな秩序を構築しようというもので、いわば国際秩序の再定義を示す概念とみられる。

(5) 傍点筆者。

(6) 一九二八(昭和三)年六月四日、奉天軍閥の指導者、張作霖が暗殺された事件。別名「奉天事件」。事件を計画立案したのは関東軍参謀、河本大作大佐で、関東軍が実行したというのが定説だが、ソ連特務機関の犯行という説もある。終戦まで事件の犯人が公表されることはなく、政府内では「満州某重大事件」と呼ばれていた。

(7) 日米関係は日露戦争を境に大きく変調した。日露戦争がアメリカの斡旋で終結を迎えたのは周知の事実である。イェール大学の外交史学者の A. W. Griswold の *Far Eastern Policy of the United States* (Barcourt, Brace and Company, 1938) によると、日露両国がアメリカ・ポーツマスで講和条件をめぐり激しく言い争っていた最中の一九〇五年八月、講和の恩人であるセオドア・ルーズベルト大統領がアメリカの清国特命全権大使を務めていたウィリアム・ロックヒルに手紙を送って「私は従来日本贔屓であったが、講和会議で平和調停委員を経験して以来、日本贔屓でなくなった」と述べている。同大統領は戦後、日本がロシアに代わって中国における門戸開放政策を脅かす存在となることを恐れるようになったばかりかフィリピン征服の野心を抱くのではないか、と危惧し始めた。ビーアドによると、アメリカの大海軍論者が日本の脅威を強調したのも一九〇五年以降である。日本は日露戦争の結果、南満州を勢力下に置いた。それを補強したのが、新たに結び直された日英同盟と日露協商であった。一方、アメリカは満州への割り込みを策し、日本の優越的な地位を奪い取ろうとした。例えば、鉄道王ハリマンの満鉄買収計画(一九〇五年)、満鉄平行線敷設計画(一九〇七年)、国務長官ノックスの満州諸鉄道中立化提議（一九〇九年）、英仏独米四国借款協定（一九一一年）などがある。アメリカが満州で攻勢を強めれば強めるほど日本は英仏へと傾斜し、ロシア権益を排他的に維持しようとした。また、そのころからアメリカでは日本人の移民問題が社会問題化していて、満州問題と移民問題が日米関係を悪化させていった。

（8）本書「日米関係の核心は中国問題である」（二三九頁〜）を参照。

（9）鶴見祐輔『成城だより』第四巻（太平洋出版社、一九四九年）。

（10）国会図書館憲政資料室所蔵の『鶴見祐輔資料』。傍点は筆者。

（11）山西省を拠点にした軍閥山西派の頭領、閻錫山が唱えた山西省の内治を優先して経済振興を図ろうとした政治哲学。山西モンロー主義ともいわれる。閻錫山は一九〇四年、二十一歳の時に日本に留学、その翌年、孫文の中国革命同盟会に入った。一九一一年の辛亥革命に呼応して挙兵、国民政府成立後、山西都督に就任した。山西省の軍政両権を握ると中央政府と不即不離の関係を維持した。事実上の地方軍閥である。山西省の豊富な資源を利用して早くから工業化に力を入れ、内陸部の山西省を優秀省に育てた。鉄道建設、教育機関の充実などの功績は未だに高く評価されている。

（12）前出『鶴見祐輔資料』。

（13）**レイモンド・レスリー・ビュエル**（Raymond Leslie Buell、一八九六―一九四六）編集者、作家。シカゴ生まれ。一九二〇年代に複数の大学で歴史や行政学を教えた。米外交政策協会のリサーチ・ディレクター（一九二七―三三年）、プレジデント（一九三三―三九年）を歴任。初期の反孤立主義者で、アメリカの世界政策を支持した。著書に *The Washington conference*（Runssell & Runssell, Newyork, 1922）などがある。

（14）**ウッドロウ・ウィルソン**（一八五六―一九二四）第二十八代アメリカ大統領（任期一九一三―二一年）。プリンストン教授を経て総長。多くの人の反対を押し切って大学内の改革を断行して注目を浴び、民主党から推されてニュージャージー州知事を務める。大統領時代に第一次世界大戦が起こり、まもなく、ドイツの無制限潜水艦作戦の宣言を受けて一九一七年四月、対独参戦。世界大戦が終結する直前に「民族自決」などを謳った一四カ条の原則を発表。大戦後のパリ平和会議には自らが全権として出席、自身の理想である国際連盟の実現に努力したが、米上院はついにそれを認めなかった。一九一九年ノーベル平和賞。

（15）太平洋戦争開戦直前の日米交渉で一九四一（昭和十六）年十一月二十六日にアメリカ側から日本側に提示された交渉文書を指す。正式には「アメリカ合衆国と日本国の間の協定で提案された基礎の概要」（日米協定基礎概要案）。その概要は、

①アメリカと日本は英中日蘭などの間の包括的な不可侵条約を提案、②日本の仏印からの撤兵、③日本の中国からの撤兵――などからなっていた。日米交渉の米当事者、コーデル・ハル国務長官の名前からこのように呼ばれている。これに先立ち、日本政府は十一月二十日、いわゆる「乙案」と呼ばれていた最終案を米政府に提示していた。それは「①日米は仏印以外の諸地域に武力進出を行わない、②日米は蘭印において石油や錫などの必要資源を得られるよう協力、③米は年百万キロリットルの航空揮発油を対日供給する」との内容だった。これに対して米政府は日本側に対案を示すことにした。それは「①日本は南部仏印から撤兵、かつ北部仏印の兵力を二万五千人以下とする、②日米両国の通商関係は資産凍結令以前の状態に戻す、③この協定は三カ月間有効とする」だった。ところが、二十六日午前、日本軍の船艇が台湾沖を南下しているとの情報が飛び込んできた。ルーズベルト大統領とハル国務長官はこれに激怒、日本は交渉を行いつつ戦争の準備をしているとして急きょ、一段と厳しい内容のハル・ノートに差し替えられた、とされている。日本側のそれまでの行為すべてを真っ向から否定するものであっただけに日本政府は「最後通牒」と受け取った。ただ、米側には必ずしもそうした認識はなかったとの見方もあり、このため、ハル・ノートは今でも「(事実上の)最後通牒であった」とする解釈と「最後通牒ではない」とする解釈とがある。

(16) **ジョン・バセット・ムーア**(一八六〇―一九四七) アメリカ合衆国の政治家、外交官、裁判官。合衆国における国際法の権威として、一九一二年から一九三八年までオランダのハーグで常設仲裁裁判所の裁判官を、一九二一年から一九二八年まで常設国際司法裁判所の裁判官を、それぞれ務めた。一八八〇年にバージニア大卒。一八八五年から国務省で法務書記を経て第三国務次官補を務めた後、コロンビア大学で国際法の初代正教授にも就任している。

(17) 第九章(注)1。傍点筆者。

(18)『チャールズ・A・ビーアド』(東京市政調査会、一九五八年)所収の座談会「ビーアド博士をしのびて」での前田の証言(本書「〈座談会〉人／学風／業績」〔六〇頁〕)。

(19) 孤立主義者の一種。南北アメリカ大陸などアメリカが権益を持っているところ以外について不干渉を原則とする考え方。ただ、ビーアドの場合はより厳密に言うと、アメリカは北米大陸のみの経営に専心すべきで、それ以外は不干渉主義を貫くべきであるとの考えだった。

(20) 日本語版は松本重治訳『共和国』(社会思想研究会、一九四九―五〇年)。

(21) 米海軍情報部は一九四一年一月一日現在の日本の石油ストック総量を、七千万から七五〇〇万バレルと推定した。当時の日本の経常所要量からみて、少なくとも一八カ月分に相当するとされていた。

(22) ロバート・B・スティネット『真珠湾の真実』(妹尾作太男監訳、荒井稔・丸田知美共訳、文藝春秋、二〇〇一年)。

(23) 共和政ローマ期の政治家、軍人であり、文筆家。正しくはガイウス・ユリウス・カエサル(紀元前一〇〇―同四四)。シーザーはカエサルの英語読み。第一回三頭政治と内乱を経てルキウス・コルネリウス・スッラに次ぐ終身独裁官となり、後の帝政の基礎を築いた。ただ、カエサルが終身独裁官としての絶対的な権力を有したことにマルクス・ユニウス・ブルトゥスら共和主義者は共和政崩壊の危機感を抱き、暗殺を計画。紀元前四四年三月十五日、彼らは元老院に向かうカエサルを院外で待ち伏せし、刺殺したとされる。暗殺された際、カエサルは「ブルトゥス、お前もかっ」。こう叫んだといわれ、シェイクスピアの戯曲『ジュリアス・シーザー』の台詞で一躍、有名になった。

エピローグ

開米潤

チャールズ・A・ビーアドの問題作『ルーズベルトの責任――日米戦争はなぜ始まったか』がアメリカで刊行されたのは一九四八年四月である。それから、ビーアドの周辺は慌ただしく過ぎ去っていった。『責任』が次々と版を重ね、一カ月後には五刷りに入り、大変なベストセラーとなった。『ニューヨーク・タイムズ』紙のベストセラー・リストには二週連続（四月五日、十二日）でランクインした。

おそらく、それに気を良くしたのか、「その年の大統領選挙にも影響を及ぼすのではないか」。ビーアドはそんな軽口を漏らすほど上機嫌だったという。

面白いことにこの一九四八年の大統領選挙は最大の番狂わせだったといわれている。あらゆる事前予測は現職のハリー・S・トルーマンが、共和党候補のニューヨーク州知事のトマス・E・デューイに敗れる、としていた。民主党が第二次世界大戦後、三分裂し、進歩党が誕生するなどしたため、元々の民主党員の士気が極端に低下していたことが、その根拠だった。しかし、そんな逆風をものともせずにトルーマンは勝利し、民主党は五期連続で大統領の席を確保した。

ビーアドは『責任』の中で、再三再四、戦後の米外交がルーズベルトの敷いた路線を継承することに強い懸念を表明していた。作品がベストセラーとなったことで、アメリカ国民が自分の警告に耳を傾けてくれたとビーアドは思ったのだろう。それが先の軽口につながったわけだが、十一月の選挙の結果、アメリカ国民はルーズベルト外交の継承者たるトルーマンを選んだ。ビーアドの期待は見事に裏切られたわけだが、ビーアドはそうした現実を見せつけられることなく、選挙前の九月一日に世を去った。享年七十四歳だった。

ビーアドは『責任』の執筆中、すでに重い病気を患っていた。そのために失明し、タイプライターを打つことも出来なくなっていた。その年の夏にはかなり体力が減退していた。本が大ベストセラーになったことが思わぬ事態を生んだ。ルーズベルト支持者を刺激してしまい、不買運動が起こったのだ。版元には抗議の電話が相次ぎ、運動は瞬く間に全国に広がった。その心労が重なって、駆け足をするように天に召されていった。

新作への意欲

友人たちの証言によると、死に至る病床にあっても、ビーアドの創作意欲は衰えることはなかったという。『責任』の続く新作はどうやらヤルタ会談とポツダム会談に関するものだったようだ。『責任』で見せた外観《アピアランス》と現実《リアリティ》を炙り出す手法で、この歴史的な会談の真実を解き明かそうとしたに違いない。ビーアドが親しい友人に書き送った手紙によると「最新巻（『責任』を指す）がまるで（子供向けの）日曜学校の礼拝に思えるようなものになる」はずだったという。かなりショッキングな内容だったことは間違いない。

ヤルタ会談とは第二次世界大戦末期の一九四五年二月四日から十一日まで、クリミヤ半島のヤルタで行われたルーズベルト大統領、イギリスのチャーチル首相、ソ連のスターリン共産党書記長による首脳会談である。このとき、ルーズベルトはスターリンと秘密協定（極東密約）を結んだ。それは千島列島などをソ連に引き渡す見返りに、ソ連に日ソ中立条約を破棄させ、対日参戦を約束させるものだった。これを受け、ソ連はドイツが無条件降伏した三カ月後の八月九日、日本に宣戦布告し、満州に侵入、千島列島などを占領している。

この秘密協定はヤルタ会談の一年後に公表されている。ただ、冷戦が激しくなると、共和党アイゼンハワー政権が一九五六年に「(ソ連による北方領土占有を含む)ヤルタ協定はルーズベルト個人の文書であり、米国政府の公式文書ではなく無効である」との国務省の公式声明を出している。協定でなく個人文書とは実に奇妙である。

一方、ポツダム会談はナチス・ドイツ降伏後の一九四五年七月十七日から八月二日にかけて、ベルリン郊外のポツダムに、トルーマン米大統領、チャーチル(後に政権交代でアトリー首相)、スターリンが集まり、第二次世界大戦の戦後処理と日本の終戦について話し合われた。終了後、日本に無条件降伏を求めたポツダム宣言が出された。

ビーアドが両会談について何を書こうとしたのか、それは分からない。ただ、少なくともいえることは、両会談で決定づけられた戦後秩序が戦勝国の私欲にいかに基づいていたものであったのか、あるいは会談がいかにまやかしであったかということであろう。

それと同時に、そうした新秩序の建設に、アメリカと合衆国大統領が積極的に関わっていくことへの強い警戒感があったはずだ。ビーアドは『責任』の中でこうも指摘している。

「……大統領がアメリカの力を――単独であれ、同盟国や提携国とともにであれ――用いて反抗的な国々に対して国際的道義を押しつけるための壮大な計画を口にすることは、合衆国と人類のためになるという考え方は大統領が外交関係で絶対権を持つことへの国民の支持をつくりあげるのに寄与するとともに、国外で敵をつくることにもつながる別のドクトリンと密接に関連している。このドクトリンは、アメリカが世界改造計画を実現するために「世界の道義的リーダーシップ」を担い、これを保つのは合衆国の責務だと誇らしげに宣言するものだ。実際にそうした道義的リーダーシップを確立できるかどうかという問題とは別に、……諸国間の親交よりも不和を助長するものだ。

そうした考え方自体が感覚的に反発を呼ぶものなのだ。自分の美徳を公言してはばからない紳士淑女が自尊心のある人間から信用されず、快く思われないのと同じように合衆国の政府も、その国民も……世界の国々の疑念を喚起し、敵意を招く。そして、長い目で見れば、さらに悪いとも言えることに、嘲笑を買うのだ。しかも実際、ラジオやその他のいかなる通信手段を使っても、アメリカの民主主義や文化、生活様式を世界に『受け入れさせる』ことなどできやしないのだ」。

ビーアドの予言は見事に的中していたことになる。

1999	セルビア共和国コソボ自治州をめぐる民族紛争で、米軍が北大西洋条約機構（NATO）軍としてユーゴスラビアを空爆
2000	ジョージ・W・ブッシュが大統領に当選
01	**同時多発テロ発生**、主犯のビンラディンの身柄引き渡しを拒否したアフガニスタン・タリバン政権に対し米軍主導の多国籍軍が報復攻撃を開始
02	ブッシュ大統領、一般教書演説で北朝鮮、イラン、イラクを「**悪の枢軸**」と非難
03	イラクの大量破壊兵器問題に絡んで米英軍がイラクを攻撃（**イラク戦争**）
04	イラクを占領していた連合国暫定当局（CPA）からイラク暫定政府へ主権移譲
	ブッシュ大統領が再選
06	中間選挙で共和党が敗北、イラク政策批判受けてブッシュ大統領がラムズフェルド国防長官の辞任を発表
07	サブプライムローンの焦げ付きに端を発する金融危機
08	サブプライムローン金融危機が拡大、**大手投資銀行リーマン・ブラザーズが経営破綻** アメリカ最大の保険会社 AIG 救済のため、連邦準備制度理事会（FRB）が緊急融資、AIG は政府管理下
09	**バラク・オバマが大統領に就任。初の黒人大統領が誕生** 大統領が核兵器のない世界の平和と安全を追求すると表明。これは核兵器廃絶への国際的な期待を高めることになり、**大統領はノーベル平和賞を受賞** クリントン元米大統領が非公式に北朝鮮を訪問
10	第 1 回核安全サミットがワシントンで開催 ユーロ圏と国際通貨基金（IMF）はギリシャへの 1100 億ユーロの財政支援で合意 イラク駐留米軍の戦闘部隊が全て撤退完了 **チュニジアでジャスミン革命、「アラブの春」へと拡大へ**
11	キューバのフィデル・カストロ前国家評議会議長がキューバ共産党第一書記から正式に退任すると発表。カストロ前議長は全ての公職から引退 **国際テロ組織アル・カーイダの最高指導者ウサマ・ビンラディン容疑者が米諜報機関によりパキスタン国内で銃撃戦の末に殺害される。**対テロ戦争は節目を迎える
12	**オバマ政権が導入した医療保険改革法（オバマケア）を連邦最高裁が合憲と判決。** 下級審では合憲と違憲に判断が分かれていた

（参考文献）『新版 アメリカ合衆国史』（チャールズ・ビーアド、メアリー・ビーアド、ウィリアム・ビーアド共著、松本重治、岸井金次郎、本間長世 共訳、岩波書店、1964 年）、『世界現代史 32 アメリカ現代史』（斎藤真著、山川出版社、1976 年）。『朝日新聞』なども参照。

1973	**キッシンジャー補佐官、南ベトナム、北ベトナム、南臨時革命政府とパリで、ベトナム和平協定議定書に調印** 在ベトナム米軍の最終撤兵が完了 ウォーターゲート事件で司法長官と大統領補佐官２人が辞任 ウォーターゲート事件調査のための上院特別委員会の公聴会が始まる 下院司法委員会、ニクソン大統領の弾劾調査開始 上下両院で大統領の戦争権限を制限する法律制定 アラブ石油輸出機構の石油生産削減で石油危機発生
74	ワシントンでニクソン大統領の弾劾要求デモに１万人参加 下院司法委員会、ニクソン大統領の弾劾を可決 **ニクソン大統領、ウォーターゲート事件のもみ消し工作を指示したと声明** ニクソン大統領が辞任を声明、フォード副大統領が昇格 フォード大統領、ニクソン前大統領に特赦
75	**サイゴン政権が無条件降伏、解放戦線軍が入城** 合衆国、国連安保理でベトナムの国連加盟に拒否権発動 フォード大統領暗殺未遂事件が起こる レバノン内戦勃発（2000年まで）
76	上院外交委員会多国籍企業小委員会、航空機メーカーのロッキードが対日売り込み工作のために約1000万ドルを使い、その一部が日本政府高官に支払われたと暴露（**ロッキード事件**） 米ソ平和目的地下核実験制限条約をワシントンで調印 上院、企業の外国政府当局者への賄賂を禁止する法律成立 民主党のジミー・カーターが大統領に当選
78	カーター大統領、サダト・エジプト大統領、ベギン・イスラエル首相と**中東和平取り決めのための合意文書に調印**
79	米中国交正常化共同声明を発表 イラン革命 **イラン学生、在テヘラン米大使館を占拠** アフガニスタンでクーデター、ソ連が軍事介入
80	イラン・イラク戦争（88年まで）
81	ロナルド・レーガンが大統領に就任
83	米大使館（ベイルート）爆破事件 米海兵隊兵舎（同）爆破事件
86	イラン・コントラ事件発覚し政治問題化
87	米ソ間で中距離核戦力全廃条約調印
89	ジョージ・ブッシュ、大統領に就任
90	**イラク、クウェート侵攻**
91	米軍主導の多国籍軍、イラク攻撃（**湾岸戦争**） 米ソ間で戦略兵器削減条約（START）調印
93	ビル・クリントン、大統領に就任
95	ベトナムと国交回復
97	クリントンが再選
98	米大使館（ナイロビ）爆破事件 **クリントン大統領のセクハラ疑惑事件、上院で弾劾裁判を受けたが無罪となる**

1963	米英ソ部分的核実験停止条約を締結 南ベトナム軍部クーデターによる新政府を承認 **ケネディ大統領、テキサス州ダラスで暗殺される**、リンドン・ジョンソン副大統領が昇格
64	ジョンソン大統領、年頭教書で貧乏追放宣言 憲法修正第24条批准、選挙要件としての人頭税など廃止 **国防省、トンキン湾で米駆逐艦が北ベトナムに攻撃されたと発表、米軍機が報復として北ベトナム基地を爆撃** 上院、トンキン湾事件を受け大統領に軍事権限を一任する決議を採択（トンキン湾決議） ジョンソンが大統領に再選
65	米軍機、北ベトナム基地を爆撃、北爆の開始 ワシントンでベトナム平和行進、数万人が参加 北爆が一時停止（66年1月末まで）
66	米軍、カンボジアに初めて侵入
67	憲法修正第25条批准 ベトナム非武装地帯への爆撃再開 ケネディ・ラウンド、関税一括引き下げ、53国が同意
68	マクナマラ国防長官が辞任 ジョンソン大統領、北爆停止を発表、大統領選不出馬表明 キング牧師、テネシー州メンフィスで暗殺される ベトナム和平会談がパリで始まる ケネディ大統領の実弟、ロバート・ケネディ、大統領選出馬運動中、ロサンゼルスで暗殺される リチャード・ニクソン、大統領選挙に当選
69	ニクソン、南ベトナム首脳と会談、8月末までに米軍2万5000人のベトナムからの撤兵を発表 宇宙船アポロ11号月面着陸、人類が初めて月面に足跡 ベトナム反戦運動が一段と活発化 『ニューヨーク・タイムズ』紙、ソンミ村虐殺事件を報道 米ソ核拡散防止条約を批准
70	**ニクソン・ドクトリン発表**、海外、特にアジアへの過剰介入を避けるという方針を表明 ニクソン、71年春まで15万人の在ベトナム米軍撤収を発表 ニクソン、カンボジアへの米軍直接介入を発表 オハイオ州、ケント州立大学生4人がカンボジア派兵反対デモで州兵に射殺される ワシントンで、カンボジア侵攻とケント大学生射殺に抗議する大集会が開催、7万5000人が参加 上院、64年のトンキン湾決議を廃棄
71	憲法修正第26条成立、選挙資格年齢を18歳に **ニクソン、金とドルの交換停止（ニクソン・ショック）、物価賃金の凍結を含む経済政策を発表** ヘンリー・キッシンジャー大統領補佐官、ニクソン訪中準備のために中国に出発 上院、沖縄返還協定を批准 ドルの切り下げ（8.57%）
72	ニクソン、ベトナムから6カ月以内に完全撤退など8項目を発表 **ニクソン、北京訪問、毛沢東主席と会談、米中共同声明** **ウォーターゲートビルの民主党本部に盗聴器を仕掛けようと侵入した7人が逮捕される**、ウォーターゲート事件の端緒

1950	NATO 諸国と相互安全保障条約を締結 トルーマン、原子力委員会に水爆の製造を指示 マッカーシー上院議員、国務省内共産主義者の名簿を保有と演説、**マッカーシー旋風吹き荒れる** ダレス国務省顧問、対日早期講和を提唱 **朝鮮戦争が勃発**、アメリカ地上軍が朝鮮半島に上陸、マッカーサー、朝鮮派遣国連軍最高司令官に
51	憲法修正第 22 条批准、大統領の三選を禁止 マッカーサー、中国本土爆撃を主張 トルーマン、マッカーサーを日本占領軍、国連軍の最高司令官から解任 ソ連のマリク国連代表、朝鮮戦争休戦を提案 第 1 回朝鮮休戦会談（北朝鮮開城市） **対日講和条約、日米安全保障条約、サンフランシスコで調印** 朝鮮休戦会談、板門店（韓国と北朝鮮間に位置する停戦のための軍事境界線上の村）で再開
52	アイゼンハワー、大統領に当選 トルーマン、水爆実験に成功と発表
53	アイゼンハワー、ヤルタ秘密条項廃棄と台湾の中立解除を表明 **板門店で朝鮮休戦協定に調印** 米韓相互防衛条約調印 アイゼンハワー、国連で原子力国際管理を提案
54	ダレス国務長官、普通の兵器は削減する代わりに核兵器に依存を強めていくというニュールック（大量報復）戦略を発表 最高裁、公立学校における人権分離教育に違憲判決 共産党統制法成立、共産党を非合法化 上院、上院の名誉を傷つけたとしてマッカーシー非難決議を採択
55	最高裁、公立学校における人種差別撤廃の実施を命令 選抜徴兵法、59 年 6 月まで延長 州際通商委員会、各州間の交通機関での人種差別を禁止 アメリカ労働総同盟（AFL）と産業別労働組合会議（CIO）が合併
57	市民権法成立、1875 年以来（公民権法の成立）初めて黒人の選挙権を保障
58	合衆国最初の人工地球衛星が軌道に乗る 米軍、レバノン進駐 航空宇宙局（NASA）設置
59	アラスカ、ハワイが州となる ヴァジニア州で白人と黒人の共学始まる、南部諸州に徐々に広がる
60	**日米安保新条約・新行政協定、ワシントンで調印** ジョン・F・ケネディ、大統領に当選
61	キューバと国交断絶 憲法修正第 23 条が批准 国務省、白書でキューバをソ連の衛星国と認定 反カストロ派のピッグス湾侵攻失敗、**ケネディがピッグス湾事件の責任は自分にあると言明** 米最初の有人ロケット打ち上げに成功
62	**合衆国、ソ連がキューバからミサイルを撤去することを要求。キューバを海上封鎖。ソ連のフルシチョフ書記長がミサイル基地撤去し、キューバ危機を回避**

1943	ルーズベルトとチャーチル、カサブランカで会談 同、ケベックで会談 モスクワで、米英ソ外相会談 ルーズベルト、チャーチル、蔣介石がカイロで会談 ルーズベルト、チャーチル、スターリンがテヘランで会談 中国人移民禁止法廃止
44	連合軍、**ノルマンディー上陸作戦**を敢行 ブレトン・ウッズで 44 カ国が国際通貨会議開催、国際通貨基金（IMF）を設立 国連設立に関して、米英中ソがダンバートン・オークスで会議 ルーズベルト、大統領に四選
45	ルーズベルト、チャーチル、スターリンがヤルタで会談 **ルーズベルトが死去（4 月）**、副大統領トルーマンが昇格 国連設立のために 50 カ国がサンフランシスコで会議 **ドイツ降伏** 国際連合憲章、51 カ国が調印 トルーマン、チャーチル、スターリンがポツダム（ドイツ）で会談 広島、長崎に原爆投下 **日本が無条件降伏** 日本、ミズーリ号上で降伏文書に調印 国連憲章が発効、国連発足、合衆国も加盟
46	チャーチル、ミズーリ州フルトンで「**鉄のカーテン**」演説 国連原子力委員会で、米代表バルークが原子力の国際管理査察を提案 フィリピン共和国独立宣言 中間選挙で、共和党が議会両院で 14 年ぶりに多数獲得
47	ワシントンのホテルで、ヒューバート・ハンフリー（当時、ミネアポリス市長、上院議員を経てジョンソン政権の副大頭領）、エレノア・ルーズベルトらが全体主義に反対するリベラル団体「民主的行動のためのアメリカ人」（ADA）結成 トルーマン・ドクトリンを発表、共産化防止のための対外援助を提案 国務長官のマーシャル、ヨーロッパ経済復興援助計画を発表 国家安全保障法成立、陸海空軍を統合、国防省設置、中央情報局（CIA）創設 ジョージ・ケナン、『フォーリン・アフェアーズ』誌に「**封じ込め**」**政策**発表（いわゆる X 論文）
48	対外援助法成立、マーシャル計画に 53 億ドル供出 第 9 回汎米会議、ボゴタ憲章に調印、米州機構設立 選抜的徴兵法成立、平時においても 200 万人の兵力承認 **ベルリン封鎖に対して米英空軍が日常品空輸開始（49 年 5 月まで）** トルーマン、大統領に再選
49	トルーマン大統領、年頭教書でフェア・ディール政策を発表。完全雇用をめざす公正雇用法の実現、最低賃金の引き上げ、社会保障の拡大、農産物価格維持、黒人の差別廃止をめざした市民権法案などからなっており、明らかにニュー・ディール政策を継承したものだった 北大西洋条約（NATO）、ワシントンで調印 共産主義者取締法、上院司法委員会が承認

1935	事業促進局（WPA）設立、失業者に仕事を供給 最高裁、NIRA に違憲判決 全国労働関係法（ワグナー法）成立、労働組合活動保障 社会保障法設立 **中立法成立、交戦国への武器輸出を禁止**
36	最高裁、AAA に違憲判決 第 2 次中立法成立、交戦国への借款供与を禁止 上院ナイ委員会、軍需産業調査報告書を公表し「第 1 世界大戦参戦の原因として軍需産業の役割を指摘」 ニュー・ディール批判派がユニオン党を結成 ウォルシュ・ヒーリー政府契約法成立、政府と契約する会社に最高労働時間、最低賃金制の採用を義務付ける 最高裁、TVA に合憲判断 『ライフ』誌創刊
37	ルーズベルト大統領、最高裁判所改組に関する教書を議会に提出 第 3 次中立法可決、現金払い自国船輸送を規定 連邦議会、最高裁判所改組案を委員会に差し戻し、同法案は最終的に廃棄 大統領、シカゴで「隔離演説」 米海軍砲艦パネイ号、揚子江上で日本軍機に撃沈され、日米関係が一段と悪化
38	新農業調整法（AAA）可決、余剰農産物貯蔵の政府援助による価格安定化策 海軍拡張法成立 下院、非米活動調査委員会設置 公正労働基準法成立、最低賃金 40 セント、最高労働時間 44 時間を設定 大統領、ズデーデン地方問題に関して英仏独チェコによる会談を促す。元々、この地方はオーストリア・ハンガリー帝国の一部であったが、第 1 次世界大戦後、ヴェルサイユ条約などによってチェコスロバキアの一部となった。しかし、この地方をめぐってナチス・ドイツとチェコスロバキアが対立し、ミュンヘン協定によってドイツへの編入が認められた
39	スペインのフランコ政権を承認 **第 2 次世界大戦勃発、中立を宣言** 第 4 次中立法可決、交戦国への武器禁輸条項を修正
40	日米通商条約失効 **イギリスへ武器・飛行機などの貸与を開始** 外国人登録法成立、外国人の登録義務と共産主義者の取り締まり ルーズベルト、大統領に三選
41	大統領、年頭教書で「四つの自由」を提唱 野村吉三郎駐米大使が着任、日米交渉始まる 武器貸与法成立、連合国に武器を貸与 **国内にある日本資産を凍結** **石油の対日輸出を全面的に禁止** ルーズベルト大統領とチャーチル英首相が大西洋上で会談、「**大西洋憲章**」を発表 米、日本にハル・ノートを突き付ける **日本軍機動部隊、真珠湾を攻撃、日米開戦**
42	国家戦時労働委員会設立、戦時下の労働対立を防止 戦時生産局設立、軍事生産の増大をはかる 緊急物価統制法成立 太平洋岸の日系人約 11 万人、強制収容所に送り込まれる ミッドウェイ海戦で日本の機動部隊が壊滅的打撃 **原爆製造のためのマンハッタン計画開始**

1919	憲法修正第 18 条が批准される、これにより飲料用アルコールの製造・販売などが禁止された。33 年に修正第 21 条の批准によって廃止された **ヴェルサイユ条約調印、第一次大戦が終結** 労働者党（共産党）、シカゴで結成 第一回国際労働会議（ILO）、ワシントンで開催
20	憲法修正第 19 条が批准される **上院、ヴェルサイユ条約案を否決** ラジオ放送が始まる カリフォルニア州、排日土地法を実施
21	最初の割当移民法成立、国別に移民を制限 ワシントン海軍軍縮会議開催（22 年 2 月まで） ワシントン会議で 4 カ国条約調印
22	ワシントン会議、海軍軍縮条約と中国の門戸開放を保障する 9 カ国条約を調印
24	**移民割当法成立、国別に移民を制限、日本人移民は禁止**
27	ジュネーブで日米英海軍軍縮会議開催 リンドバーグ、大西洋無着陸横断飛行に成功
28	ケロッグ・ブリアン条約（不戦条約）、戦争を非合法化
29	**「暗黒の木曜日」**、ニューヨーク株式市場の株価大暴落、大恐慌が始まる ハイチで反米暴動勃発、米軍が干渉
30	ロンドン海軍軍縮条約会議開催 フーバー・ダム着工 失業救済委員会設置（この年の銀行破産件数は 1352）
31	フーバー・モラトリアム、戦債及び賠償金支払の 1 年間停止を提案 失業者、ワシントンで飢餓行進（銀行破産件数は 2294） **満州事変**
32	**スティムソン・ドクトリン発表、日本の満州占領を不承認** 金融機関救済のための復興金融公社（RFC）設立 リンドバーグの息子が誘拐される **フランクリン・ルーズベルトが大統領に当選** 恐慌が深刻化し、失業者数は年末段階で 1500 万人
33	憲法修正第 20 条が批准される ルーズベルト、第 32 代大統領に就任 3 月 6 日―9 日まで銀行休業宣言、金銀輸出禁止宣言 ニュー・ディールが始まる 緊急銀行法成立、財務省に通貨、信用に関する統制権限付与 連邦政府による失業者救済が始まる 金本位制停止を宣言 農業調整法（AAA）成立、農作物の作付面積を制限 テネシー渓谷開発公社（TVA）設立、政府による総合開発 全国産業復興法（NIRA）成立、全国産業復興局（NRA）と公共事業局（PWA）設立 憲法修正第 21 条（禁酒法の廃止）が批准される
34	金準備法可決、ドル平価切り下げ権限を大統領に付与 証券取引法成立、証券取引委員会（SEC）設立

1886	アメリカ労働総同盟（AFL）結成
87	州際通商法の成立、連邦政府が初めて私企業を規制。州際通商とは複数の州との間または州とその州外の地 (外国を含む) との間の交易、通商、輸送などをいう。連邦政府は憲法の通商条項に基づいた措置によって外国との通商のみならず国内における経済活動を広い範囲にわたって規制することができる。87 年州際通商法では複数の州にまたがる商業活動、人種や性差別禁止などが連邦議会の規制の対象となった
90	シャーマン反トラスト法成立 **国勢調査局が「フロンティア」の消滅を発表**
91	農民・労働者がシンシナティに集まり、人民党結成を決定
93	ハワイで革命勃発・王政廃止、ハワイ併合条約案は上院の承認を得られず アメリカ発見 400 年を記念してシカゴで万博開催
94	ハワイ共和国を承認
96	ユタ州、連邦加入 プレッシー対ファーガソン裁判で、最高裁が「分離すれども平等」の原則を確立、人種差別を合憲と判断 『ニューヨーク・タイムズ』紙が発刊
98	ハワイ併合条約、両院合同決議で承認 米西戦争勃発し年末に終結、スペインからフィリピン群島、グアム島、プエルトリコ島を獲得
99	**国務長官ジョン・ヘイが中国の「門戸開放政策」を発表**
1900	中国で義和団事件が勃発し、鎮圧のため米軍も派遣
01	第 25 代大統領、ウィリアム・マッキンリーが暗殺される
02	中国人移民禁止法（無期限）
03	ヘンリー・フォード、自動車会社を設立 ライト兄弟による最初の飛行機が飛ぶ
04	パナマ運河地帯を取得、日露戦争勃発
05	**ポーツマス条約、セオドア・ルーズベルト大統領の斡旋で日露戦争が終結**
06	サンフランシスコ大地震 サンフランシスコ市教育委員会、日本・中国・朝鮮人学童の一般学童からの分離を指令
07	日米紳士協定、日本、移民自主規制を約束（08 年に発効）
11	連邦最高裁判所、シャーマン反トラスト法に基づいてスタンダード石油を解体
13	憲法修正第 16 条、第 17 条が批准される 連邦準備法成立 フォード、T 型自動車を流れ作業による大量生産を開始
14	海兵隊、ベラ・クルス（メキシコ）を占領 第 1 世界大戦が勃発するも中立を宣言 パナマ運河、公式に開通
17	**ドイツに宣戦布告、第一次世界大戦に参戦**
18	ウィルソン大統領、議会教書で、平和再建構想である「14 カ条」の原則を発表 第 1 次大戦が休戦、大統領が講和会議出席のため訪欧

1803	ルイジアナを購入、最高裁、違憲立法審査権を確立
04	憲法修正第 12 条が批准
08	奴隷輸入の禁止
12	1812 年の戦争（イギリスとその植民地であるカナダ及びイギリスと同盟を結んだインディアン諸部族と合衆国との間で行われた北米植民地戦争、インディアン戦争とも呼ぶ。15 年まで）
20	ミズーリ協定（ミズーリ準州の連邦加入に際し、奴隷制の存廃をめぐって行われた南部と北部の政治的な妥協を指す。その結果、ミズーリを除くルイジアナ購入地域の北緯 36 度 30 分以北で奴隷制が禁じられた）
23	**モンロー主義宣言**、欧州諸国に新大陸への不干渉を訴える
45	36 年にメキシコより独立したテキサス、州として連邦に加入
46	メキシコとの戦争（48 年まで）
48	**カリフォルニアに金鉱発見** メキシコとの戦争終結 カリフォルニア、ニュー・メキシコ地方をメキシコより譲渡
49	カリフォルニアの金産地に人々が殺到
53	**ペリー提督、浦賀に来航**
54	カンザス・ネブラスカ法の成立（カンザス準州とネブラスカ準州を創設するに際してミズーリ協定を撤廃、二つの準州開拓者たちがその領域内で奴隷制を認めるかどうかは自分たちで決めることを認めた法律）
57	最高裁、ドレッド・スコット事件の判決（最高裁が自由身分確認のため訴訟を起こした黒人ドレッド・スコットの主張を却下した事件。この判断で黒人奴隷は憲法のいう国民ではなく財産であるとされた）
60	サウス・カロライナ州が連邦を脱退
61	南部七州による南部諸州同盟（後に 11 州に拡大）の成立 **南北戦争（65 年まで）**
63	**奴隷解放宣言** ゲティスバーグの戦い（南北戦争で事実上の決戦）
65	南部連合軍司令官、ロバート・リー将軍が降伏 第 16 代大統領エイブラハム・リンカーンが暗殺される 憲法修正第 13 条が批准
67	南部再建法制定、南部を軍政下におく ロシアからアラスカを買収
68	憲法第 14 条が批准
69	太平洋への最初の大陸横断鉄道完成
70	憲法修正第 15 条が批准
76	ベルの電話が初めて開通
77	トーマス・エジソンが蓄音機を実用化 北部軍の南部からの引き揚げ
81	第 20 代大統領ジェームズ・ガーフィールドが暗殺される
82	中国人の移民が停止される

〈附〉アメリカ史略年表

年	事項
1492	**コロンブスがアメリカを発見する**
97	ジョン・カボットがラブラドル地方（現在のカナダ）の沿岸に達する
1513	バルボアが太平洋を発見
21	コルテスがメキシコを征服
22	マゼランの世界一周探検が完成
1607	ヴァジニアに最初のイギリス領植民地ジェイムズタウン建設
19	ジェイムズタウンで北米植民地最初の議会が開催
20	**ピルグリム・ファーザーズ、メイフラワー誓約後、プリマスに植民地を建設**
39	コネチカットで最初の憲法制定（コネチカット基本法）
1763	7年戦争で英が仏を破り、北米大陸での覇権確立
65	印紙税法制定。植民地連合が対抗して印紙税法会議開催
73	**東インド会社の茶独占販売に対抗してボストン茶会事件勃発**
74	フィラデルフィアにおける第1回大陸会議
75	レキシントン・コンコードの戦い、**独立戦争始まる** バンカー・ヒルの戦闘
76	**ジェファソンらが起草した独立宣言を公布** イギリス軍がニューヨークを占領
77	連合規約が大陸会議で採択
78	イギリス軍がフィラデルフィアを撤退
81	連合規約発効
83	パリ平和条約調印、イギリスがアメリカの独立承認
87	**フィラデルフィアで合衆国憲法制定会議開催**
88	憲法の批准完了
89	**ワシントン、初代大統領に就任** ニューヨークで第1回連邦会議
90	フィラデルフィアが首都（10年間）
91	**第1条から第10条までの最初の憲法修正（権利の章典）が批准される**
93	仏英間に戦争、合衆国は中立宣言
94	「ウィスキー暴動」ペンシルベニア州のモノンガヘラ川流域にあるワシントン近くでの民衆の反抗が91年に始まり、94年には暴動に高まった。ジョージ・ワシントン政権は独立戦争の資金を賄うために発行した国債を償還するため、ウィスキーに課税することを決めたが、市民を激高させ、反乱に繋がった
98	憲法修正第十一条が批准 フランスと戦争状態（1800年まで）
1800	スペインがルイジアナをフランスに譲渡 ワシントンが首都となる

8. America Yesterday（Roy F. Nichols, William C. Bagleyとの共著）	1938	34,731
9. History of the United States（Mary R. Beardとの共著）	1921	360,149
10. The Making of American Civilization（Mary R. Beardとの共著）	1937	137,444
11. Schools in the Story of Culture（William G. Carrとの共著）	1935	300,000[g]
12. History of Europe, Our Own Times（James H. Robinsonとの共著）	1921	622,000
13. Outlines of European History（James H. Robinson, James H. Breastedとの共著、二巻）	第一巻1912 第二巻1914	406,000
14. History of Civilization, Our Own Age（James H. Breasted, James H. Robinson, Donnal V. Smith, Emma P. Smithとの共著）	1940	101,000
	小　計	5,557,107
	総　計	11,352,163

（出典）*Charles A. Beard; An Appraisal*, Howard K. Beale, University of Kentucky Press 1954 をもとに一部修正した。

〈原注〉

a　点字版で「州立の盲学校ならびにほとんどの図書館にある」

b　1943-1944 年に米議会図書館盲人サービス部が「本のレコード（朗読の録音）」を全国 26 の盲人用地域図書館に配布した。

c　ここに含まれていないブックギルド・グーテンベルグ社刊行のドイツ版がある。

d　ここに含まれていない日本版がある。

e　ここに含まれていないドイツ語のオーストリア版がある。

f　統計なし。

g　本作は米国教育協会ジャーナルの連載として約 30 万人の読者に届けられたが、これ以外の単独の作品としての部数は不明。

〈訳注〉

*　『政治科学』は巌松堂書店版（1922 年）の表題で先に『政治学研究』として大日本学術協会版（1919 年）からも出版されていた。

**　邦訳版があるものは邦題を記した。

***　表に含まれていない邦訳版が多いことからも、販売部数はさらに多かったことがうかがわれる。

III. アメリカ外交政策史		
1. The Idea of National Interest (George H. E. Smithとの共著)	1934	5,009
2. The Open Door at Home (George H. E. Smithとの共著)	1934	14,647
3. The Devil Theory of War	1936	1,000
4. Giddy Minds and Foreign Quarrels	通常版1939 ハーパーズ•マガジン版	9,057 107,000
5. アメリカの外交政策(A Foreign Policy for America)	1940	4,250
6. American Foreign Policy in the Making, 1932-1940	1946	8,175
7. ルーズベルトの責任(President Roosevelt and the Coming of the War, 1941)	1948	20,649
	小　計	169,787
外交政策史を含むアメリカ史		5,500,782
IV. 社会科学		
1. 政治科学*(Politics)	1908	[f]
2. A Charter for the Social Sciences in the Schools	1932	8,950
3. Conclusions and Recommendations of the Commission (American Historical Association. Commission on the Social Studies in the Schoolsとして)	1934	9,546
4. The Nature of the Social Sciences in Relation to Objectives of Instruction	1934	3,202
5. The Discussion of Human Affairs	1936	3,079
	小　計	24,177
V. 教科書		
1. Elementary World History(William C. Bagleyとの共著)	1932	81,784
2. A First Book in American History(William C. Bagleyとの共著)	1920	351,751[a]
3. The History of the American People(William C. Bagleyとの共著)	マクミラン出版社版1918 カリフォルニア州出版局版1920	437,865[a] 6,193,780
4. The History of the American People: for Grammar Grades and Junior High Schools(William C. Bagleyとの共著)	1918	1,753,017
5. A Manual to Accompany the History of the American People(William C. Bagleyとの共著)	1919	13,065
6. Our Old World Background(William C. Bagleyとの共著)	1922	305,834
7. America Today(Roy F. Nichols, William C. Bagleyとの共著)	1938	33,097

〈附〉ビーアドの歴史関連著作の販売部数

I．ヨーロッパ史		
1. 産業革命講話（The Industrial Revolution）	1901	12,906
2. The office of Justice of the Peace in England, in Its Origin and Development	コロンビア大学版1904 イギリス版	377 1,000
3. An Introduction to the English Historians	1906	5,014
4. The Development of Modern Europe（James H. Robinsonとの共著）	第一巻1907 第二巻1908	78,600 88,000
5. Readings in Modern European History（James H. Robinsonとの共著）	第一巻1908 第二巻1909	33,000 42,200
6. Cross Currents in Europe To-day	1922	9,000
	小　計	270,097
II．アメリカ史（外交政策関連を除く）		
1. The Supreme Court and the Constitution	マクミラン出版社版1912 復刻版1938	2,432 500
2. 合衆国憲法の経済的解釈（An Economic Interpretation of the Constitution of the United States）	1913	7,908
3. 米国近世政治経済史（Contemporary American History, 1877-1913）	1914	13,009
4. Economic Origins of Jeffersonian Democracy	1915	3,690
5. 政治の経済的基礎（The Economic Basis of Politics）	アメリカ版1922 イギリス版 ドイツ版 日本版1924 メキシコ版	9,800 657 5,000 30,000 1,200
6. The Rise of American Civilization（Mary R. Beardとの共著）	通常版1927 月例図書推薦会版1930	71,119[ab] 62,000
7. America in Midpassage（Mary R. Beardとの共著）	通常版1939 月例図書推薦会版1939 ドイツ版	33,863[c] 118,000 5,000
8. アメリカ精神の歴史（The American Spirit; Mary R. Beardとの共著）	1942	11,127[d]
9. アメリカ合衆国史（A Basic History of the United States; Mary R. Beardとの共著）	通常版1944 月例図書推薦会版 スイス版（ドイツ語）	319,025[abd] 321,000 9,000[e]
10. アメリカ政党史（The American Party Battle）	1928	7,256
11. アメリカ共和国（The Republic）	アメリカ版1943 ブラジル版 日本版1949 ライフ出版社版	183,106[b] 461 30,000[d] 4,068,762
12. The Presidents in American History	1935	17,000
	小　計	5,330,995

Free Life Edition, 1978.
Ellen Nore, *Charles A. Beard: An Intellectual Biography*. Southern Illinois University Press, 1983.
Robert A. McGuire and Robert L. Ohsfeldt, *Economic Interests and the American Constitution: A Quantitative Rehabilitation of Charles A. Beard*. The Economic History Association, 1984.
Lawrence J. Dennis, *George S. Counts and Charles A. Beard: Collaborators for Change (SUNY series in the philosophy of education)*. State University of New York Press, 1990.
Mark C. Smith, *Social Science in the Crucible: the American Debate over Objectivity and Purpose, 1918-1941*. Duke University Press, 1994.
Clyde W. Barrow, *More Than A Historian: The Political and Economic Thought of Charles A. Beard*. Transaction Publishers, 2000.
Andrew J. Bacevich, *American Empire: The Realities and Consequences of U. S. Diplomacy*. Harvard University Press, 2002.
Robert A. McGuire, *To Form a More Perfect Union: A New Economic Interpretation of the United States Constitution*. Oxford University Press, 2003.
David S. Brown, *Beyond the Frontier: The Midwestern Voice in American Historical Writing*. University of Chicago Press, 2009.

3 編著

Readings in American Government and Politics. Macmillan, 1909.

Loose Leaf Digest of Short Ballot Charters: A Documentary History of the Commission Form of Municipal Government. Short Ballot Organization, 1911.

Whither Mankind: A Panorama of Modern Civilization. Longmans, Green, 1928.

Toward Civilization. Longmans, Green, 1930.

America Faces the Future. Boston, Houghton Mifflin, 1932.

A Century of Progress. Exposition ed., Chicago, Harper, 1932. Regular ed., New York, Harper, 1933.

The Enduring Federalist. Garden City, Doubleday, 1948.

4 ビーアドに関連する著作

Henry S. Commager, *The American Mind: An interpretation of American thought and character since the 1880's*. Yale University Press, 1950.

Robert E. Brown, *Charles Beard and the Constitution: A critical analysis of "An economic interpretation of the Constitution"*. W. W. Norton & Company, 1954.

Howard K. Beale ed., *Charles A. Beard: An Appraisal*. Kentucky University Press, 1954.

Gabriel Kolko, *The Idea of Progress of Charles A. Beard and Morris R. Cohen*. University of Wisconsin-Madison, 1955.

Mary Ritter Beard, *The making of Charles A. Beard: An interpretation*. Exposition Press, 1955.

Elias Berg, *The Historical Thinking of Charles A. Beard*. Almqvist & Wiksell,1957.

Cushing Strout, *The Pragmatic Revolt in American History: Carl Becker and Charles Beard*. Yale University Press, 1958.

Forrest McDonald, *We the People: The Economic Origins of the Constitution*. Transaction Publishers, 1958.

Buerleigh T. Wilkins, *Frederick York Powell and Charles A. Beard: A Study in Anglo-American Historiography and Social Thought*. Massachusetts Institute of Technology, 1959.

Lee Benson, *Turner and Beard: American Historical Writing Reconsidered*. Free Press,1960.

Bernard C. Borning, *Political and Social Thought of Charles A. Beard*. University of Washington Press,1962.

Richard P. Ratcliff, *Charles A. Beard, 1874-1948: a native of Henry County, Indiana: with emphasis on his boyhood and accomplishments prior to 1917*. New Castle, Ind. Community Print Co., 1966.

Richard Hofstadter, *The Progressive Historians: Turner, Beard, Parrington*. Knopf, 1968.

Thomas C. Kennedy, *Charles A. Beard and American Foreign Policy*. University Presses of Florida, 1975.

Marvin C. Swanson ed., *Charles A. Beard: an observance of the centennial of his birth, DePauw University, Greencastle, Indiana, October 11-12, 1974*. DePauw University, 1976.

Ronald Radosh, *Prophets on the Right: Profiles of Conservative Critics of American Globalism*.

Schools in the Story of Culture. Washington, National Education Association, 1935. Orig. as seven articles: "Before Schools Began," "Schools of Greece and Rome," "Schools of Cloister and Castle," "H Colonial Schooldays," "The Battle for Free Schools," "The Schools Accept New Jobs," "The Schools Weathering a Storm," in *National Education Association Journal*, XXIII（November-December, 1934）, 201-203, 230-232; XXIV（January-May, 1935）, 7-10, 41-44, 77-80, 117-120, 149-152.

（With George H. E. Smith）

Current Problems of Public Policy: A Collection of Materials. Macmillan, 1936.

（With Mary Ritter Beard）

The Making of American Civilization. Macmillan, 1937.

（With The Educational Policies Commission of The National Education Association）

The Unique Function of Education in Democracy. Washington, D. C., N. E. A., 1937.

（With James H. Robinson, Donnal V. Smith, and Emma P. Smith）

Our Own Age（vol. II of *History of Civilization*）. Boston, Ginn, 1937.

（With Bagley and Roy F. Nichols）

America Today. Macmillan, 1938.

America Yesterday. Macmillan, 1938.

America Yesterday and Today. Macmillan. 1938.

（With Mary Ritter Beard）

America in Midpassage. 2 vols, Macmillan, 1939.

〔書評〕（高木八尺）『国家学会雑誌』第 54 巻第 4 号，1940 年 4 月（高木八尺『現代米国の研究』有斐閣，1947 年所収）。

（With George H. E. Smith）

The Old Deal and the New. Macmillan, 1940.

（With Mary Ritter Beard）

The American Spirit: A Study of the Idea of Civilization in the United States. Macmillan, 1942.

『アメリカ精神の歴史』M. R. ビーアドとの共著，高木八尺・松本重治訳，岩波書店，1954 年。

〔紹介〕（高木八尺）『国家学会雑誌』第 62 巻第 11 号，1948 年 11 月。

（With Mary Ritter Beard）

A Basic History of the United States. Doubleday, 1944.

『アメリカ合衆国史』上巻，M. R. ビーアドとの共著，岸村金次郎訳，岩波書店，1949 年。

『改訳 アメリカ合衆国史』上巻，同上著，松本重治・岸村金次郎訳，岩波書店，1954 年。

『アメリカ合衆国史』下巻，同上著，同上訳，岩波書店，1956 年。

『新版 アメリカ合衆国史』同上著，松本重治・岸村金次郎・本間長世訳，岩波書店，1964 年。

National Governments and the World War. Macmillan, 1919.
（With Robert Moses and Others）
Report of Reconstruction Commission to Governor Alfred E. Smith on Retrenchment and Reorganization in the State Government, October 10, 1919, Albany, J. B. Lyon Company, 1919.
（With William C. Bagley）
A First Book in American History. Macmillan, 1920.
（With Mary Ritter Beard）
History of the United States. Macmillan, 1921（Later eds. have subtitle: A Study in American Civilization）.
（With James Harvey Robinson）
History of Europe, Our Own Times: The Eighteenth and Nineteenth Centuries, the Opening of the Twentieth Century, and the World War. Boston, Ginn, 1921（Later eds. have altered subtitle: The Opening of the Twentieth Century, the World War, and Recent Events）.
（With William C. Bagley）
Our Old World Background. Macmillan, 1922.
（With Mary Ritter Beard）
The Rise of American Civilization. 2 vols., Macmillan, 1927.
〔書評〕（高木八尺）『国家学会雑誌』第 43 巻第 2 号，1967 年（高木八尺『現代米国の研究』有斐閣，1947 年所収）。
（With George Radin）
The Balkan Pivot: Yugoslavia; A Study in Government and Administration. Macmillan, 1929.
（With William Beard）
The American Leviathan: The Republic in the Machine Age. Macmillan, 1930.
（With William C. Bagley）
Elementary World History: A Revised and Simplified Edition of Our Old World Background. Macmillan, 1932.
（With George H. E. Smith）
The Future Comes: A Study of the New Deal. Macmillan, 1933.
（With George H. E. Smith）
The Open Door at Home: A Trial Philosophy of National Interest. Macmillan, 1934.
（With George H. E. Smith）
The Idea of National Interest: An Analytical Study in American Foreign Policy. Macmillan, 1934.
（With George H. E. Smith）
The Recovery Program(1933-1934): A Study of the Depression and the Fight to Overcome It. Macmillan, 1934.
（With American Historical Association. Commission on the Social Studies in the Schools）
Conclusions and Recommendations of the Commission. Scribners, 1934.
（With William G. Carr）

The Republic: Conversations on Fundamentals. Viking, 1943.
　『共和国』上下巻，松本重治訳，社会思想研究出版部，1949-50 年。
　『アメリカ共和国――アメリカ憲法の基本的精神をめぐって』松本重治訳，みすず書房，1988 年。
　〔紹介〕辻清明「国家と階級対立――ビーアド『共和国』について」思想の科学研究会編『現代文明の批判』アカデメイア・プレス，1949 年。

American Foreign Policy in the Making, 1932-1940: A Study in Responsibilities. New Haven, Yale University Press, 1946.

It Is Not True......, Talk delivered at the 1947 Annual Conference of Governmet Research Association by Charles A. Beard, Government Research Association, 1948.

President Roosevelt and the Coming of the War, 1941: A Study in Appearances and Realities. New Haven, Yale University Press, 1948.
　『ルーズベルトの責任――日米戦争はなぜ始まったか』上下巻，開米潤監訳，阿部直哉・丸茂恭子訳，藤原書店，2011-12 年。
　〔紹介〕（高木八尺）『アメリカ研究』第 3 巻第 12 号，1948 年。

2　共著書

（With James Harvey Robinson）
The Development of Modern Europe: An Introduction to the Study of Current History. 2 vols., Boston, Ginn, 1907-1908.

（With James Harvey Robinson）
Readings in Modern European History: A Collection of Extracts from the Sources Chosen with the Purpose of Illustrating Some of the Chief Phases of the Development of Europe during the Last Two Hundred Years. 2 vols., Boston, Ginn, 1908-1909.

（With Birl E. Shultz）
Documents on the State-Wide Initiative, Referendum and Recall. Macmillan, 1912.

（With Robinson and James Henry Breasted）
Outlines of European History. 2 vols., Boston, Ginn, 1912-1914.

（With Mary Ritter Beard）
American Citizenship. Macmillan, 1914.

（With William C. Bagley）
The History of the American People: for Grammar Grades and Junior High Schools. Macmillan, 1918.

（With William C. Bagley）
The History of the American People. Special ed. for Army Educational Commission, American Expeditionary Forces, Macmillan, 1918. Regular ed., 1920.

（With William C. Bagley）
A Manual to Accompany The History of the American People. Macmillan, 1919.

（With Frederic A. Ogg）

『ビーアド博士講演集』東京市政調査会，1923 年（訂正再版，1928 年）。
『ビーアド博士　東京復興に関する意見』東京市政調査会，1924 年。
Government Research, Past, Present and Future. Municipal Administration Service, 1926.
「行政調査」『都市問題』第 5 巻第 4 号，1927 年 10 月。
The American Party Battle. Macmillan, 1928.
『アメリカ政党史』斎藤真・有賀貞訳編，東京大学出版会，1968 年。
A Charter for the Social Sciences in the Schools. Scribners, 1932.
Issues of Domestic Policy. Chicago, University of Chicago Press, 1932.
The Myth of Rugged American Individualism. Day, 1932. Orig. in *Harper's Magazine*, CLXIV (December, 1931).
The Navy: Defense or Portent? Harper, 1932.
The Nature of the Social Sciences in Relation to Objectives of Instruction. Scribners, 1934.
Hitlerism and Our Liberties: Text of Address Given at the New School for Social Research, Tuesday, April 10, 1934. New York? 1934?
Cumulative Annual Guide to American Government and Politics. Macmillan, 1935-1938.
The Presidents in American History. Messner, 1935.
『太平洋問題資料 第 17　米国外交政策の解剖』太平洋問題調査会，1935 年。
The Devil Theory of War: An Inquiry into the Nature of History and the Possibility of Keeping out of War. Vanguard, 1936.
The Discussion of Human Affairs: An Inquiry into the Nature of the Statements, Assertions, Allegations, Claims, Heats, Tempers, Distempers, Dogmas and Contentions Which Appear When Human Affairs Are Discussed and into the Possibility of Putting Some Rhyme and Reason into Processes of Discussion. Macmillan, 1936.
Jefferson, Corporations and the Constitution. Washington, National Home Library Foundation, 1936. Orig. as four articles: "The Constitution and States' Rights," *Virginia Quarterly Review*, XI (October, 1935), 481-495; "Corporations and Natural Rights," *ibid.*, XII (July, 1936), 337-353; "Jefferson in America Now," *Yale Review*, n. s. XXV (December, 1935), 241-257; "Little Alice Looks at the Constitution," *New Republic*, LXXXVII (July 22, 1936), 315-317.
The Unique Function of Education in American Democracy. Washington, Educational Policies Commission, National Education Association and the Department of Superintendence, 1937.
Giddy Minds and Foreign Quarrels: An Estimate of American Foreign Policy. Macmillan, 1939.
Philosophy, Science and Art of Public Administration: Address Delivered before the Annual Conference of the Governmental Research Association, Princeton, New Jersey, September Eighth, 1939. Princeton? 1939.
A Foreign Policy for America. Knopf, 1940.
『アメリカの外交政策』早坂二郎訳，岡倉書房，1941 年。
Public Policy and the General Welfare. Farrar and Rinehart, 1941.

〈附〉ビーアド著作一覧

1　著書

The Industrial Revolution. London, Sonnenschein, 1901.
　『産業革命講話』直井武夫訳，白揚社，1926 年。
The Office of Justice of the Peace in England, in Its Origin and Development. Columbia University Press, 1904.
An Introduction to the English Historians. Macmillan, 1906.
European Sobriety in the Presence of the Balkan Crisis. Association for International Conciliation, 1908.
Politics: A Lecture Delivered at Columbia University in the Series on Science, Philosophy and Art, February 12, 1908. Columbia University Press, 1908.
　『政治学研究』高橋清吾訳，大日本学術協会，1919 年。
　『政治科学』高橋清吾訳，巖松堂書店，1922 年。
American Government and Politics. Macmillan, 1910.
American City Government: A Survey of Newer Tendencies. Century, 1912.
　〔紹介〕『都市問題』第 49 巻第 9 号，1958 年 9 月。
The Supreme Court and the Constitution. Macmillan, 1912.
An Economic Interpretation of the Constitution of the United States. Macmillan, 1913. Repr., with new introduction, 1935.
　「合衆国憲法の経済的解釈」『アメリカ古典文庫 11　チャールズ・A・ビアード』所収，池本幸三訳，斎藤真解説，研究社出版，1974。
Contemporary American History, 1877-1913. Macmillan, 1914.
　『米国近世政治経済史』恒松安夫訳，磯部甲陽堂，1925 年。
Economic Origins of Jeffersonian Democracy. Macmillan, 1915.
Six Years' Experience with the Direct Primary in New Jersey. New York, 1917?
How American Citizens Govern Themselves. Educational Bureau, National War Work Council of Young Men's Christian Associations, 1919.
Public Service in America. Philadelphia, Municipal Court, 1919.
The Traction Crisis in New York. Bureau of Municipal Research, 1919.
Cross Currents in Europe To-day. Boston, Marshall Jones, 1922.
The Economic Basis of Politics. Knopf, 1922. 3rd rev. ed., 1945, with a new Chapter 5 titled "Economics and Politics in Our Revolutionary Age."
　『政治の経済的基礎』清水幾太郎訳，巖松堂書店，1923 年（1922 年版）。
　『政治の経済的基礎』清水幾太郎訳，白日書院，1949 年（1945 年版）。
The Administration and Politics of Tokyo: A Survey and Opinions. Macmillan, 1923.
　『東京の政治と行政〈東京市政論〉』東京市政調査会，1923 年。
　『ビーアド博士の東京市政に関する意見概要』東京市政調査会編，1923 年。
　『東京の政治と行政――東京市政論』東京市政調査会，1964 年。

小倉紀蔵（おぐら・きぞう）
1959年生。東アジア哲学。著書『朱子学化する日本近代』（藤原書店）。

新保祐司（しんぽ・ゆうじ）
1953年生。文芸批評家。著書『内村鑑三』『信時潔』（ともに構想社）『フリードリヒ 崇高のアリア』（角川学芸出版）。

西部邁（にしべ・すすむ）
1939年生。評論家。著書『ソシオ・エコノミックス』（中央公論社，イプシロン出版企画）『友情』（新潮社）『妻と僕』（飛鳥新社）。

榊原英資（さかきばら・えいすけ）
1941年生。経済学。著書『パラダイム・シフト（大転換）』（藤原書店）。

中馬清福（ちゅうま・きよふく）
1935年生。信濃毎日新聞主筆。著書『再軍備の政治学』（知識社）『密約外交』（文春新書）『考 1・2』（信濃毎日新聞社）『「排日移民法」と闘った外交官』（共著，藤原書店）。

三輪公忠（みわ・きみただ）
1929年生。国際関係史。著書『松岡洋右』（中公新書）『アメリカ留学記』（光人社）。

M・ジョセフソン Matthew Josephson
1899-1978。ジャーナリスト，作家。著書『泥棒男爵』『シドニー・ヒルマン』。144頁参照。

阿部直哉（あべ・なおや）
1960年生。明治大学大学院・都市ガバナンス研究所研究員。著書『コモディティ戦争』（藤原書店）。

R・ホフスタッター Richard Hofstadter
1916-1970。歴史家。著書『アメリカの反知性主義』（みすず書房）『アメリカの社会進化思想』（研究社出版）。153頁参照。

丸茂恭子（まるも・きょうこ）
明治大学大学院都市ガバナンス研究所研究員。共訳書『ルーズベルトの責任』（上下巻，藤原書店）。

H・K・ビール Howard K. Beale
1899-1959。歴史学者。アメリカ近現代史。著書『セオドア・ルーズベルトとアメリカの世界大国への台頭』。159頁参照。

H・J・ラスキ Harold Joseph Laski
1893-1950。政治学者，政治家，教育者，マルクス主義者。著書『危機にたつ民主主義』『国家――理論と現実』。165頁参照。

Ch・A・ビーアド Charles Austin Beard
16頁参照。

執筆者紹介

開米潤（かいまい・じゅん）
奥付参照。

粕谷一希（かすや・かずき）
1930年生。評論家。著書『反時代的思索者』『戦後思潮』『内藤湖南への旅』『〈座談〉書物への愛』『歴史をどう見るか』（すべて藤原書店）。

蠟山政道（ろうやま・まさみち）
1895-1980。政治学・行政学，政治家。著書著『行政組織論』（日本評論社）。20頁参照。

高木八尺（たかぎ・やさか）
1889-1984。政治学，アメリカ研究，政治家。著書『米国政治史序説』（有斐閣）。20頁参照。

鶴見祐輔（つるみ・ゆうすけ）
1885-1973。政治家，著述家。著書『母』（講談社）。20頁参照。

松本重治（まつもと・しげはる）
1899-1989。ジャーナリスト。著書『上海時代』全3冊（中公新書）。21頁参照。

前田多門（まえだ・たもん）
1884-1962。政治家，実業家，文筆家。著書『国際労働』（岩波書店）『アメリカ人の日本把握』（育生社）。21頁参照。

デートレフ・F・ヴァクツ Detlev F. Vagts
1929年生。国際法。ハーバード大学教授。著書『Basic Corporation Law（基本会社法）』（Foundation Press）共著『Transnational Business Problems（多国にまたがる事業の問題）』（William S. Dodge, Harold Hongju Koh との共著、Foundation Press）。

青山佾（あおやま・やすし）
1943年生。都市論，自治体政策。元東京都副知事。著書『石原都政副知事ノート』『小説後藤新平』（郷仙太郎名）。

渡辺京二（わたなべ・きょうじ）
1930年生。日本近代思想史。著書『逝きし世の面影』（平凡社ライブラリー）。

岡田英弘（おかだ・ひでひろ）
1931年生。歴史学。著書『モンゴル帝国から大清帝国へ』（藤原書店）『世界史の誕生』『日本史の誕生』（ともに筑摩書房）。

小倉和夫（おぐら・かずお）
1938年生。国際交流基金顧問。青山学院大学特別招聘教授。著書『パリの周恩来』（中央公論社）『吉田茂の自問』（藤原書店）。

川満信一（かわみつ・しんいち）
1932年生。詩人。著書『宮古歴史物語』（沖縄タイムス社）。

松島泰勝（まつしま・やすかつ）
1963年生。経済思想，島嶼経済。著書『琉球の「自治」』『沖縄島嶼経済史』（ともに藤原書店）『琉球独立への道』（法律文化社）。

編集部付記

本書は、季刊『環』44〜47、50号（藤原書店、二〇一一冬〜一二年夏）、およびビーアド著『ルーズベルトの責任』上・下（藤原書店、二〇一一〜一二年）所収の論考に加筆・修正を施し、その他の書き下ろしの論考を加えて編集したものである。

編者紹介

開米潤（かいまい・じゅん）

1957 年福島県いわき市に生まれ育つ。東京外国語大学卒業後，共同通信社記者，『外交フォーラム』編集顧問などを経て株式会社メディア グリッドを設立，その代表に就任。政治，経済，国際問題など幅広い分野でジャーナリスト活動を行う。明治大学大学院都市ガバナンス研究所研究員。著書『松本重治伝——最後のリベラリスト』（藤原書店，2009 年）監訳書『ルーズベルトの責任——日米戦争はなぜ始まったか』（藤原書店，2011-12 年）。

ビーアド『ルーズベルトの責任《せきにん》』を読《よ》む

2012年 11月30日　初版第 1 刷発行©

編　者　開　米　潤

発行者　藤　原　良　雄

発行所　株式会社　藤　原　書　店

〒 162–0041　東京都新宿区早稲田鶴巻町 523

電　話　03（5272）0301

FAX　03（5272）0450

振　替　00160 - 4 - 17013

info@fujiwara-shoten.co.jp

印刷・製本　中央精版印刷

落丁本・乱丁本はお取替えいたします

定価はカバーに表示してあります

Printed in Japan

ISBN978–4–89434–883–7

「戦後の世界史を修正」する名著

ルーズベルトの責任㊤㊦

（日米戦争はなぜ始まったか）

Ch・A・ビーアド

開米潤監訳　阿部直哉・丸茂恭子＝訳

ルーズベルトが、非戦を唱えながらも日本を対米開戦に追い込む過程を暴く。

㊤序＝D・F・ヴァクツ　㊦跋＝粕谷一希

A5上製
㊤四三二頁　四二〇〇円　（二〇一一年一二月刊）
㊦四四八頁　四二〇〇円　（二〇一二年一月刊）
㊤◇978-4-89434-835-6
㊦◇978-4-89434-837-0

PRESIDENT ROOSEVELT AND THE COMING OF THE WAR, 1941: APPEARANCES AND REALITIES
Charles A. Beard

「人種差別撤廃」案はなぜ却下されたか？

「排日移民法」と闘った外交官

（一九二〇年代日本外交と駐米全権大使・埴原正直）

チャオ埴原三鈴・中馬清福

第一次世界大戦後のパリ講和会議での「人種差別撤廃」の論陣、そして埴原が心血を注いだ一九二四年米・排日移民法制定との闘いをつぶさに描き、世界的激変の渦中にあった戦間期日本外交の真価を問う。〈附〉埴原書簡

四六上製　四二四頁　三六〇〇円
（二〇一一年一二月刊）
◇978-4-89434-834-9

広報外交の最重要人物、初の評伝

広報外交《パブリック・ディプロマシー》の先駆者 鶴見祐輔 1885-1973

上品和馬　序＝鶴見俊輔

戦前から戦後にかけて、精力的にアメリカ各地を巡って有料で講演活動を行ない、現地の聴衆を大いに沸かせた鶴見祐輔。日本への国際的な「理解」が最も必要となった時期にパブリック・ディプロマシー（広報外交）の先駆者として名を馳せた、鶴見の全業績に初めて迫る。

四六上製　四一六頁　口絵八頁　四六〇〇円
（二〇一一年五月刊）
◇978-4-89434-803-5

真の国際人、初の評伝

松本重治伝

（最後のリベラリスト）

開米潤

「友人関係が私の情報網です」――一九三六年西安事件の世界的スクープ、日中和平運動の推進など、戦前・戦中の激動の時代、国内外にわたる信頼関係に基づいて活躍、戦後は、国際文化会館の創立・運営者として「日本人」の国際的な信頼回復のために身を捧げた真の国際人の初の評伝。

四六上製　四四八頁　口絵四頁　三八〇〇円
（二〇〇九年九月刊）
◇978-4-89434-704-5